高等教育经济管理类"十四五"系列教材

统计学

TONGJIXUE

主　编　李　琼　杨　沛　赵士娇
副主编　吴　霞　吴晓丽　曾自卫　刘翠翠

华中科技大学出版社
http://press.hust.edu.cn
中国·武汉

内 容 简 介

本书本着学以致用的原则，按"统计学认知—数据收集—数据整理—数据展示—数据分析"的逻辑思路进行编写，在系统阐述统计学基本概念和方法的基础上，融入统计数据的处理方法等内容，引导读者运用统计思维去分析和解读统计数据。本书包含十个章节，分别是绪论、数据的收集、统计数据的整理和展示、统计数据的描述性分析、参数估计、假设检验、方差分析、相关与回归分析、时间序列分析与预测、统计指数。

图书在版编目（CIP）数据

统计学 / 李琼，杨沛，赵士娇主编. -- 武汉：华中科技大学出版社，2024.9. -- ISBN 978-7-5772-1073-5

Ⅰ. C8

中国国家版本馆 CIP 数据核字第 2024E8G319 号

统计学 　　　　　　　　　　　　　　　李　琼　杨　沛　赵士娇　主编
Tongjixue

策划编辑：	聂亚文
责任编辑：	董　雪　余晓亮
封面设计：	孢　子
责任校对：	张汇娟
责任监印：	曾　婷
出版发行：	华中科技大学出版社（中国·武汉）　　电话：（027）81321913
	武汉市东湖新技术开发区华工科技园　　邮编：430223
录　　排：	武汉创易图文工作室
印　　刷：	武汉科源印刷设计有限公司
开　　本：	787mm×1092mm　1/16
印　　张：	15
字　　数：	384 千字
版　　次：	2024 年 9 月第 1 版第 1 次印刷
定　　价：	48.00 元

本书若有印装质量问题，请向出版社营销中心调换
全国免费服务热线：400-6679-118　竭诚为您服务
版权所有　侵权必究

我们身处一个数据的时代,每时每刻我们的身边都会出现大量的数据,然而大多数情况下这些数据都是杂乱无序的。统计学则为我们认识数据背后的本质、厘清数据之间的相互关系提供了一套科学的方法,成为大数据时代不可或缺的重要学科。统计学是一门以数据统计为核心的学科。数据统计的方法涵盖概率论、数理统计、回归分析等,广泛应用于社会科学、自然科学等领域,因此掌握统计技术可以很好地帮助我们在信息高速发展和传递的时代获取不同领域的独特竞争优势。

本书以培养应用型人才为出发点,以学科知识和职业应用为核心,按照统计学的基本逻辑思维,即"统计学认知—数据收集—数据整理—数据展示—数据分析"进行编写,从解决问题出发,在参考国内外优秀案例的基础上结合我国相关社会经济数据,系统地阐述了统计学的基本概念和方法,注重应用统计学方法解决某些社会实际问题,同时强调用计算机处理统计计算的过程,引导读者运用统计思维去分析和解读统计数据。本书有如下特点:

(1)内容系统完整。本书的内容和章节安排层次清晰、结构完整,系统地阐述了统计学的基础知识和原理。

(2)理论与实际相结合,并体现多学科交叉思想。本书希望通过介绍最新的社会经济现象,让学生对统计学的知识应用有更感性的认识;同时,每个章节注重数据的应用性解读,将经济学、医学、农学等领域的统计学应用实例作为分析案例,讲述统计思想,培养和提高学生应用统计方法的能力。

(3)学科知识与职业能力相结合。本书在讲述统计学学科知识的基础上注重数据统计的 Excel 操作方法的说明,除第一章与第二章外,每章均设有对 Excel 2016 进行操作应用的实例,供学生将知识应用于实践。

本书由武汉华夏理工学院李琼、杨沛,长春科技学院赵士娇担任主编,武汉华夏理工学院吴霞、齐齐哈尔工程学院吴晓丽、文华学院曾自卫、三亚学院刘翠翠担任副主编。具体编写分工如下:李琼负责全书的内容设计和统稿,同时负责第一、二、三、四章的内容编写;李琼、刘翠翠共同编写第五章;李琼、杨沛共同编写第六章;李琼、曾自卫共同编写第七章;李琼、吴霞共同编写第八章;李琼、赵士娇共同编写第九章;李琼、吴晓丽共同编写第十章。作为本书第一主编的李琼老师合计编写字数超过 12 万字。

本书的编写与出版得到了武汉华夏理工学院和华中科技大学出版社的大力支持与帮助,在此表示衷心感谢!

鉴于编者水平有限,书中难免存在疏漏和不妥之处,恳请广大读者批评指正。

编　者

2024 年 6 月

目录
Contents

第一章　绪论　1
　　第一节　统计学的产生与发展　2
　　第二节　统计学的研究对象与方法　5
　　第三节　统计工作的过程　8
　　第四节　统计学中的基本概念　9

第二章　数据的收集　13
　　第一节　数据的来源　14
　　第二节　直接数据的收集　15
　　第三节　间接数据的收集　27
　　第四节　统计数据的误差　29

第三章　统计数据的整理和展示　34
　　第一节　统计整理概述　35
　　第二节　统计数据的预处理　36
　　第三节　统计数据的分组　37
　　第四节　分配数列　41
　　第五节　统计数据的展示　45
　　第六节　用 Excel 2016 进行统计图表制作　51

第四章　统计数据的描述性分析　60
　　第一节　集中趋势的描述　61
　　第二节　离中趋势的描述　71
　　第三节　分布形态的描述　76
　　第四节　用 Excel 2016 进行统计量描述　77

第五章　参数估计　82
　　第一节　抽样与抽样分布　82
　　第二节　参数估计的基本原理　94
　　第三节　总体均值的区间估计　96

第四节　总体比例的区间估计　98
　　第五节　样本量的确定　99
　　第六节　用 Excel 2016 进行区间估计　101

第六章　假设检验　105
　　第一节　假设检验的基本原理　106
　　第二节　总体均值的假设检验　110
　　第三节　总体比例的假设检验　114
　　第四节　总体方差的假设检验　115
　　第五节　用 Excel 2016 进行假设检验　116

第七章　方差分析　122
　　第一节　方差分析概述　123
　　第二节　单因素方差分析　126
　　第三节　双因素方差分析　132
　　第四节　用 Excel 2016 进行方差分析　137

第八章　相关与回归分析　146
　　第一节　相关分析　147
　　第二节　一元线性回归分析　153
　　第三节　多元线性回归分析　160
　　第四节　非线性回归分析　163
　　第五节　用 Excel 2016 进行回归分析　165

第九章　时间序列分析与预测　171
　　第一节　时间序列分析概述　172
　　第二节　时间序列的水平指标　174
　　第三节　时间序列的速度指标　180
　　第四节　长期趋势的测定与预测　184
　　第五节　季节变动的测定　191
　　第六节　用 Excel 2016 进行时间序列预测　194

第十章　统计指数　203
　　第一节　统计指数概述　204
　　第二节　综合指数　206
　　第三节　平均指数　210
　　第四节　指数体系和因素分析　213
　　第五节　常用价格指数简介　220
　　第六节　用 Excel 2016 进行综合指数计算　227

参考文献　232

第一章 绪论

教学目标

- 帮助学生了解统计学发展的不同阶段及特点。
- 帮助学生理解统计的概念与内涵,掌握统计学的研究对象和基本方法。
- 帮助学生了解统计工作的一般过程。
- 引导学生了解统计学在我国国家战略决策中的重要作用,帮助学生正确认识中国经济腾飞背后的统计学原理。

案例分析

人口老龄化国家战略的人口统计学分析

党的二十大报告指出,实施积极应对人口老龄化国家战略,发展养老事业和养老产业,优化孤寡老人服务,推动实现全体老年人享有基本养老服务。而在党的二十大报告中专门写入实施积极应对人口老龄化国家战略的背后,是基于对我国当前人口老龄化数据的统计分析的结果。

我国第七次全国人口普查数据显示,60 岁及以上老年人口已达 2.64 亿人,占总人口的 18.7%。到 21 世纪中叶,60 岁及以上人口将达到 4.87 亿人,约占总人口的 35%,老年人口数量和老年人口占总人口比例双双达到峰值,我国将进入重度老龄化阶段。而在我国人口老龄化趋势的背后,高龄化、空巢化问题日益突出。2020 年中国 80 岁及以上人口达 3660 万人,预计 2050 年将增至 1.59 亿人,高龄老人可能面临更为严峻的健康问题,空巢老人和独居老人的增长将弱化家庭养老的功能。老年人口抚养比大幅上升,养老负担加重。2020 年老年人口抚养比为 19.7%,预计 2050 年突破 50%,意味着每两名劳动年龄人口需要负担一名非劳动年龄人口。赡养老人和养育小孩的成本高昂,年轻人两头承压。

因此,基于我国人口统计数据的分析,党的二十大报告中提出了积极应对我国人口老龄化国家战略。从这一现实事例中可以看出,统计学在社会生产和生活中具有重要的战略决策意义,学好统计学可以让我们更加科学地看待国家战略、社会现象。

资料来源:《中国人口老龄化的五大趋势》,泽平宏观。

第一节 统计学的产生与发展

在日常生活中,我们经常会接触到"统计"一词,例如新生报到,学校总是要对新生报到情况进行统计;奥运赛事进行过程中会对各个国家的获奖情况进行统计,包括金、银、铜牌数,某项赛事的最高分、最低分、平均分等;还有与经济发展动向有关的失业率、消费者物价指数、批发物价指数等统计术语也都经常出现在新闻报道中。德国的斯勒兹曾说过:"统计学是静态的历史,历史是动态的统计学。"这说明了统计学的产生与发展是和生产的发展、社会的进步密切相关的。统计这一概念其实分为统计实践和统计学,统计实践的时间远早于统计学的诞生时间。远古时代的"结绳记事"等都是最原始的统计表现;《史记》记载,"禹平水土,定九州,计民数",说明了夏禹时期就有了统计活动;《周礼》记载,"司民掌登万民之数",司民有统计人口之职。在国外,埃及、希腊和古罗马的历史中也有类似记载。

微阅读 1-1

由此可以发现,统计工作其实有着数千年的历史,而在这漫长的统计实践中,人们逐渐对统计规律有了深刻的认识和分析,于是产生了统计学。按照历史发展顺序,我们一般将统计学的产生与发展划分为三个时期:古典统计学时期、近代统计学时期和现代统计学时期。

一、古典统计学时期

17 世纪末到 18 世纪末是古典统计学时期,在这个时期,统计学理论初步形成了一定的学术派别,主要有国势学派和政治算术学派。

(一)国势学派

国势学派亦称记述学派,产生于 17 世纪的德国。这个学派把统计学理解为国家重要事实的记述。国势学派的创始人是德国著名学者海尔曼·康令(Hermann Conring,1606—1681)。在《康令国势学著作集》中,他第一次把国家重要事实的记述上升到系统化和理论化的高度,以致后来逐渐形成了以国家为研究对象,以记载国家重大事项形成新知识为目的的国势学。国势学派继承者主要有戈特弗里德·阿亨瓦尔(Gottfried Achenwall,1719—1772)。阿亨瓦尔继承和发展了康令的观点,认为统计学是研究关于国家组织、人口、军队、领土、财产、地面和地下资源等事实的学问。他在 1749 年出版的《欧洲最主要各国新国势学概要》中,首创了一个新的德文词汇 Statistik,即统计学,并用这个名称代替了国势学。国势学派后期代表人物斯勒兹(A. L. V. Schlozer,1735—1809)企图把统计学与政治学区分开,他认为统计学是研究有关国家及其设施、人口及经济等知识的学科,而政治学则是以评价和利用这些知识为任务的学科。他主张统计学不仅要研究事物的现状,而且要研究事物的过去。他有句名言:"统计学是静态的历史,历史是动态的统计学。"

(二)政治算术学派

政治算术学派产生于 17 世纪的英国。主要创始人是英国的经济学家威廉·配第

(William Petty，1623—1687)，他的名著有《政治算术》与《爱尔兰的政治解剖》，这是威廉·配第以数字资料为基础，独创性地在研究政治经济问题的同时，简述统计方法论的两部代表作。在两部著作中，威廉·配第还以一系列分析手段清晰地描述了英格兰、荷兰、法国和爱尔兰等国家和地区在经济、军事、政治等方面的情况，提供了各种有说服力的实证性分析。《政治算术》一书的问世，标志着统计学的初步创立。"政治算术"中所说的"政治"是指政治经济学，"算术"则是指统计方法。威廉·配第在典型调查、分组法、平均数、相对数、统计推算与估计、统计分析报告等方面，对统计学的发展作出了重要的贡献。例如，他强调统计调查的重要性，初步形成了一套分组方法，他在其著作中广泛地使用"平均数"来分析现象总体之间的数量关系。这在当时的确是一种创见。为此，马克思评价他是"政治经济学之父，在某种程度上也可以说是统计学的创始人"。政治算术学派的另一位创始人是约翰·格朗特(John Graunt，1620—1674)，他的代表作是《关于死亡公报的自然和政治观察》。他对英国伦敦市人口的出生率和死亡率进行了分类计算，编制了世界上第一张"死亡率"统计表。

国势学派和政治算术学派的区别在于，前者采用文字阐述，而后者采用的是数量分析方法。由于政治算术学派的方法被多数人接受，故该学派被公认为统计学的真正起源。

二、近代统计学时期

18 世纪末至 19 世纪末是近代统计学时期，这个时期的一个重大成就是将大数法则和概率论引入统计学。这一时期有两大学派，即数理统计学派和社会统计学派。

(一) 数理统计学派

数理统计学派的创始人是比利时的生物学家、数学家和统计学家阿道夫·凯特勒(Adolphe Quetelet，1796—1874)。他的一生中所作著作很多，其中有关统计方面的就有 6 本之多。其中流传最广、影响最大的有 4 本：《论人类》《概率论书简》《社会制度》和《社会物理学》。其中，《社会物理学》一书将古典概率引入统计学，提高了统计计量上的准确性，使统计学产生了质的飞跃，为近代统计学奠定了基础。他运用的这一统计方法既研究自然，又研究社会，使统计方法发展为既可应用于社会现象研究，又可应用于自然现象研究的通用方法。他是第一个明确提出研究规律性问题的人，他把德国的国势学、英国的政治算术学等统一起来，改造和融合成具有近代意义的统计学，促使统计学向新的境界发展。

(二) 社会统计学派

社会统计学派的主要代表人物是德国统计学家和统计教育家恩格尔(C. L. E. Engel，1821—1896)。恩格尔的主要著作有《比利时工人家庭生活费的过去和现在》和《关于统计学是独立科学还是方法问题》等。恩格尔在统计方面的主要贡献有：在人口调查中提倡用个人调查卡片法，在消费计量上首创消费权数，发明了恩格尔法则和恩格尔系数，建设了社会统计学体系。另一位主要代表人物是德国统计学家梅尔(C. V. Magr，1841—1925)。梅尔的主要著作有《社会生活中的规律性》《统计理论》《人口统计学》《道德统计学》和《一般统计文献》。梅尔在《社会生活中的规律性》一书中指出，统计学是在对总体现象大量观察的基础上，对人类社会生活实际状态及其所产生的规律性作系统的表述和说明。他认为，统计学是社会科学中的一门独立学科，是研究规律性的实质性学科，是对社会现象表现出来的规律性形式及其性质进行的系统阐述。他对统计方法也很有研究,他将统计方法看作统计学理论部分的一个重要内容。

三、现代统计学时期

19世纪末至今为现代统计学时期。这个时期主要有欧美数理统计学和东方社会经济统计学。19世纪末以来,欧洲自然科学的飞跃发展,促进了数理统计学的发展。20世纪20年代以后,在细胞学发展的推动下,统计学迈进了推断统计学的新阶段。20世纪50年代是推断统计学派迅速发展的时期。在这期间有影响的大师和理论有很多,如统计学家戈赛特(W. S. Gosset,1876—1937)首创小样本分布理论;统计学家费希尔(R. A. Fisher,1890—1962)提出 F 分布理论和实验设计方法等;波兰统计学家尼曼(J. Neyman,1894—1981)提出统计假设检验理论等。

现代统计学时期由于科学技术迅猛发展,社会发生了巨大变化,统计学进入了快速发展时期。归纳起来,有以下几个方面的特点。

(1)由描述统计向推断统计发展。描述统计是对所搜集的大量数据资料进行加工整理、综合概括,通过图示、列表和数字,编制次数分布表、绘制直方图、计算各种特征数等,对资料进行综合分析和描述。而推断统计则是在搜集、整理观测的样本数据基础上对有关总体作出推断。其特点是根据带随机性的观测样本数据以及问题的条件和假定(模型),对未知事物作出的、以概率形式表述的推断。

(2)由社会、经济统计向多分支学科发展。20世纪以前,统计学的研究领域主要是人口统计、生命统计、社会统计和经济统计。随着社会、经济和科学技术的发展,统计的范畴已覆盖了社会生活的所有领域,成为通用的科学方法论。它被广泛应用于研究社会和自然界的各个方面,并发展成有着许多分支学科的科学。

(3)促进统计预测和决策科学的发展。传统的统计是对已经发生和正在发生的事物进行统计,提供统计资料和数据。20世纪30年代以来,由于经济、社会、军事等方面的客观需要,统计预测和决策科学有了进一步的发展。

(4)信息论、控制论、系统论与统计学的相互渗透和结合,使统计学得到进一步发展,且日趋完善。信息论、控制论、系统论在许多基本概念、基本思想、基本方法等方面有着共同之处,但它们分别从不同角度、侧面提出解决共同问题的方法和原则。信息论、控制论、系统论的创立和发展,改变了世界的科学图景和科学家的思维方式,也使统计学和统计工作出现了新的发展趋势。

(5)计算技术和一系列新技术、新方法在统计领域不断得到开发和应用。伴随着计算机技术的不断发展,统计数据的搜集、处理、分析、存贮、传递、印制等过程日益现代化,提高了统计工作的效能。计算机技术的发展,不断扩大传统的和先进的统计技术的应用领域,促使统计学和统计工作发生了革命性的变化。而今,计算机科学已经成为统计学不可分割的组成部分。随着科学技术的发展,统计理论的实践深度与广度也在不断发展。

第二节 统计学的研究对象与方法

一、统计的概念与内涵

"统计"一词原意是指"国家显著事项的比较和记述"或"国势学",统计被认为是关于国家重要事项的一门学问。统计经过应用和传播,其意义就有了新的扩展。理论上认为统计有广义和狭义的区别。广义的统计包括统计活动、统计方法;狭义的统计则包括统计学和统计方法。现代统计学中认为统计包含三个内容:统计工作、统计资料和统计学。

1. 统计工作

统计工作指根据一定的目的,采用科学的统计方法搜集、整理、分析资料,并提供关于社会经济现象的数量资料的工作总称。它也称统计实践或统计活动,是在一定统计理论指导下,采用科学的方法,搜集、整理、分析统计资料的一系列活动过程。

2. 统计资料

统计资料指通过统计工作取得的、用来反映社会经济现象的数据资料的总称。统计工作所取得的各项数字资料及有关文字资料,一般反映在统计表、统计图、统计年鉴、统计报告等中。统计资料也称统计信息,是反映一定社会经济现象总体或自然现象总体的特征或规律的数字资料、文字资料、图表资料及其他相关资料的总称。包括刚刚调查取得的原始资料和经过一定程度整理、加工的次级资料,其形式有统计表、统计图、统计年鉴、统计报告和其他有关统计信息的载体。

3. 统计学

统计学也称统计科学,是研究如何搜集、整理和分析统计资料的理论与方法的总称。统计学从统计分析方法的研究和应用角度,分为理论统计学和应用统计学,前者研究一般的收集、整理和分析数据的方法,后者则以各个不同的领域的具体数据为研究重心。统计学从统计方法的构成角度,分为描述统计学和推断统计学。

统计学也可以看作应用数学的一个分支,它主要利用概率论建立数学模型,收集所观察的系统的数据,进行量化的分析、总结,进而推断和预测,为相关决策提供依据和参考。

微阅读 1-2

统计的三个内容之间具有密切的联系,统计工作的成果是统计资料,统计资料和统计学的基础是统计工作,统计学既是统计工作的经验的理论概括,又是指导统计工作的原理、原则和方法。

二、统计学研究对象及特点

(一)统计学研究对象

统计学的研究对象是客观现象的总体数量特征和数量关系,以及通过这些数量特征和关系反映出来的客观现象发展、变化的规律。对于统计学研究对象的具体描述在实际应用中会产生多种表述，包括社会经济现象、社会经济现象的数量、社会经济现象总体的数量等方面，其中社会经济现象总体的数量方面的表述较为准确。统计学中数据的统计往往仅对总体有效，且主要研究数量的特征和关系。

（二）统计学研究对象的特点

1. 数量性

统计学的研究对象是自然、社会经济领域中现象的数量，研究的是客观事物的数量。数量性是统计学研究对象的基本特点，数字是统计的语言，数据资料是统计的原始材料。事物的数量是我们认识客观现实的重要内容，通过研究统计数据资料，研究和掌握统计规律，就可以达到我们统计分析和研究的目的。例如，一个国家的人口数量、结构和分布；国民经济的规模、发展速度；人们的生活水平等，都是反映社会经济状况的基本指标，通过一系列指标才能对整个国家有一个客观清晰的认识。

2. 总体性

统计学的研究对象是自然、社会经济领域中现象总体的数量，即统计的数量研究是对总体普遍存在的事实进行大量观察和综合分析，得出反映总体资料的特征和规律。比如统计人口总数，分析各年龄段的人口数量及比例，就可以得出国家的人口特征，可以有效预防及调整人口政策。统计研究对象的总体性，表现为从个体的实际表现的研究过渡到总体的数量表现的研究的过程。

3. 具体性

统计研究不是纯数量的研究，而是具有明确的现实含义的研究。这一特点是区别统计学与数学的关键。数学是研究事物的抽象空间和抽象数量的科学；而统计学研究的是具体的、有实际意义的、客观存在的事物的数量，它独立于客观世界，不以人的主观意志为转移。统计资料作为主观对客观的反映，只有如实地反映具体的、已经发生的客观事实，才能为我们进行统计分析研究提供依据，才能分析、探索和掌握事物的统计规律。如某市某年上半年实现国内生产总值1543.63亿元，全市职工工资总额为83.63亿元，全市职工人均月工资为2884元等，这些都是特定总体在一定时间、地点、条件下的具体数量。

4. 社会性

由于统计学研究的数量是社会现象的数量，因此必然具有另一个特点——社会性。统计活动的社会性表现在三个方面：一是统计研究社会经济数量方面，因而统计本身也就有了社会性；二是统计的认识主体是社会的人，人的社会性决定了认识立场和认识结论上的社会性；三是一切社会经济活动都和人的利益有关，不同的人群有着不同的利益关系，统计是一种社会认识活动，受到某些社会经济观点的影响，并为某些阶层利益服务。

三、统计学研究的基本方法

统计学作为一门方法科学，具有自己完善的方法体系。其研究的基本方法有以下几种。

（一）大量观察法

大量观察法是指在研究社会经济现象的数量时，必须对总体现象中的全部或足够多的个体进行观察，以达到对现象总量特征及其规律的认识。社会经济总体现象是复杂的，它是在各种错综复杂的因素影响下形成的，总体中的个体之间存在数量上的差异，如果统计仅对少数个体进行观察,其结果不足以反映总体的一般特征。统计理论表明:随着观察次数的逐渐增多,样本指标和总体指标之间的离差将减小,样本平均数将逐渐接近总体平均数,样本的分布将逐渐趋同于总体的分布。因此,只有当被观察的个体足够多时,才能消除偶然性因素的影响,样本对总体才有足够的代表性,用样本指标推断总体指标时才具有较高的可靠性。

(二)统计分组法

根据统计的任务,按照一定的标志,将所研究的现象总体划分为不同性质的组,这种方法叫统计分组法。根据不同的标志对总体进行分组可以反映总体构成和现象之间的相互关系。例如,要研究我国乡镇企业的有关情况,以企业规模为标志进行分组,可以反映乡镇各类大、中、小型企业的数量及其比例关系。

(三)综合指标法

综合指标法是根据大量观察所获得的资料,运用若干综合指标对现象总体的数量特征和数量关系进行综合概括和分析的统计方法。常见的综合指标主要有总量指标、相对指标、平均指标等。这些指标各自从不同的角度对总体现象的特征进行描述。

(四)时间序列法

时间序列法是一种分析社会经济现象在较长时间内的发生、发展情况、变化规律、发展趋势的方法。一般来说,现象在较长历史时期内,会发生较大的变化,这种变化是受多种因素影响而形成的,这些因素有些是可以预期和量化的,有些是不可预期和量化的。对这些影响因素进行必要的测算和分析,是统计研究的重要内容。

(五)综合指数法

综合指数法是一种用来描述和分析事物数量方面的相对变化程度的分析方法。现象的总体是复杂的,其发展变化受其构成要素变动的影响,但这些构成要素往往因为具有不同的量纲而不可以直接相加,很难进行直接的观察比较。综合指数法正是通过找出同度量因素,把不能直接相加的各构成要素的数量转化成可以相加的现象总量,并进一步计算出指数来反映复杂现象总量的变动。零售商品价格指数、居民消费价格指数、工业品出厂价格指数、股票价格指数等不仅与人们的生活息息相关,而且成为人们判断经济走势和政府实施宏观经济调控政策的基本依据之一。

(六)统计推断法

统计推断法是指按照随机原则从总体中抽取一部分单位进行观察,并运用数理统计的原理,以被抽取的那部分单位的数量特征为代表,对总体作出数量上的推断分析。在研究现象的总量关系时,需要了解的总体范围往往是很大的,有时甚至是无限的,由于经费、时间和精力等各种原因,大部分时候我们只能对总体中的部分单位或有限的单位进行计算和分析,根据局部观察结果来推断总体。

(七)统计模型法

在以统计指标反映所研究现象的数量特征的同时,我们还经常需要对相关现象之间的数量变动关系进行定量研究,以了解某一现象与别的现象的数量变动关系及变动的影响程度。在研究这种数量变动关系时,需要根据具体的研究对象和一定的假定条件,用适合的数量方程来模拟,这种方法就叫统计模型法。

第三节　统计工作的过程

统计研究经过了一个由现象到本质、由矛盾的特殊性到矛盾的普遍性、由感性认识到理性认识不断深化的过程。从具体的统计认识活动来看，统计工作一般可分为统计调查、统计整理和统计分析等三个阶段。

一、统计调查

统计调查是根据一定的目的，采用各种调查组织形式和调查方法，有组织、有计划地对所研究总体的各个单位进行观察、登记，准确、及时、系统、完整地搜集统计原始资料的过程。统计调查是统计认识活动由定性认识过渡到定量认识的阶段，这个阶段所搜集的资料是否客观、周密、系统、及时，直接关系到统计分析结论的正确性，决定了整个统计工作的质量。所以，统计调查是整个统计工作的基础。

二、统计整理

统计整理是根据统计研究的目的和任务，对统计调查阶段所取得的原始资料进行审核、筛选、分组和汇总，将分散的、零星的、反映总体单位特征的资料转化为反映各组和总体数量特征的综合资料的过程。统计整理是将对事物个体特征的认识过渡到对总体数量特征的认识的桥梁和纽带。它既是统计调查的继续，又是统计分析的必要前提，在统计工作中，处于中间环节，起着承上启下的作用。

三、统计分析

统计分析是指在统计调查和统计整理的基础上，用科学的分析方法，对所研究的现象总体进行全面、系统的数量分析，认识和揭示事物的本质和规律，进而向有关单位和部门提出咨询、建议并进行必要的分析、预测的统计工作过程。统计分析是统计工作的最后阶段，也是统计发挥信息、咨询和监督职能的关键阶段。

从认识论的角度来说，统计调查和统计整理是实现从对事物个体特征的认识过渡到对总体数量特征的认识的关键环节，属于定量认识的范畴。统计分析则是运用统计方法对资料进行比较、判断、推理和评价，揭示社会经济现象的本质和规律的重要阶段。统计调查、统计整理和统计分析的有机统一，体现了统计要在质与量的辩证统一中研究社会经济现象总体数量特征的原则性要求。一般来说，统计工作过程的三个阶段是依次进行的，各有其特点。同时，它们又相互联系、相互制约，任何一个阶段的工作失误，都会影响整个统计工作。在某些情况下，为了保证从整体上取得良好效果，各阶段也可以相互渗透、交叉进行。有时，在统计调查和统计整理阶段可以进行一些必要的分析，或者对原设计方案进行适当的改进；在统计分析中，若现有资料不能满足需要，可以进行一些必要的补充调查、整理和计算工作。

第四节 统计学中的基本概念

一、总体和总体单位

总体又称统计总体,是根据一定的研究目的,在同质基础上,由客观存在的许多个别单位组成的一个整体。总体单位是指构成总体的这些个别单位,是各项统计数字的原始承担者。总体和总体单位是相对而言的,总体是包括一定个别单位的总体,是总体单位的集合,而总体单位是从属于一定总体的个别单位。总体和总体单位的地位由统计研究目的确定,当研究目的改变以后,总体和总体单位的地位也会发生变化。

统计总体依赖于一定的研究目的而存在,研究目的改变,统计总体也随之改变,没有统计研究目的,也就没有统计总体。统计学就是通过对大量同类现象的观察研究和综合分析,揭示事物的本质特征和发展规律。构成统计总体的大量个别单位都具有某一相同的性质,这是统计总体形成的前提和基础。统计总体中的个别单位就某一特征而言是相同的,但在其他许多方面的表现是不相同的或不完全相同的。

总体按其所包括的总体单位的多少,可分为有限总体和无限总体。有限总体是指总体所包括的总体单位是可数可列的,即这些总体单位是数得清,而且可以按一定的序号排列的。社会经济总体大多是有限总体,如人口数、企业数、学校数等。无限总体是指总体所包括的总体单位是不可数不可列或可数不可列。不可数不可列是指总体所包括的总体单位数不清、无法编号。

二、指标与标志

指标全称统计指标,是综合反映统计总体某一方面数量特征的概念和数值。例如,《中华人民共和国 2022 年国民经济和社会发展统计公报》显示,2022 年中国 GDP 为 121 万亿元,年末全国人口为 141175 万人,年末全国就业人员达到 73351 万人等,这些都是指标。任何一个指标一定由抽象的指标概念(指标名)和具体的指标数值(指标值)组成。指标概念的内涵是对总体本质特征的一种抽象和概括,体现了对总体"质"的规定性。指标数值是指标在一定时间和对象范围内具体的数量表现。

标志是用来说明总体单位特征的名称。例如,就学生总体而言,每个学生的性别、年龄、籍贯、身高、体重、学习成绩等特征可以说明每个学生的具体情况,这些属性和特征被称为标志。标志可分为品质标志和数量标志。品质标志表明总体单位属性方面的特征,其标志表现只能用文字来表示,称为标志值,例如学生的性别、籍贯。数量标志表明总体单位数量方面的特征,这个数值就是标志数值或标志值,例如学生的年龄、身高等。

指标与标志,两者既有区别,也有联系。两者区别有以下几点。

第一,标志是说明总体单位特征的;指标是说明总体特征的。

第二,标志中的品质标志不能用数量表示;而所有的指标都能用数量表示。

第三,标志不一定经过汇总,可直接取得;而指标一定要经过汇总才能取得。

第四,标志一般不具备时间、地点等条件;但完整的统计指标一定要讲明时间、地点、范围。

指标与标志的联系有以下几点。

第一,有些数量标志值经过汇总可以得到指标数值。

第二,数量标志与指标之间存在变换关系。随着统计目的的改变,如果原来的总体单位变成了统计总体,则与之对应的数量标志就成了统计指标。

三、变异与变量

统计中的变异是普遍存在的,变异是指品质标志的不同具体表现,如性别表现为男、女。而数量标志的不同具体表现或指标的具体数值则被称为变量,变量由变量名和变量值组成。如职工人数、年龄、工资、国内生产总值、销售额、固定资产投资额等都属于变量。从不同角度,可对变量进行不同的分类。

(1)变量按其影响因素不同,分为确定性变量和随机性变量。

确定性变量(certainty variable)受确定性因素的影响,也就是说影响变量变化的因素是明确的、可解释的。在这种因素的影响下,变量的变化幅度、变化方向是可以确定的。例如,职工的工资总额一般受职工人数和职工平均工资两个因素的影响,它们各自的变化及两者之间的交互作用对工资总额的变动影响是确定的。

随机性变量(random variable)受随机因素的影响,随机因素的变化具有不确定性和偶然性,如气候的变化、海水潮汐的涨落等。但是,变量的随机性并不意味着人类对其无能为力,统计研究的正是现象的不确定性,就是要依据不确定因素相互抵消的特性,通过大量观察来研究随机现象的某种规律。

(2)变量按其数值形式不同,分为离散型变量和连续型变量。

离散型变量(discrete variable)只能取整数,如人数、企业数、学校数等,计量单位一般为自然单位,如个、匹、头等。

连续型变量(continuous variable)则可以取任意小数,如国内生产总值、销售额、固定资产投资额等,计量单位为价值单位,或可以取任意两个变量之间的一个无限小数。连续型变量大多为某种测量器具的测量结果,一般用度量衡单位表示,如某种零件的尺寸、直径、重量、体积等。

四、总体与样本

总体即为前文叙述的"总体和总体单位"中的总体。样本是总体的一部分,它是按随机的原则从总体中抽出进行调查或观察的总体单位组成的集合体,也称子样。构成样本的总体单位数目称为样本容量。一般地,当样本容量大于或等于30时,称为大样本,样本容量小于30时,称为小样本。从一个总体中随机抽取一定数量的样本,可以有很多种样本,也可以从一个总体中抽取很多容量相同但个体不同的样本。因此,样本不具有唯一性,除非样本就是总体本身。

样本与总体的关系主要包括三个方面。

(1)总体是研究总数据的集合,而样本是观测的部分数据的集合,样本是总体的缩影。

统计研究数据的规律性且着眼于总体,但由于多数情况下不具备或没必要进行全面观测,所以只能从样本着手,期望通过样本的数据特征来实现对总数据特征的认识的目的,也就是通过样本的观测来研究总体。因此,样本是总体的代表和缩影。但由于样本的内在结构与总体的内在结构不完全相同,因此,样本不可能完全代表总体,这是由个体之间的差异性决定的。为了保证样本所具有的代表性,样本的抽取必须是随机的,即总体中每一个个体都有相同的或一定的非零概率被抽取到样本中去。

(2)样本是用来推算总体的。

对样本进行观测的目的是要对总体特征进行估计和判断,即通常所说的用样本估计和推断总体。这种推断从逻辑上看属于不完全的归纳推理,因为由个体到一般的归纳仅限于样本,而对总体的归纳则需要推理。因此,由样本推断总体,其结果不是必然的,而是或然的,即具有一定的不确定性。

(3)总体和样本的角色是可以改变的。

随着研究目的的不同,一定的研究总体也可以成为另一个研究意义上某总体的一个样本。例如,一个国家的所有人口是一个总体,对所有人口进行调查就属于全面观测,但如果从历史动态角度考察该国人口变化规律,则一定时点上的人口普查总体就成为一个样本,而动态变化中的人口总体才是与之对应的总体。

练习题

一、单选题

1. 在统计学史上被认为有统计学之名而无统计学之实的学派是(   )。
   A. 数理统计学派　　B. 政治算术学派　　C. 社会统计学派　　D. 国势学派
2. 统计有三种含义,其中(   )是基础,是源。
   A. 统计学　　　　　B. 统计资料　　　　C. 统计工作　　　　D. 统计方法
3. 一个统计总体(   )。
   A. 只能有一个指标　　　　　　　　　B. 只能有一个指标值
   C. 可以有多个指标　　　　　　　　　D. 可以有多个指标值
4. 统计对现象总体数量特征的认识是(   )。
   A. 从定性到定量　B. 从定量到定性　C. 从个体到总体　D. 从总体到个体
5. 调查10个企业职工的工资水平情况,则统计总体是(   )。
   A. 10个企业　　　　　　　　　　　　B. 10个企业职工的全部工资
   C. 10个企业的全部职工　　　　　　　D. 10个企业每个职工的工资
6. 从统计总体中抽取出来作为代表这一总体的、由部分个体组成的集合体是(   )。
   A. 样本　　　　　　B. 总体单位　　　　C. 个体　　　　　　D. 全及总体
7. 三名学生期末统计学考试成绩分别为80分、85分和92分,这三个数字是(   )。
   A. 指标　　　　　　B. 标志　　　　　　C. 变量　　　　　　D. 标志值
8. 以一、二、三等品来衡量产品质地的优劣,那么该产品等级是(   )。
   A. 品质标志　　　　B. 数量标志　　　　C. 质量指标　　　　D. 数量指标
9. (   )表示事物的质的特征,是不能以数值表示的。
   A. 品质标志　　　　B. 数量标志　　　　C. 质量指标　　　　D. 数量指标
10. 在废品量、劳动生产率、商品流通费用额和人均粮食生产量四个指标中,属于数量指标的有(   )。

A. 一个 　　　　 B. 二个 　　　　 C. 三个 　　　　 D. 四个

二、多选题

1. "统计"一词通常的含义是指（　　）。
A. 统计学　　　　　　B. 统计工作　　　　　C. 统计资料
D. 统计局　　　　　　E. 统计核算体系

2. 政治算术学派的创始人有（　　）。
A. 阿亨瓦尔　　　　　B. 凯特勒　　　　　　C. 威廉·配第
D. 恩格尔　　　　　　E. 约翰·格朗特

3. 下列各项中，（　　）是连续型变量。
A. 汽车产量　　　　　B. 钢铁产量　　　　　C. 图书馆藏书
D. 图书馆面积　　　　E. 公交站点数

4. 统计指标的特点是（　　）。
A. 可量性　　　　　　B. 大量性　　　　　　C. 综合性
D. 差异性　　　　　　E. 具体性

5. 在全国人口普查中，（　　）。
A. 全国所有人口数是总体
B. 每一个人是总体单位
C. 人的年龄是变量
D. 全部男性人口的平均寿命是统计指标
E. 某人的性别为"女性"是一个品质标志

实践任务

每4位同学组建一个课程实践小组，了解社会经济生活中的各种现象，选择1个感兴趣的内容作为课程实践主题，根据主题方向搜集并了解相关资料，明确现象产生的背景、影响，以及研究意义，将课程实践主题名称、研究背景、研究意义制成文本资料。

第二章 数据的收集

> **教学目标**

- 帮助学生了解数据收集的来源。
- 帮助学生理解不同的数据收集方式的特点和区别。
- 帮助学生理解调查问卷设计的原则和程序,掌握调查问卷的结构和设计的技巧。
- 帮助学生理解概率抽样和非概率抽样的概念,掌握五种非概率抽样方式的概念。了解数据误差的类型和控制误差的目的。

案例分析

"数"读我国经济发展

我们可以通过一系列数字见证我国的发展现状和民生的改善情况。2012—2022年,我国的国内生产总值从54万亿元增长到114万亿元;人均国内生产总值从39800元增加到81000元;我国经济总量稳居世界第二位;货物贸易总额居世界第一;制造业规模、外汇储备稳居世界第一……这些数字彰显着我国社会经济发展的雄厚基础、经济增长的"硬核"实力。从站起来、富起来到强起来,正是这些可见、可感的数字,奠定了中国发展的底气,支撑着我们迈向社会主义现代化的每一段征程。

2012—2022年,全社会研发经费支出从10000亿元增加到28000亿元,居世界第二位,研发人员总量居世界首位,互联网上网人数达103000万人……科技创新、数字经济,正是通过这一系列数据的变化、增长,具体而微地渗入我们每个人的日常生活。

近一亿农村贫困人口实现脱贫,居民人均可支配收入从16500元增加到35100元,人均预期寿命增长至78.2岁,城镇新增就业人数年均1300万人以上,改造农村危房2400万户、基本养老保险覆盖10.4亿人、基本医疗保险参保率稳定在95%……这方方面面,都涉及收入、住房、养老、就业、医疗,哪一项都是民生大事,哪一件都不能有丝毫含糊。乐见这些数据的增长,更应体会我们一路走来的艰辛和不易。

这些数字背后是一个国家蓬勃发展的旺盛活力,也是新时代我们每个人对明天、对未来充满期待和向往的信心。

人们在阅读资料和文献时,通过文字的描述往往很难获得对事物规模和发展速度的具象化认识,而统计数据能够让人们对事物的认知更加清晰具体。统计数据的收集是统计工作的第一阶段,是人们利用统计方法进行分析的基础。

统计数据的收集是指统计数据的获取过程,它是统计工作的基础和关键,因为收集到的数据的质量将直接影响统计分析的结果。统计数据收集,就是按照统计任务的要求,运用科学的调查方法,有组织地为社会搜集各项数据资料的过程。

第一节 数据的来源

从使用者的角度来看,统计数据资料的来源主要有两种渠道:一种是直接统计数据,是通过直接的调查或实验获得的原始数据,这是统计数据的直接来源,一般称为原始或一手数据;另一种是间接统计数据,是别人调查的数据,并将这些数据进行加工和汇总后公布的数据,是统计数据的间接来源,通常称为次级或二手数据。一切间接统计数据都是从一手数据过渡而来的。

一、数据的直接来源

通过调查和实验获得的原始数据,称为一手数据。我们将通过调查方式收集的数据称为调查数据,通过实验活动获得的数据称为实验数据。统计人员根据社会现象收集的一手数据通常是通过调查获得的,即根据统计研究预定的目的、要求和任务,运用科学的方法,有计划、有组织地向客观事物搜集资料。例如,统计部门的专家收集国民经济运行的相关数据,为决策部门提供决策的依据和参考;企业市场人员收集产品销售的数据和消费者的偏好,以帮助中高层管理者作出有效的决策。

通过实验得到的数据称为实验数据。实验是人们直接获得统计数据的又一重要来源。实验不仅是一种搜集数据的方式,也是一种重要的研究方式。它是通过有意识地改变或控制某些输入变量,观察其他输出变量的变化,从而达到对事物的本质或相互联系的认识。在实验中,往往需要将研究对象分为两个组,一个是实验组,一个是对照组,对实验组的输入变量加以控制或改变,而对照组则不加以控制或改变,根据两组的输出结果,就可以看到输入变量对输出变量的影响。

二、数据的间接来源

虽然统计数据的搜集主要是指对原始数据的搜集,但是,对很多使用者来说,亲自去做调查往往是不可能的。因此,数据的收集不仅包括对原始数据的收集,也包括对次级数据,也就是二手数据的收集,很多情况下,统计研究都是在二手数据的基础上进行的。

二手数据是指由他人搜集和整理得到的数据,如果原信息已经存在,我们只是对这些原信息重新加工、整理,使之成为我们进行统计分析可以使用的数据,那么这些数据就是间接来源的数据。二手数据主要是公开出版的或公开报道的数据,当然有些是尚未公开的数据。在我国,公开出版或报道的社会经济统计数据主要来自国家和地方的统计部门及各种报刊媒介。例如,定期发布的统计公报、定期出版的各类统计年鉴、由专业调查机构或行业协会提供的市场信息与行业发展的数据情报等。除了统计部门公开出版的各类年鉴,使用者还可以通过其他渠道使用一些尚未公开的统计数据,以及广泛发布于各种报纸、杂志、图书、广播、电视等媒体平台的各种数据资料。如今,随着计算机网络技术的发展,使用者也可以在网络上获取所需的数据资料。

第二节　直接数据的收集

直接数据收集的渠道有两种,一是调查,二是实验。调查是社会科学领域和国民经济中比较常见的获取数据的来源,是取得社会经济数据的重要手段,调查可以由专门的统计部门组织,也可以由其他单位或机构为特定目的而进行调查,如市场调查等;实验也是取得统计数据的重要来源之一,在自然科学领域,一般通过实验来获取相关研究数据。

一、统计调查方式

统计调查是取得社会经济数据的主要来源,也是获得直接统计数据的重要手段。比较典型的统计调查方式有统计报表和专门调查。其中,专门调查包括普查、抽样调查、重点调查和典型调查。

(一)统计报表

统计报表是一种以全面调查为主的调查方式,它是由政府主管部门根据统计法规,以统计表格形式和行政手段自上而下布置,而后由企事业单位自下而上、层层汇总上报,逐级提供基本统计数据的一种调查方式。它的任务是经常地、定期地收集反映国民经济和社会发展基本情况的资料,为各级政府和有关部门制订国民经济和社会发展计划,提供检查计划执行情况的服务。

统计报表按照其性质和要求不同,有如下几种分类。

(1)按调查范围不同可分为全面统计报表和非全面统计报表。全面统计报表要求调查对象中的每一个单位都要填报,如中国公路、水路交通行业发展统计公报;非全面统计报表只要求由调查对象中的一部分单位填报,它需要结合重点调查、抽样调查和典型调查。

目前,我国绝大多数统计报表是全面统计报表,部分是非全面统计报表。非全面统计报表可采用重点调查、抽样调查或典型调查的方式,选出要调查的少数单位。例如,统计报表中的主要工业技术经济指标、主要工业产品单位成本等属重点调查范围,而农村经济调查可用抽样调查或典型调查方式选出调查单位。

(2)按实施范围不同,分为国家统计报表、部门统计报表和地方统计报表。国家统计报表是指国家经济基本统计报表,由国家统计部门统一制定和发布,用以收集全国性的经济和社会基本情况,包括农业、工业、财政等方面最基本的统计资料。部门统计报表指为了适应各部门业务管理需要制定的专业技术报表。地方统计报表指针对地区特点而补充制定的地区性统计报表,为本地区的计划和管理服务。

(3)按报送周期长短不同,分为日报、旬报、月报、季报、半年报和年报。周期短的,如日报、旬报,要求资料上报迅速,填报的项目比较少;周期长的,如月报、季报、半年报,要求内容更全面;年报具有年末总结的性质,反映当年政府的方针、政策和计划贯彻执行情况,要求内容更全面且详尽。

(4)按填报单位的不同,分为基层统计报表和综合统计报表。基层统计报表是由基层企事业单位填报的报表,综合统计报表是由主管部门根据基层统计报表逐级汇总填报的报表。

(5)按报送方式的不同,分为邮寄报表和电讯报表。日报和旬报要求迅速上报,通常可用电报、电话等电讯方式报送。月报、季报、半年报和年报,除月报中少数指标用电讯报送外,一般都通过邮寄报送。

统计报表主要用于收集全面调查的基本情况,此外,也常为重点调查等非全面调查方式所采用。

统计报表与其他调查方式比较,具有以下三个显著的优点。

(1)统计报表可以事先布置给基层填报单位,基层填报单位可以根据报表的要求,记录各种原始信息,保证数据的准确、及时和完整。基层填报单位也可以利用统计报表资料,对生产、经营活动进行科学管理。

(2)统计报表是逐级上报、汇总的,各级领导部门都能得到管辖范围内的统计报表资料,因此可以利用统计报表了解本地区、本部门的发展情况。

(3)统计报表所包括的调查单位比较全面,项目内容、调查周期都有一定的稳定性,便于连续观察和对比,可用于编制动态数列。

(二)专门调查

1. 普查

普查是为某一特定目的而专门组织的一种全面调查,如人口普查、工业普查和经济普查等。它主要是用以收集某些不能或不宜用定期报表收集的统计资料。世界各国一般都通过普查掌握有关国情、国力的基本统计数据,为国家制定有关政策或措施提供依据。

普查作为一种特殊的数据收集方式,具有以下几个特点。

(1)普查通常是一次性的或周期性的。由于普查涉及面广、调查单位多,需要耗费大量的人力、物力和财力,通常需要间隔较长的时间,一般每隔10年进行一次,如我国的人口普查在1953—2020年共进行了七次。目前,我国的普查更加规范化、制度化,每逢末尾数字为"0"的年份进行人口普查,每逢末尾数字为"3"的年份进行第三产业普查,每逢末尾数字为"5"的年份进行工业普查,每逢末尾数字为"7"的年份进行农业普查,每逢末尾数字为"1"或"6"的年份进行统计基本单位普查。

(2)规定统一的标准时点。标准时点指对被调查对象登记时所依据的统一时点。调查资料必须反映调查对象在这一时点上的状况,以避免调查时因时间变动而产生重复登记或遗漏的情况。例如,我国第七次人口普查的标准时点为2020年11月1日零时,就是要反映这一时点上我国人口的实际状况;农业普查的标准时点定为普查年份的1月1日零时。

(3)规定统一的普查期限。在普查范围内各调查单位或调查点尽可能同时进行登记,并在最短的期限内完成,以便在方法和步骤上保持一致,保证资料的准确性和时效性。

(4)规定普查的项目和指标。普查时必须按照统一规定的项目和指标进行登记,不准任意改变或增减,以免影响汇总和综合结果,降低资料质量。同一种普查,每次调查的项目和指标应力求一致,以便进行历次调查资料的对比分析和观察社会经济现象发展变化情况。

(5)普查的数据一般比较准确,规范化程度也高,因此,它可以为抽样调查或其他调查提供基本依据。

(6)普查的适用范围比较窄,只能调查一些最基本的及特定的现象。

普查既是一项技术性很强的专业工作,又是一项广泛性的群众工作。我国历次人口普查都认真贯彻群众路线,做好宣传和教育工作,得到了群众的理解和配合,因而取得了令人瞩目的成果。

2. 抽样调查

抽样调查是一种非全面调查。抽样调查按随机原则从调查对象中抽取一部分单位作为样本进行观察,然后根据样本数据去估计调查对象的总体特征。

微阅读 2-1

抽样调查有如下几个特点。

(1)样本单位按随机原则抽取,排除了主观因素对选样的影响。

(2)根据部分调查的实际资料对调查对象总体的数量特征作出估计。根据数理统计原理,抽样调查中样本指标和相应的总体指标之间存在着内在联系,而且两者的误差分布也是有规律可循的,因而抽样调查是一种以实际调查所得的部分信息推断总体数量特征的科学方法。

(3)抽样误差可以事先计算并加以控制。以样本资料推算总体数量的特征,不可避免地会产生误差。但这种误差与其他统计估算所产生的误差不同,它可以根据有关资料事先加以计算,并且通过一定的途径来控制误差的范围,保证抽样估计结果达到预期的可信度。

抽样调查的适用范围主要有以下几点注意事项。

(1)对一些不可能或没必要进行全面调查的社会现象,采用抽样调查。例如,电视显像管的耐用时数、轮胎的里程测试等,不可能毁去所有的产品而鉴定其质量,因而只能采用抽样调查。再如,对居民持有的现金进行调查,不可能也没有必要对所有居民逐一观察、经常登记,只能按随机原则选定若干家庭进行调查以获得统计所需的资料。

(2)对普查数据进行必要的修正。由于普查涉及面广、工作量大,容易产生登记误差,即出现重复登记或遗漏现象。通常,可以在普查开始之后,做一次小规模的抽样调查,将抽样调查的结果同原来的普查资料进行核对,计算出差错(重复或遗漏)比率,然后以此作为修正系数,对普查资料进行必要的修正。在复查工作完毕之后,还可利用抽样法对普查质量进行检查。

抽样调查必须遵循以下原则。

(1)随机原则。所谓随机原则就是要使所有调查单位都有一定被抽取的概率。只有按随机原则抽取调查单位,才能保证抽样调查符合概率论和数理统计有关定理的要求,才能运用这些定理进行推断。

(2)最大抽样效果原则。所谓最大抽样效果,就是在既定的调查费用条件下使抽样估计误差最小,或者是在给定的精确度的条件下,使调查费用最小。调查费是从人力、物力、财力等方面保证调查工作顺利进行的物质基础。一般来说,提高抽样调查结果的精确度与节省调查费用的要求往往是矛盾的,抽样误差要求愈小,调查费用的需求就越大。从经济角度来看,并非抽样误差最小的方案就是最优方案。因此,为遵循上述原则,一般要求在给定的误差条件下,选择费用最小的抽样设计方案。

3. 重点调查

重点调查是在调查对象中选择一部分重点单位进行的一种非全面调查。所谓重点单位,是指在总体中具有重要地位的单位。这些重点单位的数量虽然少,但通过对这些单位的调查,就能掌握总体的基本情况。例如,要调查100个企业的销售收入,只需要调查销售收入总额居于前20位的企业即可,因为这20个企业的销售总额在100个企业中占很大的比重。重点调查的优点在于调查单位少,可以调查较多项目的指标,了解详细的情况,取得及时的资料,使用较少的人力和时间,取得较好的效果。当调查任务只要求掌握总体的基本情况,而且总体中确实存在重点单位时,采用重点调查比较适宜。但需要注意的是,由于重点单位与一般单位的差别较大,通常不能依据重点调查的结果来推算整个调查对象的总体情况。

4. 典型调查

典型调查也是专门组织的一种非全面调查,它是根据调查研究的目的和要求,在对总体进行全面分析的基础上,有意识地选择其中具有代表性的典型单位进行深入细致的调查,以此认识事物的本质特征、因果关系和发展变化的趋势。所谓有代表性的典型单位是指那些最充分、最集中地体现总体某方面共性的单位。例如,针对前述调查的100个企业,将其按销售收入总额大小分成5类,在每类中选一个企业调查,就是典型调查。只要客观地、正确地选择典型单位,通过对典型单位深入细致的调查,既能收集详细的第一手资料,又能掌握生动具体的情况,因而可以获得对总体本质特征的深刻认识,特别是对一些复杂的社会经济问题的研究,典型调查可以了解得更深入、更具体、更详尽。

典型调查具有以下两个突出的作用。

(1)研究尚未充分发展、处于萌芽状况的新生事物或某种倾向性的社会问题。通过对典型单位深入细致的调查,可以及时发现新情况、新问题,探测事物发展变化的趋势,形成科学的预见。

(2)分析事物的不同类型,研究它们之间的差别和相互关系。例如,通过典型调查可以区别先进事物与落后事物,分别总结它们的经验教训,从而进行对策研究,由此才能进一步促进事物的发展。

此外,在总体内部差别不大,或在将总体分类后各类型内部差别不大的情况下,典型单位的代表性很显著时,也可用典型调查资料来补充和验证全面调查的结果。

二、调查方案设计

在收集数据之前,需要制订各类型数据收集计划,这个计划称为调查方案。调查方案设计的水平直接影响调查数据的质量。不同类型的调查方案在内容和形式上有一定的差别,但其结构大体上应包括调查目的、调查对象和调查单位、调查项目和调查表、调查时间、调查的组织实施计划等内容。

1. 调查目的

调查目的是调查所要达到的具体目标,回答的是"为什么调查",要解决什么样的问题等。确定调查目的是调查方案设计中应首先解决的问题,只有在调查目的明确之后,才能确定向谁调查、调查什么,以及采用什么方法进行调查。调查目的的叙述应简明扼要。

2. 调查对象和调查单位

调查对象是根据调查目的确定的调查研究的总体或调查范围。调查单位是构成调查对象中的每一个单位,是调查项目和调查内容的承担者或载体,也是收集数据、分析数据的基本单位。调查对象和调查单位所解决的是"向谁调查",由谁来提供所需数据的问题。例如,我国的人口普查规定,人口普查的对象是具有中华人民共和国国籍并在中华人民共和国境内常住的人(自然人)。人口普查的调查单位是每一个人。

在实际调查中,调查单位可以是调查对象的全部单位,也可以是部分单位。如果采用全面调查方式(普查),调查对象中的每一个单位都是调查单位;若采用非全面调查(如抽样调查),调查单位只是调查对象中的一部分单位。

在市场研究和调查中,基本上都是采取抽样调查方式,调查对象是确定抽样框的基本依据。抽样框是指对可以选择作为样本的总体单位列出名册或排序编号,以确定总体的抽样范围和结构。在确定抽样框后,从中选取的每一个样本单位都是调查单位。

3. 调查项目和调查表

调查项目要解决的问题是"调查什么",也就是调查的具体内容。在大多数统计调查中,调查项目通常以表格的形式表现,称为调查表。它是用于登记调查数据的一种表格,一般由表头、表体和表外附加三部分组成。表头是调查表的名称,用来说明调查的内容、被调查单位的名称、性质和隶属关系等;表体是调查表的主要部分,它是调查内容的具体体现;表外附加通常由填表人签名、填报日期、填表说明等内容组成。调查表一般有两种形式,一种是一览表,另一种是单一表。一览表是把许多调查单位填写在一张表上;单一表是每个调查单位填写一份,可容纳较多调查项目,一般用于调查项目较多的场合。

在市场调查中,调查的内容主要通过调查问卷来体现。调查问卷是一种特殊的调查形式。根据调查目的,在调查对象中随机选择或有意识地确定调查单位,以书面文字或表格形式记录被调查者的意见,被调查者自愿、自由地回答问卷中所提出的问题。调查表和问卷的设计应简明扼要,以保证所收集资料的准确性。关于问卷的具体设计将在后文详细讨论。

4. 调查时间

统计调查时间包括两种含义,即调查时间和调查期限。调查时间是指调查资料所属的时间。在统计调查中,如果所调查的是时期现象,就要明确调查资料有关的起止日期。例如,调查2023年中第二季度的零售商品销售额,则调查时间是从4月1日起至6月30日止,共3个月。如果所要调查的是时点现象,调查时间就是规定的统一标准时点,如我国第七次人口普查的调查时点是2020年11月1日零时。调查期限是进行调查工作的时限,包括收集资料和报送资料工作所需的时间,应尽可能缩短调查期限。例如,2020年人口普查规定从2020年11月1日起至10日止,则调查期限为11月1—10日,共10天。

5. 调查的组织实施计划

调查组织工作包括确定调查机构、组织和培训调查人员、落实调查经费的来源和开支方案、确定调查资料的报送方法。要根据调查目的制订合理的组织实施计划。

三、收集数据的方法

在实际调查中,为研究一些特定的社会经济问题,还需要进行一些特定的调查,如市场调查机构进行的市场调查等。这些调查也是取得直接统计数据的重要手段。特别是随着市场经济的发展,市场调查越来越被人们重视,一些企业已逐步把市场调查作为取得企业所需生产和经营信息的重要手段。在实际调查中,收集数据的具体方法主要有以下几种。

1. 访问调查

访问调查又称派员调查,它是调查者与被调查者(受访者)通过面对面的交谈从而得到所需资料的调查方法。访问调查的方式有标准式访问和非标准式访问两种。标准式访问又称结构式访问,它是按照调查人员事先设计好的、有固定格式的标准化问卷,有顺序地提问,并由受访者作出回答;非标准式访问又称非结构式访问,调查人员事先不制作统一的问卷或表格,没有统一的提问顺序,调查人员只是给出一个题目或提纲,由调查人员和受访者自由交谈,以获得所需的资料。

2. 邮寄调查

邮寄调查是通过邮寄或其他方式将调查问卷送至被调查者手中,由被调查者填写,然后将问卷寄回或投放到指定收集点的一种调查方法。邮寄调查是一种标准化调查,其特点是调查人员和被调查者没有直接的语言交流,信息的传递完全依赖于问卷。邮寄调查的问卷发放方式有邮寄、宣传媒介传送、专门场所分发三种。

邮寄调查的基本程序是,在设计好问卷的基础上,先在小范围内进行预调查,以检查问卷设计中是否存在问题,以便纠正,然后选择一定的方式将问卷发放下去,进行正式的调查,再将问卷按预定的方式收回,并对问卷进行处理和分析。

3. 电话调查

电话调查是调查人员利用电话同受访者进行语言交流,从而获得信息的一种调查方式。电话调查具有时效快、费用低等特点。随着电话的普及,电话调查的应用也越来越广泛。电话调查可以按照事先设计好的问卷进行,也可以针对某一专门问题进行电话采访。用于电话调查的问题要明确,问题数量不宜过多。

4. 座谈会

座谈会也称为集体访谈法,它是将一组受访者集中在调查现场,让他们对调查的主题(如一种产品、一项服务或其他话题等)发表意见,从而获得调查资料的一种方法。通过座谈会,研究人员可以从一组受访者那里获得所需的定性资料,这些受访者与研究主题有某种程度上的联系。为获得此类资料,研究人员通过严格的甄别程序选取少数受访者,围绕研究主题,以一种非正式的、比较自由的方式进行讨论。这种方法适用于收集与课题研究有密切关系的少数人员的倾向与意见。

参加座谈会的人数不宜太多,通常为6~10人,并且是有关调查问题的专家或有经验的人。讨论方式主要取决于主持人的习惯和偏好。通过小组讨论,能获取访问调查无法取得的资料。而且在彼此交流的环境里,各个受访者之间相互影响、相互启发、相互补充,并在座谈会中不断修正自己的观点,从而有利于调查者获得较为广泛、深入的想法和意见。座谈会的另一个优点是不会因为问卷过长遭到拒访。当然,这要求主持人一般接受过心理学或行为科学方面的训练,具有很强的组织能力,足以控制一群不同背景的陌生人,并尽可能多地引导受访者说出他们的真实意见或想法。

5. 深度访问

深度访问(简称深访)是一次只有一名受访者参加的特殊定性研究。"深访"这一术语也暗示着要不断深入受访者的思想中,努力发掘其行为的真实动机。深访是一种无结构的个人访问,调查人员运用大量追问技巧,尽可能让受访者自由发挥,表达他的想法和感受。

深度访问常用于动机研究,如游客选择旅游目的地的动机、消费者购买某种产品的动机等,以发掘受访者非表面化的深层意见。这一方法最宜于研究比较隐秘的问题,如个人隐私问题,或较敏感的问题。对于一些不同人之间观点差异极大的问题,采用深度访问法比较合适。

座谈会和深度访问属于定性方法,它通常围绕一个特定的主题取得有关定性资料。在此类研究中,通常从挑选的少数受访者中取得有关意见。这种方法和定量方法是有区别的,定量方法是从总体中按随机方式抽取样本取得资料,其研究结果或结论可以进行推断。而定性研究侧重于对问题的性质和对未来趋势的把握,不是对研究总体数量特征的推断。

6. 计算机辅助调查

随着通信技术的发展,特别是计算机的应用,不仅调查数据的处理可由计算机来完成,甚至整个调查的过程,包括问卷的设计和显示、样本设计、具体的调查等都可以由计算机来控制和完成。计算机辅助调查包括计算机辅助面访(CAPI)、计算机辅助电话访问(CATI)、计算机辅助网络访谈系统(CAWI)等形式。计算机辅助面访是"PC+面访"的形式,即调查人员带着电脑进行入户访问或街访,然后将受访者的回答输入电脑中,访问完成后,数据以有线或无线的方式传回服务器。计算机辅助电话访问是使用一份按计算机设计方法设计的问卷,用电话向受访者进行访问。调查人员只要戴上耳机式电话,坐在计算机终端前,调查的问题(问卷)就会显示在显示器上,调查人员可把计算机显示器上显示的问题读给受访者,并将受访者的回答输入计算机。另外,问题的用字和分类、问题的输入、优先权的选择都可以利用计算机进行控制,调查人员输入答案后,可以及时修正编辑上的错误和明显的逻辑错误,从而大大缩短调查的时间,提高调查的效率。计算机辅助网络访谈系统是通过网络将调查问卷发送给受访者,由受访者在自己的计算机上完成访问然后在线提交答卷的过程。受访者可以在自己最方便的时候完成答卷,不会受调查者的影响,有效地保护了受访者的隐私,同时由于受访者有比较充足的时间回答,在回答开放式问题时可以有更多的时间思考,这大大提升了调查的有效性和结果的准确性。

四、调查问卷的设计

调查问卷是以问题的形式系统地记载调查内容的一种调查工具。问卷可以是表格式的、卡片式的或簿记式的。设计问卷是访问调查的关键。完美的问卷必须具备两个功能:一是将问题传达给被调查者;二是被调查者乐于回答。要完成这两个功能,问卷设计时应当遵循一定的原则和程序,运用一定的技巧。

(一)问卷设计的原则

问卷设计的原则有以下几点。

(1)有明确的主题。根据调查主题,从实际出发拟题,问题目的明确,重点突出,没有可有可无的问题。

(2)结构合理、逻辑性强。问题的排列应有一定的逻辑顺序,符合被调查者的思维逻辑,一般是先易后难、先简后繁、先具体后抽象。

(3)通俗易懂。问卷应使被调查者一目了然,并愿意如实回答。问卷中语气要亲切,符合被调查者的理解能力和认识能力,避免使用专业术语。对于敏感性问题采取一定的技巧进行调查,使问卷具有合理性和可答性,避免主观性和暗示性,以免答案失真。

(4)控制问卷的长度。回答问卷的时间控制在 20 分钟左右,问卷既不浪费一个问题,也不遗漏一个问句。

(5)便于数据的校验、整理和统计。

(二)问卷设计的程序

问卷设计的程序有以下要点。

(1)确定主题和资料范围。根据调查目的的要求,研究调查内容、所需资料及资料来源、调查范围等,酝酿问卷的整体构思,将所需资料一一列出,分析哪些是主要资料,哪些是次要资料,哪些是可有可无的资料。淘汰那些不需要的资料,再分析哪些资料需要通过问卷取得、需要向谁调查等,并确定调查地点、时间及对象。

(2)分析样本特征。了解并分析各类调查对象的社会阶层、社会环境、行为规范、观念习俗等社会特征;需求动机、潜在欲望等心理特征;理解能力、文化层次、知识水平等学识特征,以便针对其特征来拟题。

(3)拟定并编排问题。首先构想每项资料需要用什么样的句型来提问,尽量详细地列出问题,然后对问题进行检查、筛选,看有无多余的问题,有无遗漏的问题,有无不适当的问句,以便进行删除、增补、替换。

(4)进行试问试答。站在调查者的立场上试着提问,看看问题是否清楚明白,是否便于资料的记录和整理;站在受访者的立场上试着回答,看看能否答得出且愿意对所有的问题作答,问题的顺序是否符合逻辑思维。估计回答时间是否符合要求。有必要在小范围调查对象内进行实地试答,以检查问卷的质量。

(5)修改、付印。根据试答情况,进行修改,再试答,再修改,直到完全合格后才能定稿付印,制成正式问卷。

(三)问卷的结构

调查问卷一般由三大部分组成:封面信(开场白)、正文和结尾。

1. 封面信

问卷的封面信或开场白是致被调查者的信或问候语。其内容一般包括以下几个方面。

(1)称呼、问候。如:"某某先生、女士:您好。"

(2)调查人员说明调查的主办单位和个人的身份。

(3)简要地说明调查的内容、目的和填写方法。

(4)说明作答的意义和重要性。

(5)说明所需的时间。

(6)保证作答对被调查者无负面影响,调查的主办单位和调查人员会保守秘密。

(7)表示真诚的感谢,或说明将赠送小礼品。

信的语气应该亲切、诚恳而有礼貌,简明扼要、切忌啰唆。问卷的开头十分重要。大量的实践表明,几乎所有拒绝合作的人都是在开始接触的前几秒钟内就表示不愿意参与。如果潜在的调查对象在听取介绍调查来意的一开始就愿意参与的话,那么绝大部分调查对象都会合作,而且一旦开始回答,他们几乎都会配合完成整个调查过程,除非在非常特殊的情况下才会中止。

2. 正文

问卷的正文实际上也包含了三大部分。

第一部分包括向被调查者了解一般情况的问题。这些问题几乎适用于所有的被调查者,并能很快且容易回答的问题。在这一部分不应有任何难答或敏感性问题,以免引起被调查者反感。

第二部分是主要内容,包括涉及调查主题的实质和细节的大量题目。这一部分的结构组织安排要符合逻辑性,并且对被调查者来说应是有意义的。

第三部分一般包括两部分的内容:一是敏感或复杂的问题,以及测量被调查者的态度和特性的问题;二是被调查者的基本状况。

3. 结尾

问卷的结尾一般可以加上1～2道开放式问题,给被调查者一个自由发表意见的机会。然后,对被调查者的合作表示感谢。在问卷的最后,一般应附上"调查情况记录"。这个记录一般包括:①调查人员(访问者)姓名、编号;②受访者的姓名、地址、电话号码等;③问卷编号;④访问时间;⑤其他,如分组情况等。

4. 案例展示

超市顾客满意度调查问卷

尊敬的顾客:您好!为了进一步了解目前消费者对××超市产品和服务等的满意情况,我们将在××市范围内展开公众对××超市满意度的抽样调查,以便为超市提供相关资料,使其不断提高服务水平,为您提供更优质的服务。在此,我们将进行无记名调查,请您放心填写。也希望能您在百忙之中如实填写此表,提出宝贵意见。感谢您的参与!

一、基本情况

1. 您的性别:

A. 男　　　　　　　　B. 女

2. 您所属的年龄段:

A. 20 岁以下　　　　B. 20～39 岁　　　　C. 40～59 岁　　　　D. 60 岁及以上

3. 您的月收入水平:

A. 1500 元以下　　　　　　　　　　　　B. 1500～3000 元

C. 3001～5000 元　　　　　　　　　　　D. 5000 元以上

4. 您的职业身份:

A. 工人　　　　　　　B. 农民　　　　　　　C. 农民工

D. 公务员　　　　　　E. 文教卫体人员　　　F. 离退休人员

G. 服务人员　　　　　H. 个体经营者　　　　I. 学生

J. 其他(请注明)_____

二、调查内容

1. 您对超市的产品质量满意吗?

A. 很满意　　　　　　B. 满意　　　　　　　C. 一般

D. 不满意　　　　　　E. 很不满意

2. 在商品品种和品牌方面,与本市其他超市相比,您对超市的表现满意吗?

A. 很满意　　　　　　B. 满意　　　　　　　C. 一般

D. 不满意　　　　　　　　　　　E. 很不满意

3. 您对超市商品总体价格的印象是：

A. 合理　　　　　　　　　　　　B. 可以接受

C. 价格偏高　　　　　　　　　　D. 无法接受

4. 总体来说，与其他超市相比较，您对超市产品的评价是：

A. 很满意　　　　　B. 满意　　　　　　C. 一般

D. 不满意　　　　　E. 很不满意

5. 您对超市导购标志清晰满意吗？

A. 很满意　　　　　B. 满意　　　　　　C. 一般

D. 不满意　　　　　E. 很不满意

6. 您对超市环境整洁满意吗？（包括地面和门口广场卫生清洁状况、空气流通情况、光线是否充足、室内温度情况、通道顺畅程度）

A. 很满意　　　　　B. 满意　　　　　　C. 一般

D. 不满意　　　　　E. 很不满意

7. 在饮食休息区环境方面，与您在本市所熟悉的其他超市相比，您对超市满意吗？

A. 很满意　　　　　B. 满意　　　　　　C. 一般

D 不满意　　　　　E. 很不满意

8. 与本市其他超市相比，您认为超市的商品布局（产品的摆放和分类）合理吗？

A. 非常合理　　　　B. 比较合理　　　　C. 一般

D. 不合理　　　　　E. 很不合理

9. 当您咨询相关产品时（产品特性、陈列地方），员工：

A. 十分了解产品,有效解决　　B. 一般了解,基本解决问题　　C. 不太了解,仍能解决

D. 不了解,无法解决　　　　　E. 没有尝试过

10. 您觉得超市的工作人员服务态度：

A. 态度极好,真实、笑容甜美

B 态度较好,语言还好

C. 态度一般,勉强可以接受

D. 态度恶劣,面无表情、冷言冷语

11. 当您对服务提出投诉或建议时，超市的处理方式：

A. 积极主动处理问题　　　B. 处理问题时间长　　　C. 委托或辩护

D. 直接回绝,激化矛盾　　 E. 没有尝试过

12. 您对获取超市商品的促销信息满意吗？

A. 很满意　　　　　B. 满意　　　　　　C. 一般

D. 不满意　　　　　E. 很不满意

13. 您对超市的结账服务的感觉如何？

A. 可刷卡消费,员工结账效率高

B. 设备偶尔失灵,效率一般

C. 结账流程稍复杂,效率偏低

D. 人手严重不足,效率低

E. 其他(请注明):_____

14. 您认为超市在退/换货服务方面:

A. 程序复杂 　　　　　　　　　　　　B. 处理及时,服务态度好

C. 渠道较少 　　　　　　　　　　　　D 处理及时,但服务态度一般

15. 您对超市所提供的哪些服务比较满意?(请在相应服务的选项后面按满意度的大小,用"1~5"的顺序排列,很满意填5,很不满意填1)

A. 免费接送:____ 　　B. 办卡:____ 　　C. 货物寄存:____

D. 退货服务:____ 　　E. 结账服务:____

16. 您觉得超市在免费接送服务上还有哪些方面需要改进?

A. 增加班次 　　B. 改善车内环境 　　C. 增加路线

D. 增加乘务员 　　E. 无所谓

17. 对于下列因素,请您完成排序。

①商品品种与质量　　②购物环境　　③员工服务水平　　④企业声誉

⑤超市的地理位置　　⑥售后服务　　⑦产品价格　　⑧投诉处理

请您按您觉得重要的程度由高到低排序:_____

18. 如果您对超市产品和服务等方面还有其他意见和看法,欢迎您写下来,以便我们更好地为您服务!

五、问题的形式

1. 开放式问题

开放式问题又称无结构式的问答题。在采用开放式问题时,问卷上没有拟定答案,被调查者可以用自己的语言自由地发表意见。

例如:您对产品改善功能还有哪些方面的建议?您认为学校的教学设施还有哪些需要改进的地方?您对社区的服务还有哪些好的建议?

开放式问题的主要优点:①被调查者可以自由表达自己的意见和看法;②调动被调查者的积极性;③防止固定选项对被调查者的诱导;④从回答中可以检查被调查者是否误解了问题。

开放式问题的主要缺点:①标准化程度低,资料整理和分析比较困难;②要求被调查者有一定的文字表达能力;③回答率不高;④占用较多的时间。

通常而言,问卷上的最后一个问题采用开放式问题,让被调查者有机会尽量发表意见,开放式问题在探索性调查中是很有帮助的,但在规模较大的抽样调查中则弊大于利。

2. 封闭式问题

封闭式问题又称有结构的问题。封闭式问题与开放式问题相反,它规定了一组可供选择的答案和固定的回答格式。

例如,您喜欢购买哪种功效的护肤品:①美白;②祛痘;③保湿;④去皱。

封闭式问题的优点包括以下几个方面:①答案标准化,对答案进行编码和分析都比较容

易。②回答中易于作答,节省调查时间,有利于提高问卷的回收率。③问题的含义比较清楚。因为所提供的答案有助于理解题意,这样就可以避免被调查者由于不理解题意而拒绝回答。

封闭式问题也存在一些缺点:①被调查者若对题目理解不正确,是难以觉察出来的。②可能产生"顺序偏差"或"位置偏差",即被调查者选择的答案可能与该答案的排列位置有关。

研究表明,对于陈述性答案,被调查者趋向于选第一个或最后一个答案,特别是第一个答案。而对一组数字(数量或价格),则趋向于取中间位置的答案。为了减小顺序偏差,可以准备几种形式的问卷,每种形式的问卷的答案排列顺序不同。

六、问卷调查问题设计技巧

1. 事实性问题

事实性问题主要是要求被调查者回答一些有关事实的问题。例如,询问被调查者目前的收入水平是多少。事实性问题的主要目的在于获取事实资料,因此,问题必须清楚表达,让被调查者了解后能正确回答。

市场调查中,许多问题均属"事实性问题",例如,被调查者个人的资料:职业、收入、家庭状况、居住环境、教育程度等。这些问题又称为"分类性问题",因为可根据所获得的资料将被调查者分类。在问卷中通常将事实性问题放在末尾,以免被调查者在回答有关个人的问题时有所顾忌,影响之后的回答。如果抽样方法采用配额抽样,则分类性问题应置于问卷之首,否则无法知道被调查者是否符合样本所规定的抽样要求。

2. 意见性问题

在问卷调查中,往往有询问被调查者一些有关意见或态度的问题。例如:询问被调查者是否喜欢使用电商平台购物。意见性问题事实上即态度性问题。要考虑被调查者是否愿意表达他真正的态度,而不同被调查者的态度强弱亦有不同,如何从答案中衡量其强弱,显然也是一个需要解决的问题。通常而言,被调查者会受到问题所用字眼和问题次序的影响,从而产生不同的反应,因而答案也有所不同。对于事实性问题,可将答案与已知资料进行比较。但对于意见性问题则较难作比较,因为被调查者对同样的问题所作的反应各不相同。因此,意见性问题的设计远比事实性问题困难。这种问题通常有两种处理方法:一种方法是用百分比表示意见性问题的答案,如有的被调查者完全同意某一种看法则记为100%;另一种方法旨在衡量被调查者的态度,故可将答案化成分数,如满分设置为10分,被调查者完全同意则记为10。

3. 困窘性问题

困窘性问题是指被调查者不愿在调查人员面前回答的某些问题,如关于私人的问题,或一般不被社会道德所接纳的行为、态度,或有碍声誉的问题。例如,询问被调查者财务状况是否良好,是否向银行抵押贷款、购买股票,熬夜打游戏的频率有多高,工作中是否会通过撒谎来逃避惩罚等问题。

如果一定要获得困窘性问题的答案,又怕被调查者作不真实的回答,可采用以下方法。

(1)间接问题法。不直接询问被调查者对于某事项的观点,而改问他对于该事项的看法是否同他人一样。例如,套取旁人的观点后,询问被调查者:"你同他们的看法是否一样?"

(2)卡片整理法。将困窘性问题的答案分为"是"与"否"两类,调查人员可暂时走开,让被调查者自己取卡片投入箱中,以缓解困窘气氛。被调查者在无调查人员看见的情况下选取真实答案的可能性会提高不少。

(3)断定性问题。有些问题是先假定被调查者已有该种态度或行为。例如,询问被调查者每周使用手机支付的频率是多少。事实上被调查者很可能根本不使用手机支付,这种问题则为断定性问题。正确处理这种问题的方法是在断定性问题之前加上一条"过滤性"问题。例如,询问被调查者使用手机支付吗。如果被调查者回答"是",则用断定性问题继续问下去才有意义,否则在过滤问题后就应停止询问。

七、问卷设计应注意的问题

1. 问卷的开场白

问卷的开场白必须慎重对待,要以亲切的口吻询问,措辞应精心设计,做到言简意赅,亲切诚恳,让被调查者自愿合作,认真填好问卷。

2. 问题的措辞

由于不同的语言会对被调查者产生不同的影响,因此,看起来相似的问题会因所用字眼不同,而使被调查者产生不同的反应,作出不同的回答。故问题措辞必须小心,以免影响答案的准确性。一般来说,在设计问题时应注意以下几个原则。

(1)避免一般性问题。如果问题的本来目的是在求取某种特定资料,但由于问题过于一般化,使被调查者所提供的答案无多大意义。例如,某航空公司想了解乘客对该公司的服务是否满意,因而询问被调查者对本公司的服务是否感到满意。这样的问题显然不妥。由于航空公司提供的服务项目较多,故应分项询问,以免混乱,如询问被调查者对座位的舒适度是否满意,对提供的飞机餐饮是否满意等。

(2)问卷的语言要口语化,符合人们交谈的习惯,避免书面化和文人腔调。

3. 问题的选择及顺序

问卷中问题的顺序一般按下列规则排列。

(1)容易回答的问题放在前面,较难回答的问题次之,困窘性问题放在最后,个人的事实性问题放卷尾。

(2)封闭式问题放前面,开放式问题放后面。由于开放式问题往往需要时间来考虑答案和组织语言,放在前面会引起被调查者的厌烦情绪。

(3)要注意问题的逻辑顺序,应按时间顺序、类别顺序等合理排列。

第三节　间接数据的收集

一、间接数据的来源

对于应用统计的分析人员来说,相当一部分统计数据不必亲自进行统计调查,而是直接从系统内部或外部获取。系统外部的数据可通过有关统计部门或权威机构发布的统计资料获取,可从相关年鉴、期刊和其他有关出版物上获取,或者从有关网站上搜寻。

1. 统计年鉴

(1)《中国统计年鉴》,由国家统计局编辑、中国统计出版社出版。它是一部全面反映我国国民经济和社会发展情况的资料性书籍。该书收录了上年全国和各省份经济和社会各方面有关的统计数据,以及主要历史年份和近 20 年全国统计数据。全书内容分为近 30 个部分,包含综合、人口、国民经济核算、就业和工资、价格、人民生活,等等。该书还附有光盘,提供中文和英文两种文字的电子版统计年鉴。为使用户方便浏览和使用统计年鉴,光盘还提供了超文本 HTML 表格和 Excel 表格两种浏览方式。

(2)《国际统计年鉴》,由中国统计出版社出版。它是一部国际社会经济统计综合性资料,收录了全世界多达 160 个国家和地区的统计资料,并对其中的 40 多个主要国家的社会和经济发展状况,以及世界主要企业的基本情况作了更详细的介绍。该书分为 17 个部分,包含中国在世界的地位、自然资源和环境、国民经济核算、人口、就业人员和劳动报酬、投资环境,等等。

(3)地方统计年鉴,由各省份及经济特区的统计局或相关统计部门负责编辑并出版。这类统计年鉴比较详细地反映了各省份及经济特区的社会、经济和科技等的发展变化情况。

(4)《中国城市统计年鉴》及《中国县域统计年鉴》,由国家统计局或相关机构编纂出版。其主要内容包括区域分析统计图、各县(市)经济主要指标、分区域社会发展基本情况、按主要经济指标分组的社会经济基本情况等。

(5)《中国金融年鉴》,由中国人民银行主管、中国金融协会主办。该书记述了金融发展的基本情况,提供了有关金融统计的资料,包括货币供应量、银行概述、特定存款机构的资产负债表等。

(6)《中国人口统计年鉴》,由中国统计出版社出版。该书是关于人口状况资料的年刊。书中收集了全国各省份大量的人口数据,以及世界各国的人口数据。

2. 期刊

上述各种统计年鉴所提供的资料较为详细、全面、系统,但时效性较差。以下刊物包含能够反映我国社会经济动态变化的数据。

(1)《中国经济数据分析》,由国家信息中心预测部主办。该期刊提供了当季(或当月)我国 GDP 增长率、工业生产指数、企业效益指标、固定资产投资额、外贸出口、市场销售的规模和速度、居民消费水平等数据。

(2)《经济预测分析》,由国家信息中心主办。该期刊提供了国民经济运行状况有关的资料。

3. 网站

收集传统的二手数据往往是一项艰苦的工作。随着计算机的普及和应用,在线信息数据库的建立解决了传统二手数据收集的难题。

数据库指的是按照一定要求收集且具有内部相关性的数据的集合体。目前可获取的能够反映中国社会经济状况的统计数据的网站主要有以下几个。

(1)中国统计信息网,由国家统计局主办。主要内容有统计公报、统计数据、统计分析、统计法规、统计管理和数据直报等。可在该网站搜寻有关数据资料。

(2)国务院发展研究中心信息网,由国务院发展研究中心信息中心主办,提供宏观经济、区域经济、金融市场、行业经济及企业经济相关数据资料。

(3)中国经济信息网,由国家信息中心组建。可从该网站搜寻全国及各地区经济发展的数据资料。

(4)中国经济时报网,由国务院发展研究中心主办。可从该网站搜寻有关社会经济的信息。

二、间接数据的特点

搜集间接数据可以弥补搜集原始数据成本高、时间长和不方便的缺点,因此,调查人员可以广泛地使用间接数据。间接数据有如下优点:①能被迅速地获得;②比起收集原始数据,其成本要低许多;③通常情况下,较为容易获得;④可以辅助现有的原始数据。

间接数据能使研究者熟悉行业状态,确定概念、术语。这对原始数据进行研究是很有帮助的。但间接数据也存在如下缺陷:①所获得的间接数据的度量标准与研究者所要求的度量标准不一致,即相关性不高;②数据所属时间不符合要求,出现严重过时问题;③资料不充分。因此,在使用间接数据前,对其进行评价是很有必要的。

使用间接数据,要注意数据的定义、含义、计算口径和计算方法,避免错用、误用和滥用。在引用间接数据时,应注明数据的来源,以尊重他人的劳动成果。

第四节 统计数据的误差

在搜集统计数据的时候,必须保证数据的质量。因为统计数据质量的好坏直接影响统计分析结果的客观性和真实性。统计数据的误差通常是指通过调查收集到的统计数据与客观现实之间的差距。现实中,无论采用哪种调查方式,所收集的数据中通常都存在误差。要理解这些误差,先要了解两种抽样方法。

一、概率抽样和非概率抽样

如何抽选出一个好的样本是数据收集阶段的一个关键问题。好的样本包括两个方面:
(1)对研究问题具有针对性;
(2)调查费用和估计精度之间的性价比高。
使用抽样方式收集数据的具体方式有很多,大致可分为概率抽样和非概率抽样两类。

1. 概率抽样

概率抽样又称随机抽样,是指遵循随机原则进行的抽样,总体中每一个单位都有一定的机会被选入样本。概率抽样有以下三个特点。

(1)抽样时是按照一定的概率,以随机原则抽取样本。所谓随机原则是指排除主观上有意识的干扰以抽取调查单位,使每一个单位都有一定的机会被抽中。值得说明的是,随机不等于随便,随机可以用概率来描述,有着严格的科学含义,而随便带有人为的主观因素。两者的本质区别就在于是否按照给定的入样概率,通过一定的随机化程序来取样。

(2)每个单位被抽中的概率是可以计算的或已知的。

(3)用样本估计总体时,要考虑样本被抽中的概率。

此外,我们还要区别等概率抽样和不等概率抽样两个不同的概念。概率抽样是指总体中每一个单位都有一定的非零概率被抽中,各单位被抽中的概率可以相等,也可以不等。概率相等时,为等概率抽样;概率不相等时,为不等概率抽样。

调查实践中,经常采用的概率抽样形式有简单随机抽样、分层抽样、整群抽样、系统抽样和多阶段抽样。概率抽样的最主要优点是可以依据调查结果计算估计误差,从而对总体进行推断。统计分析的样本主要是通过概率抽样得到的。

2. 非概率抽样

非概率抽样是相对于概率抽样而言的,指抽取样本时遵循的不是随机原则,而是根据研究目的,对数据采用特定的方式抽取样本。非概率抽样的具体方式有以下五种。

(1)方便抽样。方便抽样是调查人员依据方便原则自行确定抽样单位来进行调查。这种方法最容易实施,成本也低,但无法对总体进行推断,它适用于在科学研究中产生的一些想法,以及对研究内容的初步认识或建立的一些假设。

(2)判断抽样。判断抽样是指研究人员根据经验、判断和对研究对象的初步判断,有意识、有目的地抽选样本来进行调查。重点调查和典型调查都属这种方式。判断抽样的抽样原则不是依据随机原则,样本好坏取决于调查者的判断、经验、专业程度和创造性。和方便抽样一样,它具有成本低、易于操作的特点,但不适用于对总体进行推断。

(3)配额抽样。配额抽样被广泛应用于市场调查中,类似于概率抽样中的分层抽样。首先将总体中的所有单位按某一变量分类,然后在每类中再采用方便抽样和判断抽样来选取样本。配额抽样操作简单且能保证总体中各类别都有样本单位,使得样本结构类似于总体结构。但该方式因未遵循随机原则取样,所以仍属于非概率抽样。

(4)滚雪球取样。滚雪球取样常常被用于调查稀少群体。调查者选择一组调查对象实施调查后,由该部分调查对象提供另外一些同类群体的调查对象,调查人员继续对这部分人员进行调查,这个过程不断持续,最终形成滚雪球效应。这种抽样方式成本低,易于找到特定群体的被调查者,适合于对特定群体进行调查。

(5)自愿抽样。自愿抽样指被调查者自愿入样成为被调查者,向调查人员提供他们所了解或感兴趣的信息。自愿抽样与随机原则无关,样本往往是对某一特定问题感兴趣的特定人群,这些样本是有偏差的。可用于反映某类人群的一般看法,但同样不适合进行总体推断。

二、概率抽样与非概率抽样的比较

概率抽样和非概率抽样性质不同,实际调查中采用哪种类型取决于研究问题的性质、是否用数据进行总体推断、调查费用、时间、调查对象的特征等因素。

非概率抽样具有操作简便、时效快、成本低的特点,对抽样中的统计学技术要求低。它适合探索性的研究,调查结果常用于发现问题,为更深入的数量分析提供准备,还可以用于市场调查中的概念测试,如产品包装测试、广告测试。但由于非概率抽样没有遵循随机原则进行取样,样本统计量的分布不确定,所以无法用样本对总体进行推断。

概率抽样遵循随机原则进行取样,样本统计量的理论分布可知,适用于对总体有关参数进行估计,计算估计误差,得到总体参数的置信区间,并用于提出估计精度,或根据估计精度计算样本容量。这种调查方法的主要目的在于掌握总体的数量特征,进行区间估计。这种方法技术含量高,要求具备一定的统计学专业知识,调查成本较高,但结果科学、准确。

有时在一项研究中可将两种方法结合使用,发挥各自的特点,满足研究中的不同需要。

三、数据的误差类型

具体来讲,调查中会产生以下五种数据误差。

(1)抽样误差,是由抽样的随机性造成的,是用统计量估计总体参数时出现的样本结果与总体真值之间的误差。只有概率抽样中才会涉及这种数据误差,这种误差不可避免,但其大小可以计算和控制。

(2)非抽样误差,是相对于抽样误差而言的,是除抽样误差之外的,由其他原因引起的样本结果与总体真值之间的误差。抽样误差只存在于概率抽样中,而非抽样误差存在于概率抽样、非概率抽样中。非抽样误差又可分为抽样框误差、回答误差等。

(3)调查人员误差,是由调查人员业务培训不到位所致,如在调查过程中调查人员无意中诱导被调查者,干扰其正确判断。

(4)无回答误差,是被调查者拒绝接受调查而产生的误差,也包括调查者不在家无法接受调查等原因造成的误差。无回答误差有时是随机的,有时是系统性的。随机性无回答误差可通过增大样本容量的方式解决。系统性无回答误差则比较麻烦,可通过周密的预防和采取一定的补救措施来解决。

(5)测量误差,是由测量工具不准确造成的计量误差。

四、误差的控制

有效控制误差,提高数据质量,是数据收集成功与否的关键。

抽样误差是由抽样的随机性带来的,只要采用抽样调查,抽样误差就会存在,这是不可避免的,但可以对其大小进行控制和计算,进行控制的主要方法是改变样本容量的大小。例如,可以通过增加容量的方法来达到缩小抽样误差的目的,但这同时增加了预算经费。实际调查中可根据经费和误差精度要求,在两者之间进行权衡。

非抽样误差存在于概率抽样和非概率抽样中,产生原因也较多、较复杂。实际中可通过合理设计调查问卷、合理选择抽样框、对调查过程进行质量控制等方法来降低非抽样误差。

练习题

一、单项选择题

1.统计调查按组织方式不同,可分为( )。
A.全面调查和非全面调查　　　　　　B.经常性调查和一次性调查
C.统计报表和专门调查　　　　　　　D.直接观察法、采访法和报告法

2.调查表的内容一般有三个方面,包括( )。
A.指标名称、计量单位、数值　　　　B.栏号、计量单位、填表者
C.表头、表体、表外附加　　　　　　D.调查单位、调查项目、调查标志

3. 某灯泡厂为了掌握该厂的产品质量,拟进行一次全厂的质量大检查,这种检查应当选择的调查方法是(　　)。

A. 统计报表　　　　　　　　　　B. 全面调查

C. 重点调查　　　　　　　　　　D. 抽样调查

4. 就一次统计活动来讲,一个完整的认识过程的三个阶段,分为(　　)。

A. 统计调查、统计设计、统计分析　　B. 统计设计、统计调查、统计整理

C. 统计设计、统计整理、统计分析　　D. 统计调查、统计整理、统计分析

5. 人口普查规定统一的标准时点是为了(　　)。

A. 避免登记的重复与遗漏　　　　B. 确定调查的范围

C. 确定调查的单位　　　　　　　D. 登记的方便

6. 对科技人员进行调查,其调查对象是(　　)。

A. 所有的科技人员　　　　　　　B. 每一位科技人员

C. 所有的科技人员所在企业　　　D. 每一位科技人员所在企业

7. 只对全国几个大型钢铁企业进行调查就可以了解全国钢铁生产的基本情况,这种方式是(　　)。

A. 普查　　　　　　　　　　　　B. 抽样调查

C. 重点调查　　　　　　　　　　D. 典型调查

8. 重点调查中重点单位是指(　　)。

A. 标志总量在总体中有很大比重的单位

B. 具有反映事物属性差异的品质标志的单位

C. 能用以推算总体标志总量的单位

D. 具有典型意义或代表性的单位

9. 抽样调查与重点调查的主要区别是(　　)。

A. 作用不同　　　　　　　　　　B. 组织方式不同

C. 灵活程度不同　　　　　　　　D. 选取调查单位的方法不同

10. 下列叙述正确的是(　　)。

A. 调查单位同时又是总体单位　　B. 调查单位同时又是填报单位

C. 普查比抽样调查准确　　　　　D. 抽样框误差不属于非抽样误差

二、多选题

1. 以下哪些内容属于专门调查(　　)。

A. 普查　　　　　　B. 抽样调查　　　　C. 重点调查

D. 统计报表　　　　E. 典型调查

2. 调查问卷一般由哪几个部分组成(　　)。

A. 开场白　　　　　B. 正文　　　　　　C. 结尾

D. 标题　　　　　　E. 备注

3. 非概率抽样的方式有(　　)。

A. 简单随机抽样　　B. 滚雪球取样　　　C. 判断抽样

D. 方便抽样　　　　E. 配额抽样

4.调查数据误差的类型包括(　　)。
A.抽样误差　　　　　B.非抽样误差　　　　C.调查人员误差
D.无回答误差　　　　E.测量误差
5.间接数据有哪些优点(　　)。
A.成本低　　　　　　B.相关性高　　　　　C.资料充分
D.获取效率高　　　　E.辅助原始数据

 实践任务

以课程实践小组为单位,确定小组调查实践活动的选题并编制调查问卷。将问卷上传至问卷星,开展调查,收集数据。

第三章 统计数据的整理和展示

教学目标

- 帮助学生了解统计数据整理的意义,掌握统计数据整理的步骤。
- 帮助学生理解统计数据预处理的意义以及具体的方法。
- 帮助学生了解统计数据分组的作用,掌握统计数据分组的方法。
- 帮助学生了解编制分配数列的意义,掌握分配数列的种类和编制方法。
- 引导学生掌握使用 Excel 办公软件进行统计数据整理的展示的方法,能够根据数据特点用不同的统计数据图、表进行分析。

案例分析

A 市家用汽车市场的消费者家庭收入结构分析

党的二十大报告中,将高质量发展明确为全面建设社会主义现代化国家的首要任务。随着中国居民生活水平的提高,家用汽车已经从少数人所拥有的奢侈品转变为普通家庭的交通工具。对于家用汽车行业来说,高质量发展必定带来科技含量的提升以及价值的诉求,因此了解家用汽车消费市场中消费者的家庭收入结构,对于未来中国家用汽车市场的价格走势预测具有较好的借鉴意义。为了了解 A 市家用汽车市场中消费者的家庭收入结构状况,调研小组开启了对 A 市家用汽车消费市场的调研活动,本次调研共发放问卷 400 份,回收有效问卷 368 份,资料整理结果如表 3-1 所示。

表 3-1 有家用汽车的消费者家庭月收入情况

家庭收入	频数	比重(%)	累计(%)
2000 元以下	104	28.26	28.26
2000~3000 元	124	33.70	61.96
3001~4000 元	40	10.87	72.83
4001~5000 元	69	18.75	91.58
5000 元以上	31	8.42	100.00

根据调研得到的数据可以看出,A 市有车用户家庭月收入在 2000~3000 元的最多,61.96% 的有车用户月收入在 3000 元及以下。此次调研中,有车用户平均月收入为 2914.55 元,与该市

民平均月收入相比,有车用户普遍属于收入较高人群。目前 A 市家用汽车消费者的需求一般是每辆 10 万~15 万元的经济型车。

第一节 统计整理概述

一、统计整理的概念和意义

(一)统计整理的概念

统计调查回收的原始资料往往存在错填、漏填、乱填等问题,可能导致后期的整体数据分析产生偏差甚至得出错误的结论。同时,每一份原始资料都只能代表各个总体单位的具体情况,不能说明事物的全貌,也无法揭晓事物的发展规律,因此在利用数据进行具体分析之前需要先对回收的原始资料进行统计整理。

统计整理是指根据统计研究的任务和要求,对统计调查取得的原始资料进行科学的审核、分类、汇总,使之条理化、系统化,或对已整理过的间接资料进行再加工,使之形成能够系统反映总体特征的综合资料的工作过程。

(二)统计整理的意义

统计整理是统计工作的中间环节,它是在统计调查的基础上进行的,既是统计调查的继续,同时又是统计分析的前提,在统计工作中起着承前启后的重要作用,在统计工作过程中具有十分重要的地位。统计整理结果的好坏,是否科学、真实地反映客观实际,将直接影响统计分析的准确性,影响整个统计工作的质量。如果统计整理工作出现问题,将会使丰富、完备的资料失去价值,不能达到统计工作的目的,无法完成统计工作任务。

此外,统计整理还是积累历史资料的必要手段。统计研究中经常用到动态分析,这就需要长期积累的历史资料。根据统计研究的需要,对已有资料进行甄选、重新整理、分类和汇总等,都需要通过统计整理工作来完成。

二、统计整理的步骤

统计整理是整个统计工作的具体承担者,它贯穿统计工作的全过程,必须采用科学的方法和严格的程序。统计数据整理的具体步骤如下:
(1)根据研究目的设计和制定统计整理方案;
(2)对原始数据进行预处理,即对原始数据进行审核、筛选和排序;
(3)对原始数据进行分组、汇总,并计算出各项指标;
(4)以统计表或统计图的形式将汇总计算出的结果展示出来;
(5)统计资料的积累、保管和公布。

微阅读 3-1

第二节　统计数据的预处理

一、统计数据的审核

在对统计数据进行分类汇总之前,首先要做的工作就是对数据进行审核,通过审核及时发现原始资料中的问题,并且及时纠正。统计数据的审核主要包括以下四个方面。

(一)完整性审核

对资料完整性的审核主要体现在两个方面,第一是资料回收数量的完整性,即是否按照发放数量进行回收,如果没有回收完,需要及时联系对方进行回收;第二是资料填写内容的完整性,仔细检查每一份原始资料,查看原始资料是否存在错填、漏填等不完整情况,如果错填、漏填部分是原始资料的核心部分,就需要剔除这部分资料,并且查看原始资料的数量是否仍能达到所需要求,如果达不到就需要进行补充调查。

(二)正确性审核

审核资料的正确性,就是检查所填报的资料是否准确可靠。常用的方法主要有以下两种。第一种是逻辑检查,即根据项目之间存在的内在联系,从逻辑上或常识上判断其合理性,以确定其正确与否。例如,在一张调查表中,职业是学生,年龄是 50 岁,这就可能存在逻辑冲突了。又如,在一份调查问卷中,所有问题的答案都是 A,也存在错填的可能性,要仔细查看,了解是否真实存在错填问题。再如,企业的销售成本大于同期销售额也是明显的逻辑错误。审核资料正确性的第二种方法是计算检查,即根据有些项目之间数量上的依存关系,通过简单的计算,检查数据有无错误。如综合计数是否等于各项数字的加总,等等。

(三)历史资料的审核

在利用历史资料时,应审核资料的可靠程度、指标的含义、所属时间与空间范围、计算方法和分组条件及规定要求是否一致。一般可以从调查资料的历史背景、调查者搜集资料的目的,以及资料来源等角度判断资料的可靠程度,也可以由指标间的相互关系,以及指标的变动趋势来检查它的正确性。对不能满足要求、有缺漏或有疑问的资料要进行有科学根据的推算、弥补和订正。

(四)资料审核后的订正

若原始资料是针对个人进行的调查收集,那么在资料审核过程中如果发现资料的完整性和正确性存在问题,就需要及时进行补充调查;若原始资料来自单位报送等可追寻的途径,在资料审核中如发现有缺报、漏报等情况,应及时催报、补报。如存在错报的情况,应针对不同情况作如下处理:

(1)对于可以肯定的一般错误,应及时代为更正,并通知原报告单位;

(2)对于可疑之处或无法代为更正的错误,应要求原报告单位复查、更正;

(3)如果所发现的差错在其他单位中也可能发生,则应将错误通报所有单位,以免发生类似的错误;

(4)对于严重的错误,应发还重新填报,并查明产生错误的原因。如属于违法行为,应依法严肃处理。

二、统计数据的筛选

筛选的目的主要有两个,一是对原始资料作进一步的准确性检查,将有错误的、不合要求的、录入有误的数据筛选出来,并根据具体情况给予修正或剔除;二是将符合某种条件的数据筛选出来。数据的筛选主要通过计算机完成,具体操作步骤将在本章第六节进行详细介绍。

微阅读3-2

三、统计数据的排序

数据排序是将数据按照某一个或多个变量的大小进行排列,这将有利于研究者对数据进行总体浏览,发现一些明显的特征或趋势,同时也有利于统计数据的分组。在很多情况下,统计数据的排序本身就是一种对数据的分析。

统计数据往往需要根据数据特点进行排序,如果是数字型数据,排序则有升序和降序之分,大多数情况下人们习惯于用升序,因为升序符合数字的自然排列和人们的日常使用习惯;如果是字母型数据,人们往往习惯按照字母顺序进行排列;如果是汉字型数据,排序方式很多,如按汉字拼音的首位字母排列,这与字母型数据的排序完全一样。也可以按汉字笔画排序。无论是数字型数据还是字母型数据,排序主要通过计算机完成,具体操作步骤将在本章第六节进行详细介绍。

第三节 统计数据的分组

一、统计分组的概念、原则和作用

(一)统计分组的概念

根据现象的特点和统计研究的目的、要求,按照一种或多种统计标志将总体划分成几个不同的组成部分即为统计分组。例如,人口统计学中将性别划分为男性、女性,国民经济按产业类型划分为第一产业、第二产业和第三产业,考试成绩划分为不及格、及格、中等、良好、优秀,等等。虽然统计分组的概念往往出现在统计数据整理部分,但是在实际的统计工作开展过程中,统计分组在调查阶段就已经开始,尤其是问卷调查方式。

统计分组简单来说就是把性质相同的总体单位归为一组,将性质不同的总体单位区别开来,形成不同的组,统计分组必须保证组内单位的同质性和组间单位的差异性。因此,我们可以发现,统计分组相对于总体而言是"分",即将总体按一种或多种重要标志划分为若干个性质各异的不同小组;相对于每一个总体单位而言又是"合",即将具有某种相同性质的总体单位归为同一组。统计分组可以揭示现象各部分之间存在的差异,结合统计分析,能够认识事物的发展变化规律。

(二)统计分组的原则

统计分组必须遵循以下两个原则。

1. 穷尽原则

穷尽原则是指总体中的每一个单位都可以归属为某一组,不能有任何一个总体单位无组可分。例如,被调查者按照年龄分为0~15岁、16~25岁、26~35岁、36~50岁四组,那么50岁以上的人就没有可以选择的分组了,这必然造成最后所获得的数据与真实数据之间存在巨大差异。如果将分组调整为0~15岁、16~25岁、26~35岁、36~50岁、50岁以上五组,就可以囊括所有的人群,符合分组的穷尽原则。

2. 互斥原则

互斥原则是指在特定的分组标志下,总体中的任何一个单位只能归属某一组,不能同时或可能归属另一组。例如,把被调查者按其从事的工作的不同,分为企业工作人员、企业管理人员、科教文卫工作人员、个体工商户从业人员等组,若某被调查者是企业的市场主管,那么,他既可以归属企业工作人员,也可以归属企业管理人员,这种分组就不满足互斥原则。

(三)统计分组的作用

统计分组在统计研究中具有重要的作用,具体表现在以下三个方面。

微阅读3-3

1. 划分社会、经济现象的性质和不同类型

社会、经济现象之间的内部差异往往需要通过分组的方式进行展现,比如GDP是国民经济核算的核心指标,也是衡量一个国家或地区经济状况和发展水平的重要指标。根据国家统计局官网发布的统计公报的数据,2022年国内生产总值为1210207亿元,按不变价格计算,比上年增长3.0%。从GDP整体走势来看,国内经济社会大局和谐稳定,但是在整体经济形式较好的大格局下,不同产业类型经济发展状况如何,我们却无法从这一整体指标中看出结果,这就需要根据某种标志把它们划分为性质不同的几种类型,以便揭示不同现象质的差异。比如,可以将我国经济类型分为国有经济和非国有经济两大类型;工业划分为采矿业,制造业,电力、热力、燃气及水生产和供应业;农业划分为农、林、牧、渔四大类型;等等。举例见表3-2所示。

表3-2 2022年分行业固定资产投资(不含农户)增长速度

行业	比上年增长(%)	行业	比上年增长(%)
总计	5.1	金融业	10.5
农、林、牧、渔业	4.2	房地产业	−8.4
采矿业	4.5	租赁和商务服务业	14.5
制造业	9.1	科学研究和技术服务业	21.0
电力、热力、燃气及水生产和供应业	19.3	水利、环境和公共设施管理业	10.3
建筑业	2.0	居民服务、修理和其他服务业	21.8
批发和零售业	5.3	教育	5.4
交通运输、仓储和邮政业	9.1	卫生和社会工作	26.1

续表

行业	比上年增长(%)	行业	比上年增长(%)
住宿和餐饮业	7.5	文化、体育和娱乐业	3.5
信息传输、软件和信息技术服务业	21.8	公共管理、社会保障和社会组织	42.1

资料来源:《中华人民共和国2022年国民经济和社会发展统计公报》。

2. 揭示社会现象的内部结构

从数量上反映总体的内部结构是统计研究的主要任务。总体的内部结构可体现部分与整体的关系以及各部分之间存在的差别和相互联系,反映事物从量变到质变的过程,帮助人们掌握事物的特征,认识事物的性质。表3-3为2019—2021年三大产业增加值占GDP比重表。

表3-3 2019—2021年三大产业增加值占GDP比重表(%)

类型	2019年	2020年	2021年
第一产业	7.1	7.7	7.3
第二产业	38.6	37.8	39.4
第三产业	54.3	54.5	53.3

资料来源:根据国家统计局、华经产业研究院相关资料整理。

3. 分析社会、经济现象之间的依存关系

社会、经济现象之间广泛存在相互依存关系,如家庭工资收入与支出之间、工人技术级别与产品质量之间、工人劳动生产率与产品成本之间、市场商品价格与其需求量之间都在一定程度上存在相互依存的关系。

所有这些依存关系,都可通过统计分组来初步表明影响因素与结果之间的变动规律。表3-4是假设的表示某种农作物的施肥量与产量之间关系的分组资料。该表说明了该农作物的单位面积粮食产量随着化肥施肥量的提高而提高,这种特征被称为正依存关系。

微阅读3-4

表3-4 农作物施肥量与产量关系分组资料(千克/公顷)

化肥施肥量	单位面积粮食产量
200	5655
230	6238
260	6786
290	7213
320	7376

二、分组标志的选择

任何事物都有很多标志,选择不同的分组标志产生的分组结果自然不同,因此,分组标志选择不当,必然会影响统计分组的作用。选择分组标志时必须遵循以下原则。

(一)要符合统计研究的目的和要求

统计分组是为统计研究服务的,统计研究的目的不同,选择的分组标志也应有所不同。例如,要了解某单位职工的学历状况,就应选择"文化程度"为分组标志;要了解学生的学习状况,要以"成绩"为分组标志,而不能用"性别""年龄""收入"为分组标志,因为这些内容与要了解的内容无关。

(二)要选择能够反映现象本质的标志作为分组标志

社会、经济现象纷繁复杂,研究某一问题时可能涉及许多标志。科学的统计分组应该从中选择与统计研究目的、与有关事物的性质或类型关系最密切的标志,即将主要或最本质的标志作为统计分组的依据。例如,研究城镇居民生活水平时,有每户就业人口数、家庭总收入、人均可支配收入等标志。其中,最能反映城镇居民生活水平的标志是人均可支配收入,故应将这一标志作为分组标志。

(三)要考虑现象所处的具体历史条件的变化

客观事物的特点和内部联系是随着条件的变化而变化的,因此选择分组标志时,要具体情况具体分析,根据现象所处的具体历史条件来选择分组标志。例如,在计划经济时期,企业按所有制形式分为四组,包括全民所有制企业、集体所有制企业、私营企业和其他企业。而现在按企业登记注册类型可分为国有企业、集体企业、股份合作企业、联营企业、有限责任公司、股份有限公司、私营企业、港澳台商投资企业、外商投资企业等类型。又如,对最低生活标准的确定,就不能沿用20世纪50—60年代的标准,而应依据目前的生活水平状况制定标准,然后再进行分组。此外,行业的划分也发生了很大变化。

三、统计分组的种类

(一)按分组标志的性质,统计分组可分为品质分组和数量分组

(1)品质分组是按品质标志进行的分组,如企业按经济类型分组,大学生按专业分组,人口按性别、民族分组等。品质分组可以反映现象的构成与不同属性的事物在总体中的地位和作用。

(2)数量分组是按数量标志进行的分组,如企业按劳动生产率分组,学生按考试成绩分组,人口按年龄、身高分组等。数量分组可以通过反映现象在数量上的差异来反映现象在性质上的区别。

(二)按分组标志的多少及其形式,统计分组可分为简单分组、并列分组和复合分组

(1)简单分组就是将总体只按一个标志分组,只能从某一方面说明和反映事物的分布状况和内部结构,如企业员工按性别分为男、女两组,货物运输按运输方式分为铁路运输、公路运输、水路运输、航空运输与管道运输五组。

(2)并列分组也称平行分组体系,就是同时用两个或两个以上的标志分别从不同的角度进行不重叠的多种分组。比如,研究某高等院校学生状况时,可以分别按接受教育程度、专业、性别、年龄等标志分组,从而得到一个平行分组体系。其特点是两组或多种分组相互独立而不重叠,既可以从不同的方面反映事物的多种结构,又不会使分组过于烦琐,故被广泛采用。

(3)复合分组就是将总体按两个或两个以上的标志进行的重叠式分组,即在按某一标志分组的基础上再按另一标志进一步分组,以此类推。

复合分组的优点是可以从对同一现象的层层分组和分组标志的联系中,更加深入、全面地研究各个方面的内部结构。但是,采用复合分组会使组数随着分组标志的增加而成倍增加,使每组中的单位数量相应减少,处理不好就会加重烦琐程度,不利于分析问题,因此,不能滥用复合分组,也不宜对较小总体进行复合分组,尤其不宜采用过多的标志进行复合分组。

第四节 分配数列

一、编制分配数列的意义

在统计分组的基础上,将总体的所有单位按组归类整理,计算各组的单位数,并按组的顺序加以排列,就形成了说明总体单位在各组的次数分布,又称分配数列、分布数列或次数分配。其中,各组的总体单位数叫次数或频数;各组次数与总次数之比叫比率或频率。

统计研究社会经济现象的数量方面,一个重要的问题就是研究其分配数列。各组现象本质上的差异,反映在其数量上,则会有不同的次数分布,形成不同的数量分布特征。分配数列是统计整理的一种重要形式,也是统计描述和统计分析的一种重要方法。它可以表明总体的分布特征、结构状况等,并可据此研究总体某一标志的平均水平及其变动的规律性等。

二、分配数列的种类

根据分组标志的不同特征,分配数列可以分为品质分配数列(简称品质数列)和变量分配数列(简称变量数列)两种类型。

(一)品质数列

某总体按品质标志分组所形成的分配数列称为品质数列。品质数列由各组名称和次数组成,见表 3-5。

表 3-5 某校学生的年级构成情况

按年级分类	人数	比重(%)
大一	3200	24.34
大二	3350	25.48
大三	3276	24.92
大四	3321	25.26
合计	13147	100.00

(二)变量数列

变量数列根据各组变量值的表示方式不同,可分为单项式数列和组距式数列。

1. 单项式数列

单项式数列是指每组变量值只有一个数值来表示所形成的数列,如表 3-6 所示。

表 3-6　某楼栋每户住户人数

员工平均日产量(件)	住户人数	
	绝对数(户)	比重(%)
0	4	10.0
1	3	7.5
2	8	20.0
3	15	37.5
4	10	25.0
合计	40	100.0

单项式数列,其变量有几个不重复的变量值就有几组,具有组距真实、明确和分组方法简单等优点,但应用条件受到限制。单项式数列一般在变量值不多且变量值的变动范围不大、变量呈离散型的条件下采用。

2. 组距式数列

组距式数列是指变量数列中每个组使用一段变量值区间来表示的数列形式,如表 3-7 所示。组距式数列适用于按连续型变量分组或变量值的变动范围较大的离散型变量分组的情况。组距式数列根据各组区间长度是否相等,又可细分为等距数列和异距数列两种,等距数列各组的组距相等,各组中单位数的多少不受组距大小的影响,便于直接比较各组次数的多少,研究次数分布的特征;异距数列各组的组距不完全相同。

表 3-7　某班级学生身高情况表

班级学生身高情况分组(cm)	学生人数	
	绝对数(人)	比重(%)
130～140	1	1.96
141～150	2	3.92
151～160	8	15.69
161～170	16	31.37
171～180	24	47.06
180 以上	0	0.00
合计	51	100.00

三、编制分配数列的方法

在进行统计整理时,根据统计研究的目的不同,有时编制品质数列,有时编制变量数列,其中品质数列的编制以及单项式数列的编制一般比较简单,下面重点介绍组距式数列的编制方法。

(一) 将原始资料按数值大小顺序排列

将反映总体单位特征的原始资料按大小顺序排列,找出其中的最大数值和最小数值,计算全距。

$$全距=最大值-最小值 \tag{3.1}$$

【例 3-1】 某班 40 位同学统计学考试成绩见表 3-8。

表 3-8 某班 40 位同学统计学考试成绩(分)

88	85	76	99	76	60	82	60	87	82
91	99	92	85	71	78	97	75	94	93
85	83	78	67	98	69	59	71	84	86
56	81	78	71	68	69	84	62	79	70

解 经过初步加工核算,大致可看出资料的最小值为 56 分,最大值 99 分,则全距=99－53=46(分),即数列最大值与最小值之差。

(二) 确定组数和组距

组数是指组距式数列中所分配的组的个数,组距是每组中最大变量值与最小变量值之间的距离或差数。其中各组最大的变量值称为该组的上组限,简称上限;最小的变量值称为该组的下组限,简称下限。组距的计算公式为

$$组距=上限-下限 \tag{3.2}$$

对同一资料,在全距一定的前提下,组距与组数成反比关系,即

$$组数=全距/组距 \tag{3.3}$$

从组数、组距和全距之间的计算关系可以看出:若组距大,则组数就少;若组距小,则组数就多。但是在实际的统计分组过程中,组数与组距的确定,原则上应该力求符合现象的实际情况,能够将总体的分布特点反映出来。如果组距过小,组数过多,容易将同质的单位划分在不同的组内,无法显示资料的类型特征;如果组距过大,组数过少,会使不同性质的单位同处一组,掩盖现象质的差异。很多时候甚至是先确定组数再确定组距,在日常生活工作中普遍以 5、7、9 等奇数作为组数。

在编制组距式数列时,既可进行等距分组(获得等距数列),也可进行不等距分组(获得异距数列)。究竟采用何种分组形式,要根据统计研究的目的和资料本身的性质及特点而定。实际工作中,等距分组便于绘制统计图,也便于进行各类运算,因此,采用等距分组的资料较多。一般来讲,等距分组时组距应尽可能取 5 或 10 的倍数,而组数必须是整数。凡是在变量值变动比较均匀的情况下,都采用等距分组。在下列情况下,必须考虑采用不等距分组:第一,变量值分布很不均匀;第二,变量值相等的量具有不同意义;第三,变量值按一定比例发展变化。

在确定组距和组数时,要注意考虑两个原则:一是要尽量反映出总体单位的分布情况及总体单位的集中趋势;二是要区分出组与组之间的差异。

(三) 确定组限

从根本上说,组限应是区分事物质的差别的数量界限。组限确定得好,就能充分体现分组的功能,分清组与组之间的差别;否则,就有可能混淆现象之间的本质区别。确定组限时要使

最小组的下限略小于最小变量值,最大组的上限要略大于最大变量值,这样可以把所有变量值全部涵盖在内。

变量有离散型变量和连续型变量两种类型,其组限的确定也有所不同。对于离散型变量,由于其变量值可以一一列举,且相邻两个数值之间没有中间数值,所以可采用相邻两组之间上下限不重叠的方式设置组限。如对工人人数这一变量,可按这样的形式设置组限:1～10,11～20,21～30,31～40。

对于连续型变量,由于变量值可以无限分割,数值之间不能断开,因此,可采用相邻两组上下限重叠的方式来设置组限,在进行小组计数的时候往往采用"上限不在内"原则,即对待各组一般包含具有本组下限及上限之间变量值的单位,包括具有本组下限变量值的单位,而不包括具有本组上限变量值的单位,这样才能做到"不重复不遗漏"。如产量这个变量,就可按这样的形式设置组限:100～200,200～300,300～400 等,而在计数的时候,例如 100～200 的组则不将频数 200 包含在内。

确定了一个组的上限和下限之后,就确定了变量在这一组的取值范围。但是这样各单位的具体标志就被掩盖了,为了反映分布在各组中各单位变量值的一般水平,通常采用组中值来代替。所谓组中值,是各组变量范围内的中间数值,可根据各组上限、下限计算出来,即

$$组中值 = \frac{下限 + 上限}{2} \tag{3.4}$$

编制组距式数列时,在全部变量值中有时会遇到特大或特小的数值,为了不使组数或组距过分扩大,可采用开口组,第一组用"××以下",最后一组用"××以上"来表示。对于开口组的组距和组中值,原则上以相邻组的组距来确定,具体可按下面的公式计算。

$$缺少下组限的组中值 = 该组上限 - 邻组组距/2 \tag{3.5}$$

$$缺少上组限的组中值 = 该组下限 + 邻组组距/2 \tag{3.6}$$

(四)归类汇总

所谓归类汇总,是指按照各个总体单位的具体标志值,将其划归于某一具体组之中。在归类汇总时,要遵循"不重复不遗漏"的基本原则。

如按上述步骤对表 3-8 的资料进行分组,可得表 3-9。

表 3-9　某班学生统计学考试成绩表

成绩(分)	人数(人)	比重(%)
50～59	2	5.0
60～69	7	17.5
70～79	11	27.5
80～89	12	30.0
90～100	8	20.0
合计	40	100.0

四、累计次数分布

次数分布是统计研究的一个基本课题,通过次数分布规律,可以研究大量现象的统计规

律。将变量数列各组的次数和比率逐组累计相加就可以得到累计次数分布,它表明总体在某一标志值的某一水平上、下总共包含的总体次数和比率。累计次数分布有以下两种计算方法。

(一)向上累计

向上累计,又称以下累计,或称较小制累计,是将各组次数和比率,由变量值低的组向变量值高的组逐组累计。组距式数列中的向上累计,表明各组上限以下总共包含的总体次数和比率有多少。

(二)向下累计

向下累计,又称以上累计,或称较大制累计,是将各组次数和比率,由变量值高的组向变量值低的组逐组累计。组距式数列中的向下累计,表明各组下限以上总共包含的总体次数和比率有多少。

例如,某班40名同学统计学考试成绩的累计次数分布如表3-10所示。

表3-10 某班统计学考试成绩累计次数分布

考分	次数		向上累计		向下累计	
	人数(人)	比率(%)	人数(人)	比率(%)	人数(人)	比率(%)
50～59	2	5.0	2	5.0	40	100.0
60～69	7	17.5	9	22.5	38	95.0
70～79	11	27.5	20	50.0	31	77.5
80～89	12	30.0	32	80.0	20	50.0
90～100	8	20.0	40	100.0	8	20.0
合计	40	100.00	—	—	—	—

表3-10表明:80分以下累计20人,比率为50%;80分及以上累计20人,比率为50%。两个累计人数之和等于总体人数40人,两个累计比率之和等于100%。由此可见,同一数值的向上累计和向下累计之和等于总体的总次数,而累计比率之和等于1(或100%)。

第五节 统计数据的展示

一、统计表

(一)统计表的结构

统计表是统计研究用数字说话的一种最常用的形式。把统计调查得来的数字资料,经过汇总整理后,得出一些系统化的统计数据,将其按一定顺序填列在一定的表格内,这个表格就是统计表。统计表既是调查整理的工具,又是分析研究的工具。统计表有广义和狭义之分。广义的统计表包括统计工作各个阶段所用的一切表格,如调查表、整理表、计算表等;狭义的统计表是表明统计整理结果的表格,即我们通常所说的统计表。

从外表形式上看,统计表通常由以下四部分构成:

(1)总标题,是表的名称,用于概括统计表中要说明的内容;

(2)横行标题,是各组的名称,反映总体的各个组成部分,一般写在表的左方;

(3)纵栏标题,是分组标志或指标的名称,说明纵栏所列各项资料的内容,一般写在表的上方;

(4)指标数值,也称数字资料,是统计表的具体内容。

另外,必要时应加附注,注明资料来源及其他说明信息。下面以表 3-11 为例说明统计表的结构。

表 3-11　2019 年我国国内生产总值　——→ 总标题

项目		国内生产总值	
		产值(亿元)	比重(%)
横行标题	第一产业	70473.6	7.1
	第二产业	380670.6	38.6
	第三产业	535371.0	54.3
合计		986515.2	100.0

数据来源:国家统计局。　　　　　　　　　　　　　附注

统计表的内容有主词和宾词两个部分。主词用于说明总体或各组的名称;宾词用于说明主词的各种指标。通常,统计表的主词列在表的左边,宾词列在表的右方。

(二)统计表的种类

统计表按主词是否分组和分组的程度不同,可分为简单表、分组表和复合表三类。

1. 简单表

简单表是指主词未经过任何分组,反映总体各单位的名称或按时间顺序的简单排列,或同时反映以上内容的统计表,如表 3-12 所示。

表 3-12　某班学生性别情况统计表

性别	人数
男	12
女	24
合计	36

2. 分组表

分组表是指主词按照某一个标志分组的统计表,也称简单分组表。它可以展示现象的不同类型特征,研究现象的内部结构,如表 3-11 所示。

3. 复合表

复合表是主词按照两个或两个以上的标志层,层分组所形成的统计表,如表 3-13 所示。

表 3-13　2020 年某地区工业增加值和员工人数

项目		增加值(万元)	员工人数(人)
内资企业	大型	10115	12056
	中型	8920	56068
	小型	6204	26084
外商投资企业	大型	8260	6204
	中型	6220	10400
	小型	3608	3806

(三)宾词指标的设计

宾词指标的设计在统计表的设计中十分重要。宾词指标的设计与统计表内容的繁简关系很大。大致有两种设计方式:一种是简单设计,将宾词指标作平行配置,一一排列(表 3-14);另一种是复合设计,把各个指标结合起来,作层叠配置,分层排列(表 3-15)。

表 3-14　某地区企业的员工性别和工龄(1)

企业按经济成分分组	企业数	员工总数(百人)	性别		工龄				
			男	女	1年以下	1~3年	3~5年	5~10年	10年以上
(甲)	(1)	(2)	(3)	(4)	(5)	(6)	(7)	(8)	(9)
国有经济									
非国有经济									
合计									

注:分组"上限不在内"。

表 3-15　某地区企业的员工性别和工龄(2)

企业按经济成分分组	企业数	员工总数(百人)			工龄												
					1年以下			1~3年			3~5年			5~10年			10年以上		
		男	女	合计	男	女	合计	男	女	合计	男	女	合计	男	女	合计	男	女	合计
(甲)	(1)	(2)	(3)	(4)	(5)	(6)	(7)	(8)	(9)	(10)	(11)	(12)	(13)	(14)	(15)	(16)	(17)	(18)	(19)
国有经济																			
非国有经济																			
合计																			

注:分组"上限不在内"。

(四)统计表的编制规则

为清楚地展示统计数据,需要合理地设计统计表。统计表的设计要尽可能标准化、规范化,同时遵循以下原则。

(1)统计表的各类标题要力求简单、明确,用最简练、精确的文字充分表达统计数据的全部内容及资料所属的时间和空间范围。

（2）统计表的内容要简明扼要，分组层次和宾词指标不宜过多，一般分组标志不超过三个。

（3）当统计表的栏目较多时，可加编号（需要说明其相互关系），习惯上，主词用"甲、乙、丙……"，宾词用"1、2、3……"等编号。

（4）表内数字填写整齐，位数对准，不能留有空白，同栏目数字的单位、小数位要一致。相同数字应全部填写，不可以用"同上"等字样代替，无数据用"—"表示，缺数据用"…"表示。

（5）表中的数字用一种计量单位时，在表的右上方注明，单位不统一时，横行的计量单位可设计专门的计量单位栏，纵栏的计量单位可与纵栏标题写在一起。

（6）统计表一般是开口式，即表的左右两端不画纵线，表的上下通常用粗线封口。

（7）必要时，统计表应加以附注，写在表的下端，但其内容不宜过多。

二、统计图

统计图是以图形方式形象表现统计数据资料的一种工具。用统计图展现统计数据资料具有鲜明醒目、富于表现、易于理解的特点，因此绘制统计图是统计整理的重要内容之一。

统计图可以揭示现象的规模、水平、内部结构、发展趋势和比例关系等，有利于进行统计分析与研究。统计图的类型非常多，常用的统计图主要有柱形图、折线图、饼图、散点图、直方图等。

(一)柱形图

柱形图是用宽度相同的柱形的高低或长短来表示各项统计指标数值的大小的图形。柱形图根据表现内容的不同，分为单式柱形图、复式柱形图和结构柱形图。

1. 单式柱形图

单式柱形图是以若干宽度相同的单一柱形的高低、长短来表明统计指标数值大小的一种图形。图 3-1 即单式柱形图。

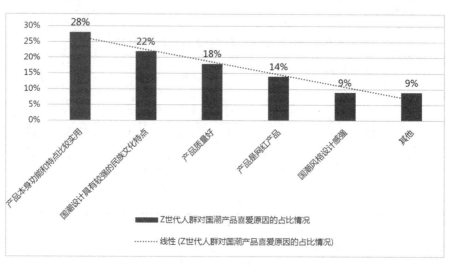

图 3-1　单式柱形图

数据来源：正大杯第十二届市场调查与分析大赛学生作品。

2. 复式柱形图

复式柱形图是以两个或两个以上的柱形为一组,同时与若干组平行,以表示统计指标间相互关系的一种图形。它既可以进行组与组之间的比较,又可以进行组内比较。复式柱形图能说明较多的问题,是一种常见的图形。图 3-2 即复式柱形图。

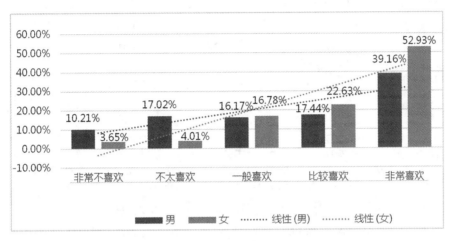

图 3-2　复式柱形图

数据来源:正大杯第十二届市场调查与分析大赛学生作品。

3. 结构柱形图

结构柱形图是以柱形及其内部分段来表明总体内部构成的图形。图 3-3 即结构柱形图。

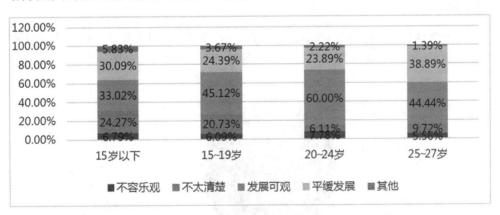

图 3-3　结构柱形图

数据来源:正大杯第十二届市场调查与分析大赛学生作品。

(二)折线图

折线图是在平面直角坐标系中用折线表现数量变化特征和规律的图形。折线图可以展示随时间(可根据常用比例设置)而变化的连续数据,因此非常适用于展示在相等时间间隔或其他间隔下数据的变化趋势。图 3-4 即折线图。

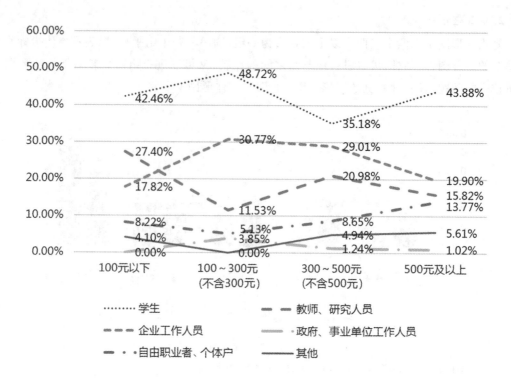

图 3-4 折线图

数据来源:正大杯第十二届市场调查与分析大赛学生作品。

(三)饼图

饼图是用圆形及圆内扇形的面积来表示数值大小的图形,用于显示数据的次数分布或占比。饼图主要用于表示总体中各组成部分所占的比例,显示结构性问题。图 3-5 即饼图。

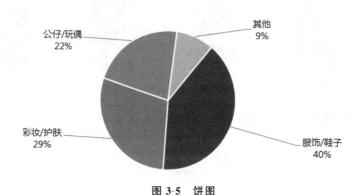

图 3-5 饼图

数据来源:正大杯第十二届市场调查与分析大赛学生作品。

(四)散点图

散点图是指在平面直角坐标系中,以横轴和纵轴分别代表两个变量,找到数据点在坐标系上的分布的图形,如图 3-6 所示。它主要用来观察变量间的相关关系,也可以显示数量随时间变化的趋势。

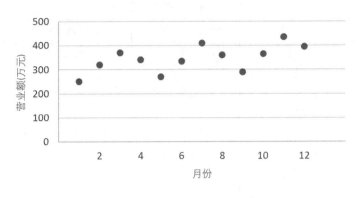

图 3-6 散点图

(五)直方图

直方图是用矩形的宽度(面积)表示分配数列的图形。在平面直角坐标系中,用横轴表示数据分组,纵轴表示频数或频率,这样,各组数据与相应的频数或频率就形成了一个个矩形,即直方图,如图 3-7 所示。

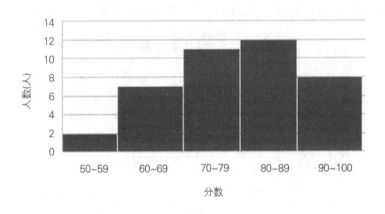

图 3-7 直方图

第六节　用 Excel 2016 进行统计图表制作

本节以例题的形式介绍用 Excel 2016 软件进行统计图表的制作。

一、数据筛选

【例 3-2】 表 3-16 是 10 名学生 3 门课程的考试成绩数据。试找出全体男学生的成绩,经济学成绩高于 90 分的学生,3 门课程成绩都大于 80 分的学生。

表 3-16　10 名学生考试成绩表(分)

编号	性别	统计学成绩	管理学成绩	经济学成绩
1	女	75	92	82
2	男	77	78	76
3	女	92	93	96
4	女	76	81	78
5	女	86	85	93
6	男	87	87	67
7	女	73	78	78
8	男	65	75	77
9	男	94	90	87
10	女	65	62	63

用 Excel 2016 软件进行数据筛选的操作步骤如下。

第一步:将数据复制到 Excel,全选数据之后,选择【数据】选项卡,在【排序与筛选】组中,单击【筛选】,表格的第一行会出现下拉按钮,单击下拉按钮出现图 3-8 所示结果。

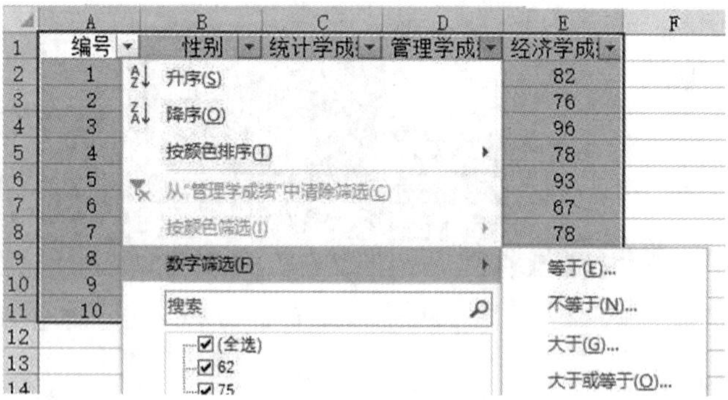

图 3-8　Excel 的筛选栏

第二步:要选择全体男学生的成绩,单击"性别"字段右侧的下拉按钮,打开【筛选】下拉列表框,勾选"男"复选框,操作如图 3-9 所示,结果如图 3-10 所示。

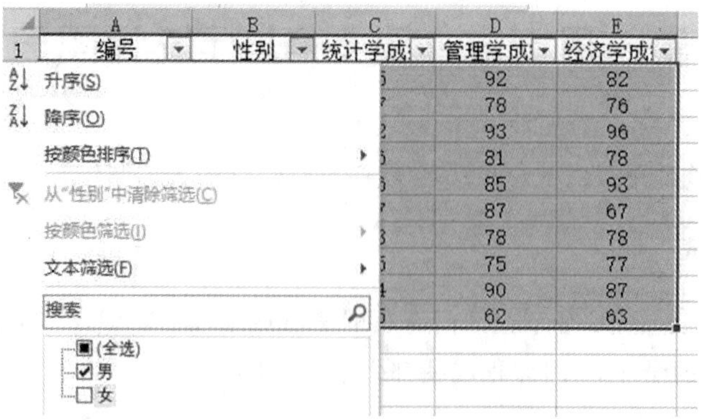

图 3-9　Excel 的数据筛选条件选择

第三章 统计数据的整理和展示

	A	B	C	D	E
1	编号	性别	统计学成绩	管理学成绩	经济学成绩
3	2	男	77	78	76
7	6	男	87	87	67
9	8	男	65	75	77
10	9	男	94	90	87

图 3-10 Excel 的数据筛选结果

第三步：要筛选管理学成绩高于 90 分的学生，单击"管理学成绩"字段右侧的下拉按钮，在【筛选】下拉列表框中，执行【数字筛选】中的"大于"命令，弹出【自定义自动筛选方式】对话框，如图 3-11 所示，在下拉列表框中选择"90"，单击【确定】按钮，结果如图 3-12 所示。

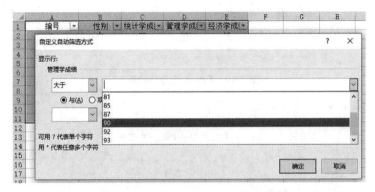

图 3-11 【自定义自动筛选方式】对话框

	A	B	C	D	E
1	编号	性别	统计学成绩	管理学成绩	经济学成绩
2	1	女	75	92	82
4	3	女	92	93	96

图 3-12 管理学成绩高于 90 分的筛选结果

第四步：如何筛选 3 门课程成绩都大于 80 分的学生？由于筛选的字段比较多，需要使用【高级筛选】命令。使用【高级筛选】命令时，必须建立条件区域。在 Excel 工作表的空白区域输入条件，如图 3-13 所示；然后在【排序与筛选】组中，单击【高级】按钮，弹出【高级筛选】对话框，并在【列表区域】中选中要筛选的数据清单，再在【条件区域】中选中匹配的条件，如图 3-14 所示，筛选结果如图 3-15 所示。

	A	B	C	D	E	F	G	H
1	编号	性别	统计学成绩	管理学成绩	经济学成绩			
2	1	女	75	92	82			
3	2	男	77	78	76			
4	3	女	92	93	96	统计学成绩	管理学成绩	经济学成绩
5	4	女	76	81	78	>80	>80	>80
6	5	女	86	85	93			
7	6	男	87	87	67			
8	7	女	73	78	78			
9	8	男	65	75	77			
10	9	男	94	90	87			
11	10	女	65	62	63			

图 3-13 3 门课程都大于 80 分的条件输入

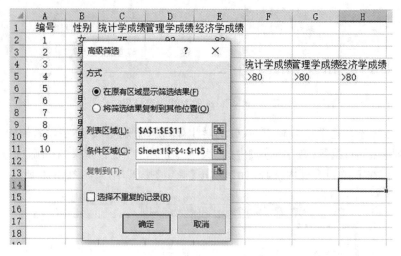

图 3-14 【高级筛选】对话框

	A	B	C	D	E
1	编号	性别	统计学成绩	管理学成绩	经济学成绩
4	3	女	92	93	96
6	5	女	86	85	93
10	9	男	94	90	87

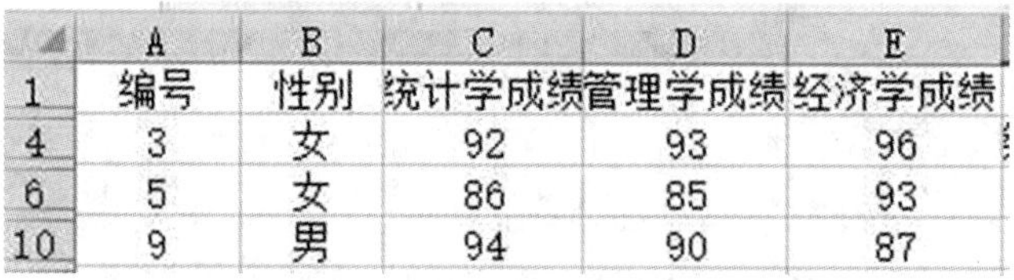

图 3-15 3 门课程成绩都大于 80 分的学生成绩单

二、数据排序

【例 3-3】 根据例 3-2 的数据,按升序条件对所有学生经济学成绩进行排名。

用 Excel 2016 进行数据筛选的操作步骤如下。

第一步:选中原始数据,选择【数据】选项卡,在【排序和筛选】组中,单击【排序】按钮,弹出【排序】对话框,如图 3-16 所示,设置排序变量和要求。

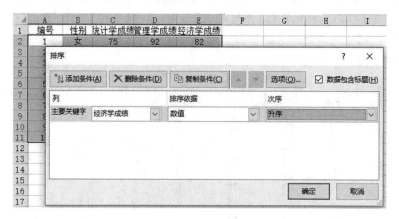

图 3-16 【排序】对话框

第二步:在【排序】对话框中,在【主要关键字】下拉列表框中选择【经济学成绩】选项,在【排序依据】下拉列表框中选择【数值】选项,在【次序】下拉列表框中选择【升序】选项,单击【确定】按钮。排序结果如图 3-17 所示。

	A	B	C	D	E
1	编号	性别	统计学成绩	管理学成绩	经济学成绩
2	10	女	65	62	63
3	6	男	87	87	67
4	2	男	77	78	76
5	8	男	65	75	77
6	4	女	76	81	78
7	7	女	73	78	78
8	1	女	75	92	82
9	9	男	94	90	87
10	5	女	86	85	93
11	3	女	92	93	96

图 3-17　按经济学成绩升序排序

三、品质数列的制作

【例 3-4】　一家市场调查公司为研究某市手机品牌的市场占有率,对拥有手机的消费者随机选取了 50 人进行访问,并把这 50 人所拥有的手机品牌结果进行记录,如表 3-17 所示。试将这些原始数据编制成品质数列统计表。

表 3-17　手机品牌的样本数据

vivo	小米	vivo	华为	华为
小米	oppo	小米	vivo	荣耀
苹果	荣耀	小米	苹果	华为
oppo	小米	华为	oppo	华为
oppo	华为	vivo	小米	vivo
荣耀	苹果	oppo	华为	小米
小米	华为	荣耀	vivo	苹果
华为	华为	vivo	苹果	华为
vivo	oppo	小米	oppo	小米
苹果	荣耀	华为	华为	oppo

用 Excel 2016 进行数据筛选的操作步骤如下。

第一步:将原始数据复制到 Excel,并将所有样本数据并入一列,在第一列第一行加上标志"手机品牌",单击【插入】选项卡【数据透视表】按钮,弹出【创建数据透视表】对话框,如图 3-18 所示。单击【表/区域】右侧折叠按钮选定数据区域,点选【现有工作表】,单击【位置】右侧折叠按钮选择数据透视表摆放位置,单击【确定】按钮,得到数据透视表工作表界面,如图 3-19 所示。

第二步:将数据透视表工作界面中的【手机品牌】字段拖入下面的【行】和【值】界面中。根据需要修改相关名称即可到图 3-20,即品质数列统计表。

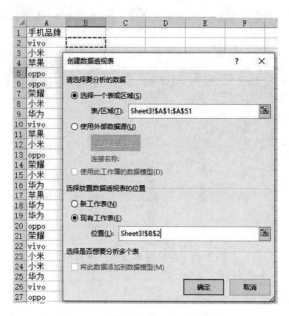

图 3-18 【创建数据透视表】对话框

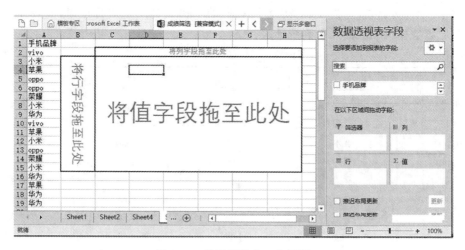

图 3-19 数据透视表工作界面

B	C
计数项:手机品牌	
手机品牌	汇总
oppo	8
vivo	8
华为	13
苹果	6
荣耀	5
小米	10
总计	50

图 3-20 Excel 生成的品质数列分布表

四、变量数列的制作

【例 3-5】 根据例 3-1 的数据,制作组距式分配数列统计表。

用 Excel 2016 进行数据筛选的操作步骤如下。

第一步:将原始数据复制到 Excel,并将所有成绩数据并入一列,在工作表空白区域,输入一列各分组的上限值作为"接受区域",此例为 59、69、79、89、100。

第二步:选择【数据】选项卡,在【分析】栏中,单击【数据分析】,选择【直方图】按钮,单击【确定】,弹出图 3-21。

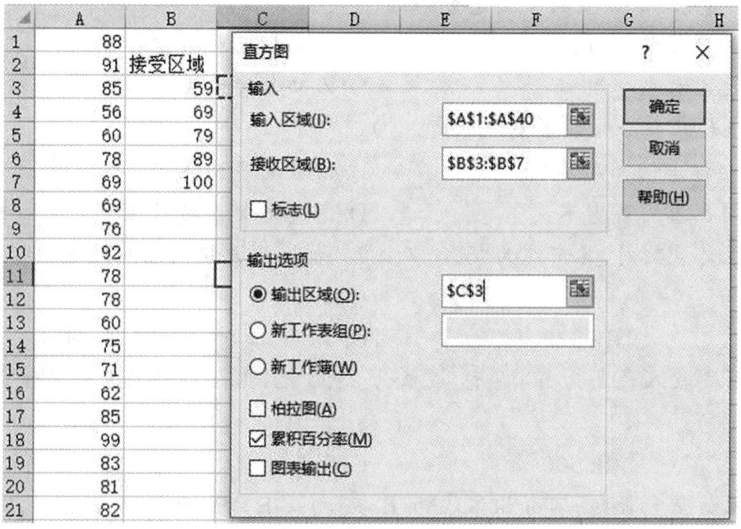

图 3-21 【直方图】对话框

第三步:在【输入区域】文本中输入原始数据位置,或者单击折叠按钮框选;在【接受区域】输入第一步中录入的各组上限位置,或者单击折叠按钮框选;勾选【累积百分率】(累计百分率),单击【确定】,然后对输出结果进行适当调整,最终得组距式分配数列统计表(表 3-18)。

表 3-18 组距式分配数列统计表

成绩分组	频率	累计百分率
0～59	2	5.00%
60～69	7	22.50%
70～79	11	50.00%
80～89	12	80.00%
90～100	8	100.00%
其他	0	100.00%

练习题

一、单项选择题

1. 对职工家庭的生活水平状况进行分组研究,正确的分组标志应当是(　　)。
   A. 职工月工资总额的多少
   B. 职工人均月收入额的多少
   C. 职工家庭成员平均月收入额的多少
   D. 职工的人均月岗位津贴及奖金的多少

2. 下列分组中,哪个是按品质标志分组的(　　)。
   A. 企业按年产量能力分组　　　　　B. 产品按品种分组
   C. 家庭按收入水平分组　　　　　　D. 人口按年龄分组

3. 简单分组和复合分组的区别在于(　　)。
   A. 选择分组标志的性质不同　　　　B. 组数的多少不同
   C. 选择分组标志的多少不同　　　　D. 总体的复杂程度不同

4. 某连续型变量数列,其末组为"500以上"。如其邻近组的组中值为480,则末组的组中值为(　　)。
   A. 510　　　　B. 520　　　　C. 530　　　　D. 540

5. 某小区居民收入最高为5500元,最低为2500元,据此将样本分为6组,形成等距数列,其组距应为(　　)。
   A. 500　　　　B. 600　　　　C. 550　　　　D. 650

6. 某年收入为变量数列,其分组依次为10万元以下,10万～19万元,20万～30万元,30万元以上,则有(　　)。
   A. 10万元应归入第一组　　　　　　B. 20万元应归入第二组
   C. 20万元应归入第三组　　　　　　D. 30万元应归入第四组

7. 对总体按照一个标志进行分组后形成的统计表称为(　　)。
   A. 简单表　　B. 简单分组表　　C. 复合分组表　　D. 整理表

8. 如果要研究第一产业的产值占国内生产总值的比重情况,应用下面哪个统计图最合适?(　　)。
   A. 饼图　　　B. 直方图　　　C. 连线图　　　D. 散点图

9. 如果要研究学生考试成绩的分布规律,哪种统计图最合适(　　)。
   A. 饼图　　　B. 直方图　　　C. 连线图　　　D. 散点图

10. 变量数列中各组频率的总和应该(　　)。
    A. 小于1　　B. 等于1　　C. 大于1　　D. 不等于1

二、多选题

1. 统计表可以分为(　　)。
   A. 简单表　　　　　　B. 复杂表　　　　　　C. 简单分组表
   D. 复杂分组表　　　　E. 复合分组表

2. 完整的统计图应包括(　　)。
   A. 标题　　　　　　　B. 坐标轴和网格线　　C. 图表区

D. 绘图区　　　　　　　　E. 图例

3. 在分组汇总之前,要对原始资料的哪些方面进行审核(　　)。

A. 及时性　　　　　　B. 准确性　　　　　　C. 完整性

D. 互斥性　　　　　　E. 统一性

4. 统计局收集了 3000 户居民八月份消费的详细情况,如果要按月消费额的多少反映居民消费结构,用什么图形表现比较合适?(　　)。

A. 直方图　　　　　　B. 散点图　　　　　　C. 饼图

D. 折线图　　　　　　E. 茎叶图

5. 统计分组根据分组标志的多少及其形式可以分为(　　)。

A. 单层分组　　　　　　　　　　　　　B. 多层分组

C. 简单分组　　　　　　　　　　　　　D. 复合分组

三、计算题

1. 通过抽样调查,取得某高校 50 位教师月人均可支配收入资料如下(单位:百元):

88	77	66	85	74	92	67	84	77	94
58	60	74	64	75	66	78	55	70	66
78	64	65	87	49	97	77	69	68	71
65	78	77	86	78	82	98	95	86	100
66	74	70	62	68	56	83	52	71	108

要求:

(1)试根据上述资料编制频数分配数列。

(2)编制向上和向下累计频数、频率数列。

(3)根据所编制的频数分配数列绘制直方图和折线图,并说明其属于何种分布类型。

(4)根据所编制的向上(向下)累计频数(频率)数列绘制累计曲线图。

实践任务

本章学习了统计数据的整理和展示方法,了解了各种类型的统计表和统计图,同学们可以收集全班学生身高、体重等数据,并将相关数据用统计图和统计表的方式进行展示,了解同学们的身高和体重情况。

第四章 统计数据的描述性分析

·教学目标·

- 帮助学生了解描述性统计分析的基本类型。
- 帮助学生理解集中趋势的两种基本指标,掌握算术平均数的计算方法。
- 帮助学生理解离中趋势的五种基本指标,重点掌握标准差的内涵与计算方法。
- 帮助学生理解偏度和峰度的相关指标,重点掌握偏态分布的统计图形表现和指标关系。
- 引导学生掌握用 Excel 办公软件进行统计数据的描述性分析的方法。

案例分析

中等收入为什么是共同富裕的重要指标?

党的二十大报告提出,到 2035 年,我国发展的总体目标是人民生活更加幸福美好,居民人均可支配收入再上新台阶,中等收入群体比重明显提高,基本公共服务实现均等化,农村基本具备现代生活条件,社会保持长期稳定,人的全面发展、全体人民共同富裕取得更为明显的实质性进展……根据国家统计局提供的数据,2002 年我国中等收入群体人数只有 735.8 万人,2021 年我国中等收入群体占我国人口总数的比重为 27.9%,群体规模近 4 亿人。在不到 20 年的时间里,中等收入群体增长了近 54 倍,且我国中等收入群体的整体收入水平呈现稳步上升态势。

2002 年,我国首次明确扩大中等收入群体比重的任务,以共同富裕为目标,扩大中等收入者比重,提高低收入者收入水平,揭示了扩大中等收入群体规模与实现共同富裕是路径与目标的关系。社会学认为:中等收入群体应占社会总体的 60%~70%,橄榄型社会才是稳定的。由此可见,我国中等收入群体规模增长迅猛,"扩中"工作发展迅速。国务院发展研究中心在发布的《以消费为主导有效扩大和更好满足内需》的研究报告中,预测到 2030 年,中等收入群体比重会超过 50%,在整个居民消费中的贡献率将接近 80%,中等收入群体被称为消费的主力军。

用图表展示数据,是为了从中发现数据的分布情况与特征,如果需要进一步挖掘数据的分布特征和规律性,就需要找出反映数据分布与特征的统计指标。一般而言,数据的分布特征及其规律主要从三个方面进行测量:第一,数据分布的集中趋势,反映数据向中心值靠拢的程度;第二,数据的离中趋势,反映数据远离中心值的程度;第三,数据分布的形状,反映数据分布的偏度与峰度。这三个方向分别描述了数据分布特征的不同方面。

第一节 集中趋势的描述

集中趋势又称"数据的中心位置""集中量数"等。它是一组数据的代表值。集中趋势的概念就是平均数的概念,它能表示总体的某一具有代表性特征,表明所研究的现象在一定时间、空间条件下的共同性质和一般水平。就变量数列而言,由于整个变量数列是以平均数为中心而上下波动的,所以平均数就反映了总体分布的集中趋势,它是表明总体分布的一个重要特征值。根据取得这个中心值的方法的不同,一般将集中趋势指标分为两类:数值平均数和位置平均数。

一、数值平均数

数值平均数是同质总体内各个个体某一数量标志在一定时间、地点、条件下所达到的一般水平,是反映现象总体综合数量特征的重要指标,又称平均指标。数值平均数有三种形式:算术平均数、调和平均数和几何平均数。

(一) 算术平均数

算术平均数是总体中每个个体的某个标志的总和(总体标志总量)与个体总数(总体单位总量)的比值,一般用符号 $\overline{X}$ 表示,算术平均数是生活中应用最为广泛的数值平均数。其基本公式为

$$算术平均数 = \frac{总体标志总量}{总体单位总量} \tag{4.1}$$

在实际运算时,由于掌握的资料不同,算术平均数分为简单算术平均数和加权算术平均数。

1. 简单算术平均数

如果所掌握的数据是没有分组的总体的各单位的标志值,或已经有了总体标志总量和总体单位总量的资料,就可以采用这种方法计算。计算公式如下

$$\overline{X} = \frac{X_1 + X_2 + \cdots + X_n}{n} = \frac{\sum X}{n} \tag{4.2}$$

式中 $\overline{X}$——简单算术平均数;

$X_1, X_2, \cdots, X_n$——各变量值(标志值);

n——变量个数;

$\sum$——求和符号。

【例 4-1】 有五名学生的身高(单位:厘米)分别为:160、162、164、165、166。求他们的平均身高。

解 $$\overline{X} = \frac{\sum X}{n} = \frac{160 + 162 + 164 + 165 + 166}{5} = 163.4(厘米)$$

2. 加权算术平均数

如果掌握的是经过分组整理后编制的频数分配数列,就需要采用加权算术平均数的方法计算。计算公式如下

$$\overline{X} = \frac{X_1 f_1 + X_2 f_2 + \cdots + X_n f_n}{f_1 + f_2 + \cdots + f_n} = \frac{\sum Xf}{\sum f} \tag{4.3}$$

式中 $\overline{X}$——加权算术平均数;

$X_1, X_2, \cdots, X_n$——各组变量值(标志值);

$f_1, f_2, \cdots, f_n$——各组权数;

n——组数;

$\sum$——求和符号。

从式(4.3)可以看出,加权算术平均数中各数值的权数对其值的影响非常重要,因此这里的权数更多的是指频数。根据数据分组方式的不同,加权算术平均数的计算分单项式数列的计算和组距式数列的计算。对于单项式数列,直接对各组变量值进行加权平均计算即可,而组距式数列需要先求出各组变量值的组中值,然后对组中值进行加权平均计算。

【例 4-2】 某车间工人生产情况见表 4-1。

表 4-1 某车间工人生产情况

按日产量分组 X	工人人数 f	日总产量 Xf
30	1	30
32	2	64
34	2	68
36	3	108
38	1	38
40	1	40
合计	10	348

解

$$\overline{X} = \frac{\sum Xf}{\sum f} = \frac{348}{10} = 34.8 (件)$$

加权算术平均数 $\overline{X}$ 数值的大小不仅受到各组变量值 X 大小的影响,同时还受到各组频数(权数) f 的影响。各组频数具有权衡各组变量值大小的作用,某一组的频数越大,则该组的变量值对平均数的影响就越大,反之越小。实际上,我们将式(4.3)变形为下面的形式,就更能清楚地看出这一点。

$$\overline{X} = \frac{\sum Xf}{\sum f} = \sum X \frac{f}{\sum f} \tag{4.4}$$

由式(4.4)可以清楚地看出,加权算术平均数受各组变量值 X 和各组频率 $\frac{f}{\sum f}$ 大小的影

响。频率越大,相应的变量值计入加权算术平均数的份额也越大,对加权算术平均数的影响就越大;反之,频率越小,相应的变量值计入加权算术平均数的份额也越小,对加权算术平均数的影响就越小。

【例 4-3】 某车间工人日生产零件考核成绩分组资料见表 4-2。

表 4-2　某车间工人日生产零件考核成绩分组表

成绩(分)	人数
40~50	20
50~60	40
60~70	80
70~80	50
80~90	10
合计	200

注:分组"上限不在内"。

解

成绩(分)	工人数(人)	组中值 x	标志总量 xf	累计频数 S
40~50	20	45	900	20
50~60	40	55	2200	60
60~70	80	65	5200	140
70~80	50	75	3750	190
80~90	10	85	850	200
合计	200	—	12900	—

注:分组"上限不在内"。

$$\overline{X} = \frac{\sum Xf}{\sum f} = \sum X \frac{f}{\sum f} = 64.5(分)$$

在上一章我们学习组中值这个概念的时候就知道,在组距式数列中以组中值作为各组标志值的代表值是带有假定性的,即假定各组内标志值的分布是均匀的,组中值等于组平均数。但实际上,各组的标志值在组内的分布可能是均匀的,也可能不是,因此以组中值作为组平均数通常存在一定的误差,以此计算出来的算术平均数只是一个近似值。

从算术平均数的计算方式可以看出,针对不同数据类型我们采用的方法有一些区别,但是其基本理论是一致的,都是用总体单位的所有标志值之和除以总体单位的频数之和,由于这种计算方法比较简单、易操作,同时它较中位数、众数更少受随机因素影响,因此在实际生活中应用广泛。

3. 算术平均数的数学性质

算术平均数有两个重要的数学性质。

(1) 各变量值与其算术平均数的离差之和等于零,即

$$\sum (X - \overline{X}) = 0 \text{ 或 } \sum (X - \overline{X})f = 0$$

(2) 各变量值与其算术平均数的离差平方和最小,即

$$\sum (X - \overline{X})^2 = \text{最小值, 或} \sum (X - \overline{X})^2 f = \text{最小值}$$

需要注意的是,算术平均数有一些缺点:第一,它容易受极端值的影响,使 $\overline{X}$ 的代表性变小,且受极大值的影响大于受极小值的影响;第二,当组距式数列为开口组时,由于组中点不易确定,使 $\overline{X}$ 的代表性受到质疑。

(二) 调和平均数

调和平均数又称"倒数平均数",它是各个变量值倒数的算术平均数的倒数,通常用 H 表示。主要是用来解决在无法掌握总体单位数(频数)的情况下,只有每组的标志值和相应的标志总量,而需要求得平均数时使用的一种计算方法。根据所掌握资料的不同,调和平均数有简单调和平均数和加权调和平均数两种。

微阅读 4-1

1. 简单调和平均数

如果掌握的资料是未分组的各总体单位的标志值和标志总量,则用简单调和平均数计算平均指标。其计算公式为

$$H = \frac{1 + 1 + \cdots + 1}{\frac{1}{X_1} + \frac{1}{X_2} + \cdots + \frac{1}{X_n}} = \frac{n}{\sum \frac{1}{X}} \tag{4.5}$$

式中　H——调和平均数;

　　　n——标志总量;

　　　$X_1, X_2, \cdots, X_n$——各变量值(标志值)。

【例 4-4】 某商品在淡季、平季、旺季的价格分别是 100 元、116 元、140 元,假设分别以淡季、平季、旺季的价格购买一元的这种商品,求该商品的平均价格。

解　$H = \dfrac{n}{\sum \dfrac{1}{X}} = \dfrac{3}{\dfrac{1}{100} + \dfrac{1}{116} + \dfrac{1}{140}} = \dfrac{3}{0.02576} = 116.46 (\text{元})$

从形式上看,调和平均数和算术平均数有明显的区别,但从计算内容上来看,两者是一致的,均为总体标志总量与总体单位总量之比,调和平均数在实际使用过程中往往更需要理解其对解决实际问题的意义,一味套用公式很容易出现错误。

2. 加权调和平均数

如果掌握的资料是各组的标志值和标志总量,而未掌握各组单位数,则需要用到加权调和平均数。其计算公式为

$$H = \frac{m_1 + m_2 + \cdots + m_n}{\frac{m_1}{X_1} + \frac{m_2}{X_2} + \cdots + \frac{m_n}{X_n}} = \frac{\sum m}{\sum \dfrac{m}{X}} \tag{4.6}$$

其中 m 代表各组标志总量,其余符号与前文相同。

【例 4-5】 某公司要收购某种产品,产品资料见表 4-3。

表 4-3　某种产品的资料表

等级	单价(元/斤)	收购量(斤)	收购额(元)
一级品	1.20	2000	2400
二级品	1.05	3000	3150
三级品	0.90	4000	3600

要求计算产品的平均收购价格。

解　根据上表计算某公司购进这种产品的平均价格为

$$H = \frac{\sum m}{\sum \frac{m}{X}} = \frac{2400 + 3150 + 3600}{\frac{2400}{1.2} + \frac{3150}{1.05} + \frac{3600}{0.9}} = 1.02(\text{元}/\text{斤})$$

加权算术平均数与加权调和平均数是计算平均指标时常用的两个指标。加权算术平均数中的权数一般是资料已经分组且得出分配数列的情况下标志值的频数。而加权调和平均数的权数是直接给定的标志总量。在经济统计中,若无法直接得到平均标志值的相应频数,那么可以采用调和平均数的形式来计算,使用调和平均数的计算结果与使用加权算术平均数的计算结果相同,所以

$$\overline{X} = \frac{\sum m}{\sum \frac{m}{X}} = \frac{\sum Xf}{\sum f} \tag{4.7}$$

(三)几何平均数

几何平均数是 n 个变量值乘积的 n 次方根,通常用 G 表示。如果总水平、总成果等于所有阶段、所有环节水平、成果的连乘积总和时,求各阶段、各环节的一般水平、一般成果,要使用几何平均法计算平均数。根据所掌握的资料不同,可分为简单几何平均数和加权几何平均数。

1.简单几何平均数

如果掌握的资料是未分组的各总体单位的标志值和标志总量,其计算公式为

$$G = \sqrt[n]{X_1 \cdot X_2 \cdot \cdots \cdot X_n} = \sqrt[n]{\prod X} \tag{4.8}$$

式中　G——几何平均数;

$\prod$——连乘符号;

n——变量值(标志值)个数。其余符号与前文相同。

【例 4-6】　某企业生产某种产品需要经过三个连续作业车间才能完成,求该企业的平均产品合格率,具体数据见表 4-4:

表 4-4　各车间生产及合格率情况

车间	产出量	合格产品量	合格率(%)
一	1000	800	80
二	800	720	90
三	720	504	70

解 因为成品的合格率等于三个车间产品合格率的连乘积,所以要用几何平均数来计算三个车间的平均合格率,即

$$G = \sqrt[3]{80\% \times 90\% \times 70\%} = \sqrt[3]{50.4\%} = 79.58\%$$

2. 加权几何平均数

当掌握的数据资料为分组资料,且各个变量值出现的次数不相同时,就要用加权方法计算几何平均数,其公式为

$$G = \sqrt[\Sigma f]{X_1^{f_1} \cdot X_2^{f_2} \cdot \cdots \cdot X_k^{f_k}} = \sqrt[\Sigma f]{\prod X^f} \tag{4.9}$$

其中 f 为各组变量值(标志值)的频数或权数。

【例 4-7】 假定某地储蓄年利率(按复利计算变化情况)为:5%持续 1.5 年,3%持续 2.5 年,2.2%持续 1 年。求此 5 年内该地平均储蓄年利率。

解

$$G = \sqrt[\Sigma f]{\prod X^f} = \sqrt[5]{1.05^{1.5} \times 1.03^{2.5} \times 1.022^1} = 103.43\%$$

得到该地平均储蓄年利率:103.43%−1=3.43%。

二、位置平均数

位置平均数是指将数据按照大小顺序或者频数多少进行排列后,根据标志值在变量数列中所处的位置来确定的平均数,它与数值平均数相比具有不受极端值影响的特点。常用的位置平均数包括众数和中位数。

(一)众数

众数是指在一组数据中出现次数最多的标志值,通常用 M_0 表示,它能够直观地反映客观现象分布的集中趋势,因此在现实中有非常广泛的应用。例如,我们经常看到有些餐厅会进行热门菜品榜单的排列,这种排列就是根据顾客点单量计算的众数数值来确定的。

众数是根据发生次数(频数)的多少来确定的。数据太少时,不宜用众数,因此,确定众数所使用的资料大多是分组资料。

微阅读 4-2

1. 根据单项式数列确定众数

根据单项式数列确定众数比较容易,出现次数最多的变量值(标志值)就是众数。

【例 4-8】 某商店某月女式毛衣销售量资料见表 4-5,请确定女式毛衣尺码的一般水平。

表 4-5 女式毛衣销售情况

尺码	销售量	比重(%)
80	6	5
85	8	15
90	48	40
95	30	25

续表

尺码	销售量	比重(%)
100	12	10
105	6	5
合计	110	100

解 由上表可知,90 尺码的女式毛衣的销售量最多,为 48 件,占比 40%,因此众数 M_0 = 90。

2. 根据组距式数列确定众数

由组距式数列计算众数,首先要根据各组次数(频数)确定众数所在的组,在此基础上判断是否为等距数列,若为等距数列,那么次数最多的那个组就是众数所在组。若为异距数列,需要将其换算成次数密度(或标准组距次数),换算后次数密度最多的一组即为众数所在组。然后利用下列公式计算众数的近似值。

下限公式:
$$M_0 = L + \frac{\Delta_1}{\Delta_1 + \Delta_2} \cdot d \qquad (4.10)$$

上限公式:
$$M_0 = U - \frac{\Delta_2}{\Delta_1 + \Delta_2} \cdot d \qquad (4.11)$$

式中 M_0——众数;

L——众数所在组的下限;

U——众数所在组的上限;

Δ_1——众数所在组次数与前一组次数之差;

Δ_2——众数所在组次数与后一组次数之差;

d——众数所在组的组距。

众数的下限公式和上限公式是等价的,用两个公式计算的结果完全相同,但一般采用下限公式。

【例 4-9】 南宁化工厂 2020 年现有生产工人 600 人。现用不重复抽样抽出 40 人调查其年产值(万元,见表 4-6),请确定其众数。

表 4-6 抽样调查情况表

按产值分组	频数(f)	组中值(x)	向上累计频数	向上累计频率(%)
50~60	2	55	2	5
60~70	4	65	6	15
70~80	7	75	13	32.5
80~90	10	85	23	57.5
90~100	9	95	32	80
100~110	5	105	37	92.5
110~120	3	115	40	100
合计	40	—	—	—

注:分组"上限不在内"。

解 首先确定众数组:次数最多者是 10,对应的分组是 80～90,则 80～90 组就是众数所在组。然后用公式计算众数的近似值。

按下限公式计算:
$$M_0 = L + \frac{\Delta_1}{\Delta_1 + \Delta_2} \cdot d$$
$$= 80 + \frac{10-7}{(10-7)+(10-9)} \cdot 10$$
$$= 87.5$$

按上限公式计算
(上限值 U 可近似为 90):
$$M_0 = U - \frac{\Delta_2}{\Delta_1 + \Delta_2} \cdot d$$
$$= 90 - \frac{10-9}{(10-7)+(10-9)} \cdot 10$$
$$= 87.5$$

计算结果说明,无论用下限公式,还是用上限公式都可以得到相同的结果。

从众数的计算中可看到众数的特点:第一,众数是一个位置平均数,它只考虑总体分布中最频繁出现的变量值,而不受极端值和开口组数列的影响,也不受各单位标志值的影响,从而增强了对变量数列一般水平的代表性。第二,众数是一个不容易确定的平均指标,当数列没有明显的集中趋势而趋于均匀分布时,则无众数可言;当变量数列是不等距分组时,众数的位置也不好确定。

(二)中位数

中位数是按顺序排列的一组数据中居于中间位置的数,通常用 M_e 表示,代表一个样本、种群或概率分布中的一个数值,其可将数值集合划分为相等的上下两部分。对于有限的数集,可以将所有观察值按高低进行排序后,找出正中间的一个观察值作为中位数。如果观察值有偶数个,通常取最中间的两个数值的平均数作为中位数。

1. 由未分组资料确定中位数

微阅读 4-3

根据未分组资料确定中位数时,首先将标志值按大小顺序排列,得到总数 n,然后根据公式 $(n+1)/2$ 确定中位数的位置,再根据中位数的位置找出对应的标志值。当 n 为奇数时,则居于中间位置,即 $(n+1)/2$ 位置的那个标志值就是中位数。当 n 为偶数时,则中位数等于 $n/2$ 和 $(n/2)+1$ 两个位置上对应的标志值的平均数。

【例 4-10】 有五个工人生产某产品的件数按顺序排列分别为 20、23、26、29、30,求中位数。

解 中位数位置 $= \frac{n+1}{2} = \frac{5+1}{2} = 3$,第 3 位工人日产 26 件产品,即为中位数,即: $M_e = 26$(件)。

【例 4-11】 有六个工人生产某产品的件数按序排列分别为 20、23、26、29、30、32,求中位数。

解 中位数位置 $= \frac{n+1}{2} = \frac{6+1}{2} = 3.5$。

这表明中位数是第三、第四人的平均数：$M_e = \dfrac{26+29}{2} = 27.5$（件）。

2. 由单项式分组资料确定中位数

在单项式分组资料中，由于变量值已经按大小排列，所以可直接按公式 $\dfrac{\sum f}{2}$ 确定中位数的位次，再根据位次用向上累计或向下累计的方法将累计次数首次超过中位数位次的组确定为中位数组，该组的标志值即为中位数。

【例 4-12】 有某企业员工生产零件的资料如表 4-7 所示，求中位数。

表 4-7 某企业员工日产零件中位数计算表

日产零件分组（件）	工人数（人）	向上累计次数	向下累计次数
26	3	3	80
31	10	13	77
32	14	27	67
34	27	54	53
36	18	72	26
41	8	80	8
合计	80	—	—

解 中位数位置 $= \dfrac{\sum f}{2} = \dfrac{80}{2} = 40$。

这说明中位数在累计次数首次超过 40 的那一组，从向上累计和向下累计结果中都可以看出，$M_e = 34$（件）。

3. 由组距式分组资料确定中位数

由组距式分组资料确定中位数，应该先按 $\dfrac{\sum f}{2}$ 的公式求出中位数所在组的位置，然后再用比例插值法确定中位数的近似值，计算公式如下。

下限公式：

$$M_e = L + \dfrac{\dfrac{\sum f}{2} - S_{m-1}}{f_m} d \tag{4.12}$$

上限公式：

$$M_e = U - \dfrac{\dfrac{\sum f}{2} - S_{m+1}}{f_m} d \tag{4.13}$$

式中　L——中位数所在组的下限；

　　　U——中位数所在组的上限；

f_m——中位数所在组的次数;
S_{m-1}——中位数所在组之前各组的累计次数;
S_{m+1}——中位数所在组之后各组的累计次数;
$\sum f$——总次数;
d——中位数所在组的组距。

【例 4-13】 南宁化工厂 2020 年现有生产工人 600 人。现用不重复抽样抽出 40 人调查其年产值(万元,见表 4-8),求中位数。

表 4-8 抽样调查数据情况表

按产值分组	频数(f)	组中值(x)	向上累计次数	向下累计次数
50～60	2	55	2	40
60～70	4	65	6	38
70～80	7	75	13	34
80～90	10	85	23	27
90～100	9	95	32	17
100～110	5	105	37	8
110～120	3	115	40	3
合计	40	—	—	—

注:分组"上限不在内"。

解 中位数位置 $= \dfrac{\sum f}{2} = \dfrac{40}{2} = 20$。

这说明中位数在累计次数首次超过 20 的那一组,从向上累计和向下累计结果中都可以看出,中位数组为 80～90。用下限公式求得:

$$M_e = L + \dfrac{\dfrac{\sum f}{2} - S_{m-1}}{f_m} d = 80 + \dfrac{20 - 13}{10} \times 10 = 87(\text{万元})$$

用上限公式求得(上限值可近似为 90):

$$M_e = U - \dfrac{\dfrac{\sum f}{2} - S_{m+1}}{f_m} d = 90 - \dfrac{20 - 17}{10} \times 10 = 87(\text{万元})$$

计算结果说明,无论用下限公式,还是用上限公式都可以得到相同的结果。

从中位数的计算过程可看到中位数的特点:第一,中位数是以它在所有标志值中所处的位置确定的总体单位标志值的代表值,不受数列的极大值或极小值影响,从而在一定程度上提高了中位数对数列分布的代表性;第二,针对一些离散型变量的单项式数列,当其次数分布出现偏态时,中位数的代表性会受到影响。

第二节　离中趋势的描述

离中趋势又称"差异量数""标志变动度"等,指在数列中各个数值之间的差距和离散程度。离中趋势的测定是对统计资料分散状况的测定,即找出各个变量值与集中趋势的偏离程度。通过测定离中趋势,可以清楚地了解一组变量值的分布情况。例如某车间有两个生产小组,都有7名员工,每人日产件数如下。

甲组:20、40、60、70、80、100、120。
乙组:67、68、69、70、71、72、73。

甲、乙两组平均每人日产量都相等,都为70件。但甲组各员工日产件数相差很大,分布很分散;而乙组各员工日产件数相差不大,分布较集中。因此,虽然平均数都是70件,但对甲组来说,其代表性要小很多;对乙组来说,其代表性相对较大。

描述数据离中趋势的指标主要包括:极差、四分位差、平均差、标准差、离散系数。

一、极差

极差又称"全距",指一组数据中最大的标志值与最小标志值的离差。用来说明标志值变动范围的大小,通常用 R 表示极差,即

$$R = X_{\max} - X_{\min} \tag{4.14}$$

如上述例子中,甲组日产件数 $R=120-20=100$(件),乙组日产件数 $R=73-67=6$(件)。从 R 的计算可以看出,甲组员工日产量差异大于乙组员工日产量差异。极差值越小,反映的变量值越集中;反之,极差值越大,反映的变量值越分散。

对于组距式数列求极差,可以用最高组的上限与最低组的下限求离差,对于开口组,若不知极端值,则无法求极差。

从极差的计算可看到极差的特点:极差计算简便,含义直观,通常情况下也可以说明离中程度,但它极少被单独使用,主要是因为其计算过程仅仅是基于数据中的两个极端值求离差,所以受极端值影响明显。因此,极差是一个粗略的指标,不能全面反映总体各单位的离中趋势。

二、四分位差

将总体各单位的标志值按大小顺序排列,然后将数列分为四等份,形成三个分割点(Q_1、Q_2、Q_3),这三个分割点称为四分位数(其中第二个四分位数 Q_2 就是数列的中位数 M_e)。四分位差(Q.D.)就是第三个四分位数 Q_3 与第一个四分位数 Q_1 之差,即

$$Q.D. = Q_3 - Q_1 \tag{4.15}$$

对于一个变量数列的资料,四分位差就是舍去数列中最低的 1/4 和最高的 1/4 的数值,仅用中间那部分标志值的极差来充分反映集中于数列中间 50% 的数值的差异程度。四分位差越小,表明数据越集中;反之,四分位差越大,数据越分散。

1. 根据未分组资料求 $Q.D.$

先求出 Q_1 和 Q_3 对应的位置，然后根据位置求出 $Q.D.$ 的值。

$$Q_1 \text{ 的位置} = \frac{n+1}{4} \tag{4.16}$$

$$Q_3 \text{ 的位置} = \frac{3(n+1)}{4} \tag{4.17}$$

式中　n——变量值（标志值）的个数。

如果上式计算结果是整数，四分位数就是该位置对应的值；如果计算结果是小数，则四分位数等于该位置的下侧值加上按比例分摊的位置两侧数值的差值的均值。

【例 4-14】 某兴趣班小组 11 人的年龄（岁）分别为：17、19、22、24、25、28、34、35、36、37、38，求四分位差。

解　Q_1 的位置 $= \frac{n+1}{4} = \frac{11+1}{4} = 3$，则 $Q_1 = 22$（岁）；

Q_3 的位置 $= \frac{3(n+1)}{4} = \frac{3(11+1)}{4} = 9$，则 $Q_3 = 36$（岁）。

所以 $Q.D. = Q_3 - Q_1 = 36 - 22 = 14$（岁）。

这表明，该小组有一半人的年龄集中在 22~36 岁，且他们之间最大差异为 14 岁。

2. 根据分组资料求 $Q.D.$

根据分组资料求 $Q.D.$，其步骤如下。

（1）先求出 Q_1 和 Q_3 对应的位置。

$$Q_1 \text{ 的位置} = \frac{\sum f}{4} \tag{4.18}$$

$$Q_3 \text{ 的位置} = \frac{3\sum f}{4} \tag{4.19}$$

（2）求向上累计次数，在累计次数中找 Q_1 和 Q_3 所在组。若是单项式数列，则 Q_1 和 Q_3 所在位置的标志值就是 Q_1 和 Q_3 的数值；若是组距式数列，确定了 Q_1 和 Q_3 所在组后，用以下公式求 Q_1 和 Q_3 的近似值。

$$Q_1 = X_{L_1} + \frac{\frac{\sum f}{4} - S_{Q_1-1}}{f_1} \cdot d_1 \tag{4.20}$$

$$Q_3 = X_{L_3} + \frac{\frac{3\sum f}{4} - S_{Q_3-1}}{f_3} \cdot d_3 \tag{4.21}$$

式中　X_{L_1}、X_{L_3}——分别代表 Q_1 和 Q_3 所在组的下限；

　　　f_1、f_3——分别代表 Q_1 和 Q_3 所在组的次数；

　　　d_1、d_3——分别代表 Q_1 和 Q_3 所在组的组距；

　　　S_{Q_1-1}、S_{Q_3-1}——分别代表 Q_1 和 Q_3 所在组前一组的累计次数（向上累计）；

　　　$\sum f$——总次数。

【例 4-15】 根据某车间工人日产零件分组资料(表 4-9),求 $Q.D.$。

表 4-9　某车间工人日产零件分组情况

按日产零件分组(件)	工人数(人)	累计工人数(人)(向上累计)
5～10	12	12
10～15	46	58
15～20	36	94
20～25	6	100
合计	100	—

注:分组"上限不在内"。

解　Q_1 的位置 $=\dfrac{100}{4}=25$,则 Q_1 在第二组,即 10～15 组;

Q_3 的位置 $=\dfrac{3\times 100}{4}=75$,则 Q_3 在第三组,即 15～20 组。

$$Q_1=10+\dfrac{\dfrac{100}{4}-12}{46}\times 5=11.41(件),\ Q_3=15+\dfrac{\dfrac{3\times 100}{4}-58}{36}\times 5=17.36(件),$$

$Q.D.=Q_3-Q_1=17.36-11.41=5.95$。

这表明有一半工人的日产量分布在 11.41～17.36 件,且相差 5.95 件。

从四分位差的计算可看到四分位差的特点:四分位差反映了中间 50% 的数据的离散程度,其数值越小,说明中间的数据越集中;其数值越大,说明中间的数据越分散。四分位差不受极值的影响。此外,由于中位数处于数据的中间位置,因此,四分位差的大小在一定程度上也说明了中位数对一组数据的代表程度。四分位差主要用于测度顺序数据的离散程度。

三、平均差

平均差就是各总体单位的标志值与算术平均数的离差绝对值的平均数,它能综合反映总体中各单位标志值的差异程度,用 $A.D.$ 表示。平均差越大,离中趋势越大,则平均数的代表性越小;反之,平均差越小,离中趋势越小,平均数的代表性越大。其计算公式如下。

未分组资料: $$A.D.=\dfrac{\sum |X-\overline{X}|}{n} \tag{4.22}$$

分组资料: $$A.D.=\dfrac{\sum |X-\overline{X}|f}{\sum f} \tag{4.23}$$

对于未分组资料,采用简单平均法计算,对于分组资料,采用加权平均法计算。

【例 4-16】 某乡耕地化肥施用量情况如表 4-10 所示,求 $A.D.$。

表 4-10　某乡耕地化肥施用量的平均差计算表

按每亩耕地化肥施用量分组（千克）	耕地面积 f（万亩）	组中值 X	总施肥量 Xf（万千克）	$X-\overline{X}$	$\lvert X-\overline{X}\rvert f$
5～10	30	7.5	225	−8.85	265.5
10～15	70	12.5	875	−3.85	269.5
15～20	100	17.5	1750	1.15	115
20～25	50	22.5	1125	6.15	307.5
25～30	10	27.5	275	11.15	111.5
合计	260	—	4250	—	1069

注：分组"上限不在内"。

解　$\overline{X}=\dfrac{\sum Xf}{\sum f}=\dfrac{4250}{260}=16.35$（千克/亩）。

$A.D.=\dfrac{\sum\lvert X-\overline{X}\rvert f}{\sum f}=\dfrac{1069}{260}=4.11$（千克/亩）。

计算结果表明总平均化肥施用量与各组化肥施用量之间的平均差为 4.11 千克/亩。

可看出平均差的特点：平均差是根据全部标志值与平均数的离差而计算出的指标，能全面反映标志值的差异程度。但平均差计算有绝对值符号，不适合代数方法的演算，因而其应用受到限制，所以该指标仍有改进的必要。

四、标准差

标准差是总体中各单位标志值与其算术平均数的离差平方和的平均数的平方根，通常用 σ 表示。标准差的意义与平均差基本相同，也是各项离差的平均数。但在数学处理上，标准差是采用平方的方法来避免正负离差相互抵消的情况。标准差是表示离中趋势指标中使用较多的一种指标。标准差的平方称为方差，通常用 σ^2 表示。

微阅读 4-4

由于所掌握的资料不同，标准差的计算公式也有简单计算方法和加权计算方法两种形式。

未分组资料简单计算：$\sigma=\sqrt{\dfrac{\sum(X-\overline{X})^2}{n}}$ （4.24）

分组资料加权计算：$\sigma=\sqrt{\dfrac{\sum(X_i-\overline{X})^2 f}{\sum f}}$ （4.25）

【例 4-17】某企业员工日生产量的相关资料见表 4-11，已知企业员工日生产量平均数为 82.62，求标准差。

表 4-11　某企业员工日生产量的标准差计算表

按日产量分组(千克)	员工数 f(人)	组中值 X	$X - \overline{X}$	$(X - \overline{X})^2 f$
50～60	10	55	−27.62	7628.6440
60～70	19	65	−17.62	5898.8236
70～80	50	75	−7.62	2903.2200
80～90	36	85	2.38	203.9184
90～100	27	95	12.38	4138.1388
100～110	14	105	22.38	7012.1016
110 以上	8	115	32.38	8387.7152
合计	164	—	—	36172.5616

注：分组"上限不在内"。

解　$\sigma = \sqrt{\dfrac{\sum(X_i - \overline{X})^2 f}{\sum f}} = \sqrt{\dfrac{36172.5616}{164}} = 14.85$（千克）

该企业员工日生产量的标准差为 14.85 千克。

五、离散系数

前面介绍的极差、四分位差、方差和标准差都是反映一组数值分散程度（也就是离中趋势）的绝对值，其数值的大小，不仅取决于数值的分散程度，而且还与变量值水平的高低、计量单位的不同有关。所以，不宜直接利用上述指标对不同水平、不同计量单位的现象进行比较，应当先做无量纲化处理，即将上述反映数据的绝对差异程度的变异指标转化为反映相对分散程度的指标，然后再进行对比。

离散系数又称变异系数，通常用 V 表示，是统计学当中的常用统计指标。离散系数是测度数据离散程度的相对统计量，主要是用于比较不同样本数据的离散程度。离散系数大，说明数据的离散程度也大；离散系数小，说明数据的离散程度也小。离散系数常用的指标有平均差系数 V_M 和标准差系数 V_σ，其计算公式分别如下

$$V_M = \frac{A.D.}{\overline{X}} \times 100\% \tag{4.26}$$

$$V_\sigma = \frac{\sigma}{\overline{X}} \times 100\% \tag{4.27}$$

【例 4-18】　有甲乙两个生产小组，甲组平均每个工人的日产量为 36 件，标准差为 9.6 件，乙组平均每个工人的日产量为 29.5 件，标准差为 8.986 件。

比较甲、乙两生产小组哪个组的日产量差异程度更大？

解

$$V_\text{甲} = \frac{\sigma}{\overline{X}} = \frac{9.6}{36} = 0.267$$

$$V_Z = \frac{\sigma}{\overline{X}} = \frac{8.986}{29.5} = 0.305$$

因为 0.305 > 0.267,故乙组工人的日产量差异程度更大。

从标准差来看,甲组工人日产量的标准差比乙组大,但不能说甲组平均日产量的代表性就小。这是因为两组工人的平均日产量处在不同的水平上,所以不能直接根据标准差的大小下结论。正确的做法是要用消除了差异的离散系数作比较。从两组的离散系数可以看出,乙组的相对差异程度大于甲组,因而甲组平均日产量的代表性更好。

【例 4-19】 某地 6 岁男童身高平均数为 123.10 厘米,标准差为 4.71 厘米,体重的平均数为 22.29 千克,标准差为 2.26 千克。问该地男童的身高差异程度大还是体重差异程度大?

解 该地男童身高的离散系数 $V_{\sigma 身高} = \frac{4.71}{123.10} \times 100\% = 3.83\%$

该地男童体重的离散系数 $V_{\sigma 体重} = \frac{2.26}{22.29} \times 100\% = 10.14\%$

从两组离散系数可以看出,该地男童体重的离散系数大于该地男童身高的离散系数,因此该地男童体重的离散程度大于该地男童身高的离散程度。

第三节 分布形态的描述

分布形态简单来说就是对数据体现出来的各种统计指标进行图表化后呈现的形态,一般情况下对数据的分布形态进行描述的主要指标包括偏度与峰度指标。

一、偏度

偏度(skewness)是统计数据分布偏斜方向和程度的度量,是统计数据分布非对称程度的数字特征。偏度于 1895 年由统计学家皮尔逊(K. Pearson)首次提出,是对数据分布对称性的测度指标。测度偏度的统计量是偏态系数(coefficient of skewness),记作 SK。相对于对称分布,偏度有两种:一种是左向偏态,简称左偏型;另一种是右向偏态,简称右偏型。具体如图 4-1 所示。

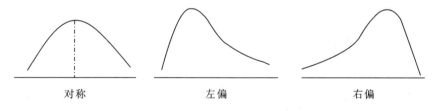

图 4-1 三种形式的统计分布示意图

测定偏度的方法有两种。一种是较简单、直观的方法,即利用算术平均数与位置平均数的关系来测度,在对称分布下,算术平均数、中位数和众数三者合而为一,即 $\overline{X} = M_e = M_0$;在左偏型分布条件下,则 $\overline{X} > M_e > M_0$;在右偏型分布条件下,则 $\overline{X} < M_e < M_0$。另一种方法则需

要计算相应的统计量,即偏态系数(记为 SK)。计算公式如下。

未分组资料:
$$SK = \frac{n}{(n-1)(n-2)} \sum \left(\frac{X-\overline{X}}{\sigma}\right)^3 \tag{4.28}$$

分组资料:
$$SK = \frac{\sum(X-\overline{X})^3 f}{\sigma^3 \sum f} \tag{4.29}$$

如果 SK=0,则说明一组数据是对称分布的;如果 SK>0,则说明一组数据是右偏分布;如果 SK<0,则说明一组数据是左偏分布。当 SK 大于 1 或小于 -1,为高度偏态分布;当 SK 在 0.5~1 或 -1~-0.5,为中等偏态分布;SK 越接近于 0,偏斜程度就越低。

【例 4-20】 某校工商管理专业 130 名学生管理学成绩的统计结果显示,偏态系数 SK 为 -0.195,请对该结果作出解释。

解 $SK = \dfrac{\sum(X-\overline{X})^3 f}{\sigma^3 \sum f} = -0.195$

偏态系数为负值,但数值较小,说明这 130 名学生的管理学考试成绩为左偏分布,但偏斜程度较小。

二、峰度

峰度(kurtosis)又称峰态系数,用 K 来表示,是表征概率密度分布曲线在平均值处峰值高低的特征数。峰度通常与正态分布相比较。通常将又细又长的分布称为尖峰分布,把又扁又平的分布称为平峰分布。峰度系数的计算公式如下。

未分组资料:
$$K = \frac{n(n+1)\sum(X-\overline{X})^4 - 3\left[\sum(X-\overline{X})^2\right]^2 (n-1)}{(n-1)(n-2)(n-3)\sigma^4} \tag{4.30}$$

分组资料:
$$K = \frac{\sum(X-\overline{X})^4 f}{\sigma^4 \sum f} - 3 \tag{4.31}$$

由于正态分布的峰度系数为 0,因此当 $K>0$ 时,数据为尖峰分布,即数据的分布更集中;当 $K<0$ 时,数据为扁平分布,即数据的分布越分散。

【例 4-21】 130 名学生考试成绩的峰度系数为 -0.653,请对该结果进行说明。

解 $K = \dfrac{\sum(X-\overline{X})^4 f}{\sigma^4 \sum f} - 3 = -0.653$

峰态系数为负值,说明 130 名学生考试成绩的分布特征与标准正态分布相比略微扁平。

第四节 用 Excel 2016 进行统计量描述

本节以例题的形式介绍用 Excel 2016 软件进行统计量描述的应用。

【例 4-22】 某高校工商管理专业共有 60 名学生,其统计学期末考试成绩如表 4-12 所示,试对下列数据进行描述性统计分析。

表 4-12 某高校工商管理专业统计学期末考试成绩

93	88	76	86	90	75	72	64	98	74
69	78	68	57	83	73	67	58	73	75
83	68	95	84	92	64	90	62	77	78
77	76	76	67	78	71	75	70	87	71
75	95	67	79	89	84	90	75	68	81
96	66	73	56	82	68	79	91	63	84

解 用 Excel 计算描述统计量的操作步骤如下：

第一步：调出数据分析功能，在 Excel 界面依次选择【文件】—【选项】—【加载项】—【转到】—【分析工具库】—【确定】。完成以上操作后"数据"菜单中出现"数据分析"，则操作成功，如图 4-2 所示。

第二步：将原始数据复制到 Excel，并将所有数据并入一列。

第三步：选择【数据】菜单，并选择【数据分析】命令，弹出【数据分析】对话框。

图 4-2 【数据】菜单

第四步：在分析工具中选择【描述统计】，并点击【确定】，见图 4-3。

第五步：在出现的对话框中，将原始数据所在区域输入【输入区域】，在【分组方式】中选择【逐列】，在【输出选项】中选择结果的输出位置；勾选【汇总统计】，并点击【确定】，如图 4-4 所示。

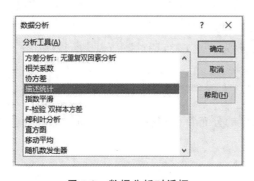

图 4-3 数据分析对话框

图 4-4 描述统计对话框

最后，Excel 输出的描述统计量如图 4-5 所示。

如果不需要同时获取全部的描述统计量，只要求得到某些个别统计量时，也可以直接计算统计函数，表 4-13 给出了用 Excel 计算描述统计量的几个主要函数。

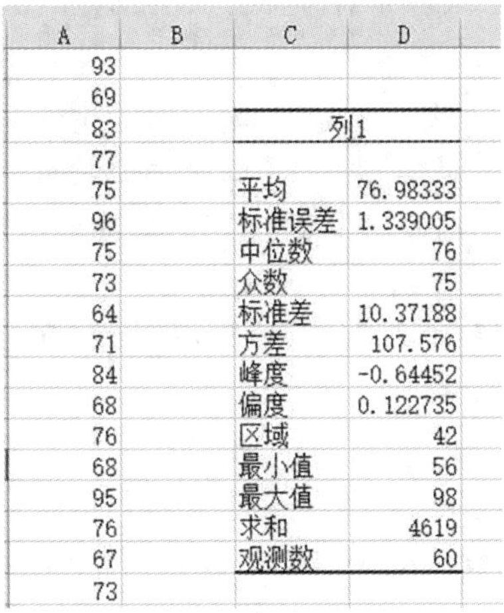

A	B	C	D
93			
69			
83		列1	
77			
75		平均	76.98333
96		标准误差	1.339005
75		中位数	76
73		众数	75
64		标准差	10.37188
71		方差	107.576
84		峰度	-0.64452
68		偏度	0.122735
76		区域	42
68		最小值	56
95		最大值	98
76		求和	4619
67		观测数	60
73			

图 4-5　Excel 输出的描述统计量

表 4-13　Excel 中的描述统计量函数

函数名称	语法	功能
MODE	MODE(number1, number2,…)	计算众数
MEDIAN	MEDIAN(number1, number2,…)	计算中位数
QUARTILE	QUARTILE(array,quart)	计算四分位数
AVERAGE	AVERAGE(number1, number2,…)	计算平均数
HARMEAN	HARMEAN(number1, number2,…)	计算简单调和平均数
GEOMEAN	GEOMEAN(number1, number2,…)	计算几何平均数
AVEDEV	AVEDEV(number1, number2,…)	计算平均差
STDEV	STDEV(number1, number2,…)	计算样本标准差
STDEVP	STDEVP(number1, number2,…)	计算总体标准差
SKEW	SKEW(number1, number2,…)	计算偏态系数
KURT	KURT(number1, number2,…)	计算峰态系数

练习题

一、单项选择题

1. 某车间 7 位工人的日产零件数为 16、20、25、23、12、35、27 件，那么这组数据的全距为(　　)。

A. 25　　B. 17　　C. 23　　D. 10

2. 在分配数列中，当标志值较小而其权数较大时，计算出来的算术平均数(　　)。

A. 接近于标志值大的一方　　B. 接近于标志值小的一方

C. 接近于大小合适的标志值　　D. 不受权数的影响

3. 某10位举重运动员体重(kg)分别为：50.5、51、51.5、54、51、52.5、51、55、52.5、51，据此计算平均数，结果满足（　　）。

　　A. 算术平均数＝中位数＝众数　　　　B. 众数＞中位数＞算术平均数

　　C. 中位数＞算术平均数＞众数　　　　D. 算术平均数＞中位数＞众数

4. 某变量数列如下：53、55、54、57、56、55、54、55，则其中位数为（　　）。

　　A. 54　　　　　　B. 55　　　　　　C. 56.5　　　　　　D. 57

5. 甲乙两组数列，甲数列的标准差 $\sigma_甲$ 大于乙数列的标准差 $\sigma_乙$，则两组数列的平均数的代表性为（　　）。

　　A. 甲大于乙　　　　　　　　　　　　B. 乙大于甲

　　C. 相同　　　　　　　　　　　　　　D. 无法判断

6. 将两个数值进行对比，若分母数值比分子数值大很多时，常用的相对数形式是（　　）。

　　A. 倍数　　　　　　　　　　　　　　B. 百分数

　　C. 系数　　　　　　　　　　　　　　D. 千分数

7. 已知两个同类型企业的职工工资水平的标准差分别为5元/人、6元/人，则甲、乙两个企业职工平均工资的代表性是（　　）。

　　A. 一样的　　　　　　　　　　　　　B. 甲企业＞乙企业

　　C. 甲企业＞乙企业　　　　　　　　　D. 无法判断

8. 对于一个右偏的频数分布，一般情况下（　　）的值最大。

　　A. 中位数　　　　　　　　　　　　　B. 众数

　　C. 算术平均数　　　　　　　　　　　D. 调和平均数

9. 当总体各单位标志值都不相同时（　　）。

　　A. 众数不存在　　　　　　　　　　　B. 众数就是中间的数值

　　C. 众数就是最大的数值　　　　　　　D. 众数就是最小的数值

10. 权数对算术平均数的影响，实质上取决于（　　）。

A. 各组标志值占总体标志总量比重的大小

B. 作为权数的各组单位数占总体单位数比重的大小

C. 标志值本身的大小

D. 各组单位数的多少

二、多选题

1. 平均数的种类有（　　）。

　　A. 算术平均数　　　　B. 众数　　　　　　　C. 中位数

　　D. 调和平均数　　　　E. 几何平均数

2. 在什么条件下，加权算术平均数等于简单算术平均数（　　）。

　　A. 各组次数相等　　　B. 各组变量值不等　　C. 变量数列为组距式数列

　　D. 各组次数都为1　　E. 各组次数占总次数的比重相等

3. 下列属于平均指标的有（　　）。

　　A. 人均粮食产量　　　B. 职工平均工资　　　C. 人均国内生产总值

　　D. 工人劳动生产率　　E. 产品的单位成本

4. 权数对平均数的影响表现在（　　）。

A. 当标志值较大的组次数较多时,平均数接近于标志值较大的一方
B. 当标志值较小的组次数较少时,平均数接近于标志值较小的一方
C. 当标志值较大的组次数较少时,平均数接近于标志值较大的一方
D. 当标志值较小的组次数较多时,平均数接近于标志值较小的一方
E. 当各组次数相同时,对平均数没有影响

5. 数据的分布特征可以从以下哪几个方面测度和描述(　　)。
A. 集中趋势　　　　B. 分布的偏度　　　　C. 分布的峰度
D. 离散程度　　　　E. 长期趋势

三、计算题

1. 甲、乙两单位人数及月工资信息如下：

月工资(元)	甲单位人数(人)	乙单位人数比重(%)
400 以下	4	2
400～600	25	8
600～800	84	30
800～1000	126	42
1000 以上	28	18
合计	267	100

注：分组"上限不在内"。

根据上表资料：(1)比较甲乙两单位哪个单位工资水平高；(2)说明哪个单位工资更具有代表性。

2. 某车间有两个小组,每组都有 7 名工人,每人日产零件数如下。

第一组：20　40　60　70　80　100　120
第二组：67　68　69　70　71　72　73

这两个组工人的平均日产零件数都是 70 件,试计算工人日产量的数据特征：(1)全距；(2)平均差；(3)标准差；(4)比较哪一组的平均数代表性大。

3. 据抽样调查的资料,某市职工月收入少于 1500 元的人数占总人数的一半,月收入为 1236 元的人数最多。试问：该市职工人均月收入估计为多少？收入数据统计分布是左偏还是右偏？

实践任务

本章我们学习了数据的描述性统计分析的相关指标和计算方法,请你查找并下载我国第七次全国人口普查公报,了解其中的相关统计数据,并思考这些数据说明了什么？未来的趋势可能是什么样的？

第五章 参数估计

> **教学目标**
>
> - 帮助学生了解参数估计中的点估计及区间估计。
> - 帮助学生理解正态分布的运用条件,掌握抽样方法与抽样平均误差。
> - 帮助学生了解抽样分布,掌握样本均值和样本比例的计算方法。
> - 引导学生了解区间估计在国家战略决策中的重要作用,帮助学生正确认识数理统计学中参数估计的应用。

案例分析

核酸检测的抽样

党的二十大报告指出:中国式现代化是人口规模巨大的现代化。我国十四亿多人口整体迈进现代化社会,规模超过现有发达国家人口的总和,艰巨性和复杂性前所未有,发展途径和推进方式也必然具有自己的特点。我们始终从国情出发想问题、作决策、办事情,既不好高骛远,也不因循守旧,保持历史耐心,坚持稳中求进、循序渐进、持续推进。

疫情期间,我国医护人员对低风险区采用"10人1管"、对中风险区采用"5人1管"、对高风险区采用"1人1管"的核酸检测方法,不仅提高了检测的效率,而且使资源得到了有效的利用,也践行了党的二十大精神。

统计推断是通过样本得到有关总体的信息的过程。有两种方法常用来对总体进行推断:参数估计和假设检验。本章将介绍参数估计的基本知识,并结合相关实例进行说明。

第一节 抽样与抽样分布

一、参数估计相关概念

(一)抽样与样本

抽样又称取样,是指从研究的全部样品中抽取一部分样品单位。其基本要求是保证所抽取的样品单位对于全部样品而言具有充分的代表性。抽样的目的是根据被抽取样品单位的分析、研究结果来估计和推断全部样品的特性,是科学实验、质量检验、社会调查普遍采用的一种经济有效的研究方法。

抽样中的样本是指将所考察对象的某一数值指标的全体构成的集合看作总体,构成总体的每一个元素作为个体,从总体中抽取一部分的个体所组成的集合叫作样本,样本中的个体数目叫作样本数量或样本容量。

(二)重复抽样与不重复抽样

重复抽样又称重置抽样,是指按随机原则从全体中抽取一个样本单位后,再放回原总体,参加下一次抽取。重复抽样的总体单位数始终保持不变,每个总体单位都有被重复抽中的可能。每次抽样总是在完全相同的条件下进行的,每个单位每次被抽中的概率是一样的。

不重复抽样又称不重置抽样,是指按随机原则从总体中抽取一个样本单位进行记录后,不再放回原来的总体中,在剩余的总体单位中进行下一次抽取。总体单位数在不断减少,每个总体单位不可能被重复抽中。每次抽取的过程都不是相互独立的,每一次的抽取结果会影响下一次的取样,每抽一次,总体单位数就会减少一个,因此每个单位每次被抽中或抽不中的概率是不一样的。

(三)参数与统计量

参数和统计量是与总体和样本相对应的另一组概念。参数是用来描述总体特征的指标,是研究者想要了解的总体的某种特征值。研究者关心的参数主要有总体均值、总体标准差、总体比例等。总体均值通常用 μ 表示,总体标准差通常用 σ 表示,总体比例通常用 π 表示。

统计量是用来描述样本特征的指标,是根据样本数据计算出来的一些量,是样本的函数。研究者关心的统计量主要有样本均值、样本标准差、样本比例等。样本均值通常用 $\overline{X}$ 表示,样本标准差通常用 s 表示,样本比例通常用 p 表示。

二、抽样方法与抽样平均误差

(一)抽样的方法

抽样方法有概率抽样和非概率抽样,一般的抽样推断都是建立在概率抽样的基础之上的。概率抽样又称为随机抽样,它严格遵循概率原则,每个抽样单元被抽中的概率相同。随机抽样常常用于总体个数较少时,它的主要特征是从总体中逐个抽取。随机抽样可以分为简单随机抽样、系统抽样、分层抽样、整群抽样以及多阶段抽样。

1.简单随机抽样

一般地,设一个总体含有 N 个个体,从中逐个不放回地抽取 n 个个体作为样本($n \leqslant N$),如果每次抽取使总体内的各个个体被抽到的机会都相等,就把这种抽样方法叫作简单随机抽样。这种抽样有各种不同的具体做法。

(1)抽签法。一般地,抽签法就是给总体中的 N 个个体编号,把号码写在号签上,将号签放在一个容器中,搅拌均匀后,每次从中抽取一个号签,连续抽取 n 次,就得到一个容量为 n 的样本。抽签法简单易行,适用于总体中的个数不多时。当总体中的个体数较多时,将总体"搅拌均匀"就比较困难,用抽签法产生的样本可能代表性很差。

(2)随机数法。简单随机抽样中,另一个经常被采用的方法是随机数法,即利用随机数表、随机数骰子或计算机产生的随机数进行抽样。

简单随机抽样的优点是操作简便易行,但总体个数过大时不易采用。

2. 系统抽样

系统抽样亦称为机械抽样、等距抽样。当总体中的个体数较多时,采用简单随机抽样显得较为费事。这时,可将总体分成相对平均的几个部分,然后按照预先制定的规则,从每一部分抽取一个个体,得到所需要的样本,这种抽样叫作系统抽样。一般地,假设要从容量为 N 的总体中抽取容量为 n 的样本,我们可以按下列步骤进行系统抽样:

(1)先将总体的 N 个个体编号。有时可直接利用个体自身所带的号码,如学号、准考证号、门牌号等;

(2)确定分段间隔 k,对编号进行分段,当 $\frac{N}{n}$(n 是样本容量)是整数时,取 $k=\frac{N}{n}$;

(3)在第一段用简单随机抽样确定第一个个体编号 $l(l \leqslant k)$;

(4)按照一定的规则抽取样本。通常是将 l 加上间隔 k 得到第 2 个个体编号$(l+k)$,再加间隔 k 得到第 3 个个体编号$(l+2k)$,依次进行下去,直到获取整个样本。

系统抽样简便易行,但是抽样的误差大小与总体单位的顺序有关。

3. 分层抽样

分层抽样又称类型抽样或分类抽样,是指在抽样时,将总体分成互不相交的层(组或类),然后按照一定的比例,从各层(组或类)独立地抽取一定数量的个体,将各层取出的个体合在一起作为样本的方法。分层抽样的作用如下。

(1)减小抽样误差,分层后增加了层内的同质性,因而可使观察值的变异度减小,各层的抽样误差减小。在样本含量相同的情况下,分层抽样总的误差一般小于简单随机抽样、系统抽样和整群抽样的误差。

(2)抽样方法灵活,可以根据各层的具体情况对不同的层采用不同的抽样方法。如调查某地居民某病患病率,可以分为城、乡两层。

(3)可对不同层进行独立分析。有时抽样不仅需要了解总体的有关信息,而且也要了解各层(组或类)的信息,这时可以按不同的层(组或类)进行分层抽样就能满足这方面的需要。

分层抽样的缺点是若分层变量选择不当,可能导致层内变异较大,层间均数相近,分层抽样也就失去了意义。

4. 整群抽样

整群抽样又称聚类抽样,是将总体中各单位归并成若干个互不交叉、互不重复的集合,称之为群,然后以群为抽样单位抽取样本的一种抽样方式。应用整群抽样时,要求各群有较好的代表性,即群内各单位的差异要大,群间差异要小。整群抽样的优点是实施方便、节省经费;缺点是当不同群之间的差异较大时,由此引起的抽样误差往往大于简单随机抽样。

整群抽样与分层抽样在形式上有相似之处,但实际上差别很大。

(1)分层抽样要求各层之间的差异很大,层内个体或单元差异小,而整群抽样要求群与群之间的差异比较小,群内个体或单元差异大。

(2)分层抽样的样本是从每个层内抽取若干单元或个体,而整群抽样则是某个群不一定被抽取。

5. 多阶段抽样

多阶段抽样，也称为多级抽样或分段抽样，指在抽取样本的时候，按照抽样个体的隶属关系或层次关系，分为两个或两个以上的阶段从总体中抽取样本的一种抽样方式。其具体操作过程是：第一阶段，将总体划分为若干个一级抽样单位，从中抽选若干个一级抽样单位入样；第二阶段，将入样的每个一级单位分成若干二级抽样单位，从入样的每个一级单位中抽选若干个二级抽样单位入样；以此类推，直到抽出最终的样本单位。比如，为了调查某县人口情况，可以分为三级进行，首先以乡为抽样框，抽取一部分；然后在抽中的乡里面，以村为单位进行抽样，即抽出若干个村；最后在抽取的村里面抽取一定的人口。整个过程中，各阶段的抽样则可以采取简单随机抽样或者分层抽样。

多阶段抽样的基本思路是将多阶段总目标的抽样精度分解为各阶段的抽样精度，在总精度和各阶段的精度之间建立一种相关的、量化的联系。

该抽样方法有以下几个特点。

（1）可以解决特大总体的抽样问题。当抽样推断的面很广，没有一个包括所有总体单位的抽样框，或者总体范围太大、无法直接抽取样本时，需采用多阶段抽样。例如，全国农产量调查和城市居民调查，样本单位遍布全国各地，显然不可能直接一次抽到所需要的样本，只能分成几个阶段逐级抽取。

（2）相对节约人力物力。从一个比较大的总体抽取一个随机样本，势必使抽到的样本单位比较分散，若要派人调查，人力和物力的支出比较大。例如，一个县要确定一些农户作为样本，一次随机抽样的样本很可能分布在全县各个乡，调查往返的路费就比较大。如果分阶段进行，先抽乡，然后在抽中的乡中抽若干户，这样就可以使样本相对比较集中，因而可以节省人力和物力。

（3）可以利用现成的行政区划、组织系统作为划分各阶段的依据，为组织抽样调查提供方便。根据我国政治、经济和社会管理的特点，全国抽样调查的数字往往不能满足各级需要。但如果能把多阶段抽样和各地需要结合起来，就能解决这一矛盾。

另外，多阶段抽样由于每段抽样都会有误差，经过多阶段抽样，最后抽出来的样本误差就会比较大，这是多阶段抽样的主要缺点。而且多阶段抽样比较麻烦，根据样本估计总体比较复杂。在同等条件下可以通过增加初始阶段的样本数、适当减少最后阶段的样本数来尽量缩小误差。

（二）抽样平均误差概念

在对某一总体进行抽样调查时，在总体中可以抽取一个样本进行综合观察，也可以连续抽取几个甚至一系列的样本进行综合观察，每个样本都可以计算出相应的样本指标（$\bar{x}$ 和 p）。由于每一个样本所包含的具体样本单位不同，因而它们的样本指标也各不相同，它们与相应总体指标之间的离差也就各不相同。在每一次具体的抽样调查中，具体抽出的那个样本的样本平均数 $\bar{x}$、样本比例 p 与相应总体平均数、总体比例之间的离差，都称为抽样实际误差，它反映了个别样本对总体的实际代表性误差。那么用什么来综合反映样本对总体的代表性程度呢？就抽样调查整体来说，可以有许多个可能的样本和许多个可能的抽样实际误差。可否用任取某一次抽样所得到的抽样实际误差，来衡量样本对总体的代表性程度呢？这显然是不恰当的。某一次抽样的误差只是一系列可能的误差之一，它不能概括一系列抽样所产生的所有误差。这如同衡量总体中平均指标的代表性,不能用该平均指标与某一单位标志值的离差来衡量一样。衡量平均指标的代表性程度常用各单位标志值与其算术平均数的离差平方和的算术平均数的平方根,即标准差来衡量的,因为它概括了各单位的标志值与其算术平均数之间的所有离差。那么,测定样本对总体的代表性程度的指标也可以用同样的原理求得,即把各个可能的样本指标与相应的总体指标之间的离差都考虑进去,用这些离差平方和的算术平均数的平方根来表示。用这一方法求得的平均离差,就是抽样平均误差。由于所有可能的样本的样本指标(样本平均数 $\bar{x}$、样本比例 p、样本可能个数 n)的算术平均数就是相应的总体指标(总体平均数、总体比例)(这一结果在随后的推导中会予以验证),因此各个可能的样本指标与相应的总体指标之间的离差平方和的算术平均数的平方根,也就是各个可能的样本指标的标准差。所以,抽样平均误差可定义为各个可能的样本指标的标准差,即样本平均数的抽样平均误差是所有可能的样本平均数的标准差,样本比例的抽样平均误差是所有可能的样本比例的标准差。

根据这个定义,其计算公式可表示为

$$\mu_{\bar{x}} = \sqrt{\frac{\sum (\bar{x} - \mu)^2}{n}} \quad (5.1)$$

$$\mu_p = \sqrt{\frac{\sum (p - \pi)^2}{n}} \quad (5.2)$$

式中　　$\mu_{\bar{x}}$——样本平均数的抽样平均误差;

　　　　μ_p——样本比例的抽样平均误差;

　　　　μ——总体平均数,π——总体比例。

抽样平均误差可用于衡量样本对总体代表性程度的大小。抽样平均误差越大,样本对总体的代表性越小,抽样平均误差越小,样本对总体的代表性越大;同时,抽样平均误差也是计算样本指标与总体指标之间差异幅度的一个依据,它还是抽样设计中确定必要抽样数目的依据之一。总之,抽样平均误差对于整个抽样推断具有很重要的意义。但是,不能根据以上公式来计算抽样平均误差,因为即使是一个很小的总体,比如一个单位数为 100 的总体,重复抽取 10 个单位组成样本,其可能的样本数将达到 100^{10} 个,我们是不可能把这 100^{10} 个可能样本的样本平均数或样本比例都算出来的,所以以上两个公式仅仅是抽样平均误差的定义公式,要通过这个定义公式去把抽样平均误差的计算公式找出来。

(三) 抽样平均误差的计算

根据抽样平均误差的概念,样本平均数的抽样平均误差就是各个可能的样本平均数的标准差,样本比例的抽样平均误差就是各个可能的样本比例的标准差。下面分别讨论样本平均数的抽样平均误差和样本比例的抽样平均误差的计算。

1. 样本平均数的抽样平均误差的计算

(1) 重复抽样时,样本平均数的抽样平均误差的计算。

例如,从 4、6、8 三个数中随机重复抽取 2 个数组成样本,在这里,总体平均数 $\mu = 6$,总体方差 $\sigma^2 = \frac{8}{3}$,总体标准差 $\sigma = \sqrt{\frac{8}{3}}$,抽样单位数 $n = 2$,所有可能样本的个数共 $3^2 = 9$ 个,它们分别是:{4、4}、{6、4}、{8、4}、{4、6}、{6、6}、{8、6}、{4、8}、{6、8}、{8、8}。从抽样调查的目的可

知,要利用样本平均数 $\bar{x}$ 去估计总体平均数 μ,这里共有9个可能样本,也就有9个可能的样本平均数,它们分别是:4、5、6、5、6、7、6、7、8。显然,这9个可能的样本平均数的平均数等于6,总体平均数也等于6,因而可以说所有可能样本平均数的平均数就等于总体平均数(这一点在数理统计中经证明也是成立的)。

根据抽样的随机性,在用样本平均数估计总体平均数时,这9个样本平均数都可能出现,于是就有9个可能的离差出现,它们分别是:-2、-1、0、-1、0、1、0、1、2。从这里可以看出,各个可能的样本平均数与总体平均数的离差是不相等的。样本平均数的抽样平均误差不是指某一具体的样本平均数与总体平均数的离差,而是指所有可能的样本平均数与总体平均数的平均离差。在求这9个离差的平均数时,不能用简单的求平均的办法,因为正、负离差会互相抵消。为了避免正、负离差互相抵消,通常采用计算标准差的办法,即先对这9个离差进行平方处理,然后计算平方后得到的9个值的平均数,最后再对所得到的平均数计算其算术平方根即可。对这9个离差进行平方,其结果分别为:$(-2)^2$、$(-1)^2$、0^2、$(-1)^2$、0^2、1^2、0^2、1^2、2^2。将这9个数平方后的值进行算术平均,即可得到

$$\frac{4+1+0+1+0+1+0+1+4}{9}=\frac{12}{9}=\frac{4}{3}$$

由于 $\frac{4}{3}$ 是所有可能的样本平均数与总体平均数的离差平方和的平均数,不能用来综合反映所有可能的样本平均数与总体平均数的离差,因而还需要再开平方,于是对 $\frac{4}{3}$ 再开平方就得到 $\sqrt{\frac{4}{3}}$。这个 $\sqrt{\frac{4}{3}}$ 就是所有可能的样本平均数与总体平均数的平均离差,也是所有可能的样本平均数的标准差,也就是从4、6、8三个数字中随机重复抽取2个数组成样本时,样本平均数的抽样平均误差。若用 $\mu_{\bar{x}}$ 表示样本平均数的抽样平均误差,基于以上分析和计算,下式成立

$$\mu_{\bar{x}}=\sqrt{\frac{4}{3}}=\sqrt{\frac{1}{2}\times\frac{8}{3}}=\sqrt{\frac{\sigma^2}{n}}=\frac{\sigma}{\sqrt{n}}$$

以上结论经数理统计学证明是成立的,所以在重复抽样时,样本平均数的抽样平均误差的计算公式为

$$\mu_{\bar{x}}=\sqrt{\frac{\sigma^2}{n}}=\frac{\sigma}{\sqrt{n}} \tag{5.3}$$

式中　$\mu_{\bar{x}}$——样本平均数的抽样平均误差;
　　　σ^2——总体方差;
　　　σ——总体标准差;
　　　n——抽样单位数。

也就是说,重复抽样时,所有可能的样本平均数的标准差等于总体标准差与抽样单位数的平方根的比值。

(2)不重复抽样时,样本平均数的抽样平均误差的计算。

经数理统计学证明,不重复抽样时,样本平均数的抽样平均误差的计算公式只需在重复抽样时样本平均数的抽样平均误差的计算公式上,乘上一个修正系数即可,其计算公式为

$$\mu_{\bar{x}} = \sqrt{\frac{\sigma^2}{n} \times \frac{N-n}{N-1}} = \frac{\sigma}{\sqrt{n}} \times \sqrt{\frac{N-n}{N-1}} \qquad (5.4)$$

当总体单位数 N 较大时,也可用下列近似公式计算

$$\mu_{\bar{x}} = \sqrt{\frac{\sigma^2}{n} \times \frac{N-n}{N-1}} \approx \frac{\sigma}{\sqrt{n}} \times \sqrt{1-\frac{n}{N}} \qquad (5.5)$$

式中　$\mu_{\bar{x}}$——样本平均数的抽样平均误差;

　　　σ——总体标准差;

　　　n——抽样单位数;

　　　$\frac{N-n}{N-1}$——修正系数;

　　　$\frac{n}{N}$——抽样比。

接上例,从 4、6、8 三个数中随机重复抽取 2 个数组成样本,在这里,总体平均数 $\mu=6$,总体方差 $\sigma^2=\frac{8}{3}$,总体标准差 $\sigma=\sqrt{\frac{8}{3}}$,抽样单位数 $n=2$,所有可能样本的个数为 $3 \times 2=6$ 个,它们分别是:{4,6}、{4,8}、{6,4}、{6,8}、{8,4}、{8,6}。这里共有 6 个可能样本,也就有 6 个可能的样本平均数,它们分别对应 5、6、5、7、6、7。显然,所有可能的样本平均数的平均数等于 6,也正好等于总体平均数。相应的 6 个离差分别对应 -1、0、-1、1、0、1,这 6 个离差平方后的结果对应 1、0、1、1、0、1。将这 6 个平方后的值求平均数即得到

$$\frac{1+0+1+1+0+1}{6} = \frac{4}{6} = \frac{2}{3}$$

再开平方就得到 $\sqrt{\frac{2}{3}}$。这个 $\sqrt{\frac{2}{3}}$ 就是样本平均数的抽样平均误差。从整个过程来看,下式成立

$$\mu_{\bar{x}} = \sqrt{\frac{2}{3}} = \sqrt{\frac{1}{2} \times \frac{8}{3} \times \frac{3-2}{3-1}} = \sqrt{\frac{\sigma^2}{n} \times \frac{N-n}{N-1}}$$

即在不重复抽样条件下,样本平均数的抽样平均误差的计算公式为(5.4)式。

从式(5.4)看,由于修正系数 $\frac{N-n}{N-1}$ 始终是小于 1 的数,所以不重复抽样的抽样平均误差要小于重复抽样的抽样平均误差。当 N 远远大于 n 时,修正系数 $\frac{N-n}{N-1}$ 和 $1-\frac{n}{N}$ 的数值都接近于 1,那么它对抽样平均误差的影响就不大了。因此在统计实践中,当 N 远远大于 n 时,尽管采用的是不重复抽样,也可以用重复抽样的抽样平均误差近似代替不重复抽样的抽样平均误差。

【例 5-1】　某大学一年级某班共 50 名同学,其年龄分布见表 5-1。

表 5-1　学生年龄分布

年龄(岁)	17	18	19	20	21
人数(人)	5	10	20	10	5

从中随机抽取16名同学调查该班同学的年龄,试分重复抽样和不重复抽样计算平均年龄的抽样平均误差。

解 计算抽样平均误差要用到总体标准差,所以应首先计算总体标准差,也就是这50名同学的年龄的标准差。经计算,$\sigma = \sqrt{1.2}$。

重复抽样时的抽样平均误差

$$\mu_{\bar{x}} = \sqrt{\frac{\sigma^2}{n}} = \sqrt{\frac{1.2}{16}} = 0.27(岁)$$

不重复抽样时的抽样平均误差

$$\mu_{\bar{x}} = \sqrt{\frac{\sigma^2}{n} \times \left(1 - \frac{n}{N}\right)} = \sqrt{\frac{1.2}{16} \times \left(1 - \frac{16}{50}\right)} = 0.23(岁)$$

2. 样本比例的抽样平均误差的计算

从参数和统计量的介绍中可以看出,总体比例是一个特殊的平均数。因此,样本比例的抽样平均误差的计算与样本平均数的抽样平均误差的计算原理基本相同,不同的是要将标志值的总体方差 σ^2 替换成总体比例的方差 $\pi(1-\pi)$,或者说将标志值的总体标准差 σ 替换成总体比例的标准差 $\sqrt{\pi(1-\pi)}$。

重复抽样时,样本比例的抽样平均误差的计算公式为

$$\mu_p = \sqrt{\frac{\pi(1-\pi)}{n}} \tag{5.6}$$

不重复抽样时,样本比例的抽样平均误差的计算公式为

$$\mu_p = \sqrt{\frac{\pi(1-\pi)}{n} \times \frac{N-n}{N-1}} \approx \sqrt{\frac{\pi(1-\pi)}{n} \times \left(1 - \frac{n}{N}\right)} \tag{5.7}$$

式中 μ_p ——样本比例的抽样平均误差;

π ——总体比例;

n ——抽样单位数;

$\frac{N-n}{N-1}$ ——修正系数;

$\frac{n}{N}$ ——抽样比。

从计算公式看,仍然是不重复抽样的抽样平均误差要小于重复抽样的抽样平均误差。当 N 远远大于 n 时,也可以用重复抽样的抽样平均误差的计算公式计算不重复抽样的抽样平均误差。

【例 5-2】 某大学一年级共有2000人参加了"计算机文化基础"课程的考试,及格1800人,总及格率为90%。现随机抽取了200人,用这200人的及格率去估计这2000人的及格率,试分重复抽样和不重复抽样计算样本比例的抽样平均误差。

解 总及格率为90%,也就是总体比例 $\pi = 90\%$,$N = 2000$,$n = 200$。

重复抽样时,样本比例的抽样平均误差为

$$\mu_p = \sqrt{\frac{\pi(1-\pi)}{n}} = \sqrt{\frac{90\%(1-90\%)}{200}} = 2.12\%$$

不重复抽样时,样本比例的抽样平均误差为

$$\mu_p = \sqrt{\frac{\pi(1-\pi)}{n} \times \frac{N-n}{N-1}} = \sqrt{\frac{90\%(1-90\%)}{200} \times \frac{2000-200}{2000-1}} = 2.01\%$$

上述计算公式涉及总体标准差 σ 和总体比例 π,然而这两个指标在抽样调查前是未知的,是需要估计的两个量,因此在计算抽样平均误差时,利用上述计算公式也是不能直接计算的。对此,可采用下列办法。

第一,用样本标准差 s 代替总体标准差 σ,用样本比例 p 代替总体比例 π。这是实际工作中经常使用的一种方法,但它只能在抽样之后才能计算。

第二,用过去调查所得到的资料来代替总体标准差 σ 和总体比例 π。这些资料可以是全面调查的资料,也可以是抽样调查的资料。如果有几个不同时期的资料,对于总体标准差 σ 应取最大的一个,对于总体比例 π 应取最接近 50% 的那一个。

第三,用小规模调查的资料去估计总体标准差 σ 和总体比例 π。如果既没有过去的资料,又需要在调查之前就估计出抽样平均误差,那么可在大规模调查之前组织一次小规模的试验性调查,并根据调查取得的样本资料去估计总体标准差 σ 和总体比例 π。

第四,用估计的资料估计总体标准差 σ 和总体比例 π。例如:在农作物产量抽样调查中用估计的产量估算出总体标准差和总体比例。

第五,对于总体比例 π,在没有其他任何资料的情况下,可直接用 50% 代替,因为此时比例方差 $\pi(1-\pi)$ 将取得最大值 $\frac{1}{4}$,相应计算的抽样平均误差也将取得最大值。实际的抽样平均误差将会略小于这个最大值,为之后的决策提供了一个参考标准。

三、抽样分布

在进行参数估计之前,需要知道如何通过样本得到总体信息。这就需要对统计推断的基础理论依据——抽样分布有一定的认识。统计推断目的在于推断总体特征,而这种推断的基础就是抽样分布。参数用于描述总体,一般都是未知的,通过从总体中抽取随机样本来获取必要的数据,利用这些数据来计算一个或更多的统计量。例如,为了估计总体的均值,就要计算样本均值。虽然样本均值与总体均值之间有一定的差距,但可以预期它们是很接近的。但是,接近程度到底如何?必须度量它们接近的程度才行。而抽样分布正好可以帮助我们解决这个问题。在知道样本均值和总体均值接近程度的基础上,就可以对总体均值进行估计了。

什么是抽样分布呢?要理解这个概念的内涵,有必要介绍两种和它相关但性质不同的分布:总体分布和样本分布。在统计学中陈述分布,可以通俗地将其理解为数据集合反映出的特征,对数值型数据而言,可以和函数联系起来的最明显特征就是频数分布了。理解了这一点,总体分布和样本分布的定义就呼之欲出了。总体中所有数据所形成的频数分布,称为总体分布。总体分为有限总体和无限总体。现实中,无限总体是较为普遍的,有时即使是有限的,但是从成本等方面考虑,往往也得不到总体的所有数据。因此,总体分布一开始往往是不知道的。但是又需要知道总体分布的相关信息,所以通常需要根据经验大致了解总体的分布类型,或者假定总体服从某种分布等。因为研究者所关心的并不是所有数据到底是如何分布的,而是通过总体的参数来推断总体的特征。知道总体分布的特征之后,样本分布的特征就可以以此类推了。由此,从总体中随机抽取一个样本,这一个样本中所有数据所形成的相对频数分布,就称为样本分布。因为样本是从总体中抽取的,来自总体,所以其能反映总体的相关信息和特征,这也是为什么样本分布也称经验分布的原因。但是样本是随机抽取的,只是总体中的一部分,当这部分只是总体中很小的一部分时,即当样本容量很小时,这种代表性就会被大大削减。那么,到底如何根据样本推断总体的特征呢?

描述总体特征的值称为参数,常用的总体参数有总体平均数 μ、总体标准差 σ、总体比例 π;而描述样本数量特征的值称为统计量,常用的统计量有样本平均数 $\bar{x}$、样本标准差 s、样本比例 p。因为总体一般是未知但确定的,也就是说,对于总体所有数据到底是多少、怎么分布的,我们并不知道。因此,总体参数其实是一个未知的常数。但是统计量不一样。首先,抽样这个行为是可以重复进行的,每进行一次,就可以得到一个样本,进而可以算出这个样本的相关统计量。既然抽样可以进行无数次,那说明对应的统计量并不是只有一个,能抽取多少个样本,就有多少个样本统计量。因为抽样是随机的,所以统计量也是一个随机变量,而样本统计量的组合构成的相对频数分布就是抽样分布。由此,从总体中重复、随机抽取容量为 n 的样本时,由该统计量的所有可能取值形成的相对频数分布,就称为某个统计量的抽样分布。

由于现实中不可能将所有的样本都抽出来,所以,统计量的抽样分布实际上是一种理论分布。表 5-2 是对三种不同性质的分布进行的归纳总结。

表 5-2 三种不同性质的分布

类型	特点
总体分布	总体观察值形成的相对频数分布
样本分布	一个样本观察值形成的相对频数分布
抽样分布	样本统计量所有可能取值形成的相对频数分布

(一)样本均值的抽样分布

现在来学习如何通过抽样分布实现推断统计。总体最主要的三个参数分别是总体平均数 μ、总体标准差 σ、总体比例 π。现在我们先探究一下样本平均数 $\bar{x}$、样本标准差 s、样本比例 p 这三个样本统计量的抽样分布到底是怎样的,它们和总体对应的参数之间是什么关系。

1. 样本均值 $\bar{x}$ 抽样分布的形成过程

通常把从总体中重复、随机抽取容量为 n 的样本,由样本平均数的所有可能取值形成的相对频数分布,称为样本平均数的抽样分布。下面我们举一个简单的例子来介绍样本平均数抽样分布的形成过程。

【例 5-3】 设一个总体含有 4 个元素(个体),即总体单位数 $N=4$。4 个单位的具体变量值分别为 $x_1=5, x_2=6, x_3=7, x_4=8$。试求总体的均值、方差及分布。

解 总体 4 个元素每个出现一次,每个取值概率为 1/4,属均匀分布。
依题意可计算总体参数如下。

总体均值:$\mu = \dfrac{\sum X}{N} = \dfrac{26}{4} = 6.5$。

总体方差：$\sigma^2 = \dfrac{\sum(X-\mu)^2}{N} = \dfrac{5}{4} = 1.25$。

现从总体中抽取 $n=2$ 的简单随机样本，在重复抽样条件下，共有 $4^2=16$ 个样本。所有样本的结果如表 5-3 所示。

表 5-3　所有可能的 $n=2$ 的样本（共 16 个）

第一观察值	第二观察值			
	5	6	7	8
5	5,5	5,6	5,7	5,8
6	6,5	6,6	6,7	6,8
7	7,5	7,6	7,7	7,8
8	8,5	8,6	8,7	8,8

根据表 5-3 可计算出各样本的均值，计算结果见表 5-4。

表 5-4　16 个可能样本的均值 $\bar{x}$

第一观察值	第二观察值			
	5	6	7	8
5	5	5.5	6	6.5
6	5.5	6	6.5	7
7	6	6.5	7	7.5
8	6.5	7	7.5	8

由于每个样本被抽中的概率相同，均为 1/16。样本均值经整理后如表 5-5 所示。

表 5-5　样本均值 $\bar{x}$ 的分布

$\bar{x}$ 的取值	$\bar{x}$ 的个数（f）	$\bar{x}$ 取值的概率 $P(\bar{x})$
5	1	1/16
5.5	2	2/16
6	3	3/16
6.5	4	4/16
7	3	3/16
7.5	2	2/16
8	1	1/16

由表 5-5 可以得出：

$$\bar{\bar{x}} = \frac{\sum \bar{x}f}{\sum f} = \frac{5\times 1 + 5.5\times 2 + 6\times 3 + 6.5\times 4 + 7\times 3 + 7.5\times 2 + 8\times 1}{16} = 6.5 = \mu_{\bar{x}}$$

$$\sigma_{\bar{x}}^2 = \frac{\sum_{i=1}^{n}(\bar{x}_i - \mu_{\bar{x}})^2 f}{\sum f}$$

$$= \frac{(5-6.5)^2\times 1 + (5.5-6.5)^2\times 2 + (6-6.5)^2\times 3 + (6.5-6.5)^2\times 4 + (7-6.5)^2}{16}$$

$$\frac{\times 3 + (7.5-6.5)^2\times 2 + (8-6.5)^2\times 1}{16} = 0.625 = \frac{\sigma^2}{n}$$

通过比较总体分布和样本均值的抽样分布,不难看出它们的区别。总体分布为均匀分布,而样本均值的抽样分布在形状上是对称的。

样本均值的形成过程和基本分布形状可以从上面例子的演算过程中得知,但要深入分析样本均值抽样分布和总体分布之间的对应关系,还要了解样本均值分布的性质和特征,并进一步总结出其中的规律。

2. $\bar{x}$ 抽样分布的形式

试验表明,$\bar{x}$ 抽样分布的形式并不是一成不变的,而是与其总体的分布和抽取的样本容量大小有关,统计学上著名的中心极限定理就对这一规律进行了描述。中心极限定理可以表述为:从均值为 μ、方差为 σ^2 的一个任意总体中抽取容量为 n 的样本,在样本容量 n 足够大(通常要求 $n \geq 30$)时,样本均值的抽样分布近似服从均值为 μ,方差为 σ^2/n 的正态分布。即:$\bar{x} \sim N(\mu, \sigma^2/n)$。

也就是说,如果总体是服从正态分布的,则样本容量 n 取任何值时,$\bar{x}$ 都服从正态分布;如果总体分布不服从正态分布,则只有在样本容量 n 取比较大的值(通常要求 $n \geq 30$)时,$\bar{x}$ 才近似服从正态分布。在许多实际情形中,30 的样本容量可能就已经足够大到可以用正态分布来近似代替 $\bar{x}$ 的抽样分布了。然而,如果总体分布是极端非正态的,抽样分布即使 n 值再大也是非正态的。

3. 样本均值抽样分布的特征

样本的特征主要是数学期望和方差。这两个特征一方面与总体的均值和方差有关,另一方面也与抽样的方法是重复抽样还是不重复抽样有关。

假设总体共有 N 个元素,总体的均值为 μ,方差为 σ^2,从中抽取容量为 n 的样本,样本均值抽样分布的均值(即样本均值的均值 $\bar{\bar{x}}$)记为 $E(\bar{x})$,样本均值的方差记为 $\sigma_{\bar{x}}^2$。样本均值的数学期望就等于总体均值,即

$$E(\bar{x}) = \mu \tag{5.8}$$

而样本均值的方差与抽样方法有关,在重复抽样条件下,样本均值的方差为总体方差的 $1/n$,即

$$\sigma_{\bar{x}}^2 = \frac{\sigma^2}{n} \tag{5.9}$$

在不重复抽样条件下,样本均值的方差为

$$\sigma_{\bar{x}}^2 = \frac{\sigma^2}{n}\left(\frac{N-n}{N-1}\right) = \frac{\sigma^2}{n}\left(1 - \frac{n-1}{N-1}\right) \tag{5.10}$$

前面的例子显现的规律在这里得到了一般化概括。相比重复抽样情况,不重复抽样条件

下样本均值的方差多了一个修正系数 $\frac{N-n}{N-1}$。当样本容量 n 相对总体 N 较小时,即 $N\to\infty$ 时, $\frac{N-n}{N-1}$ 趋于 1,不重复抽样和重复抽样也就趋同了。对于无限总体和抽样比 $\frac{n}{N}$ 很小的有限总体,不重复抽样条件下样本均值的方差也可以按重复抽样时的式(5.9)来计算。关于样本均值抽样分布的特征,要注意结合中心极限定理,如果是正态分布的总体,则样本均值服从正态分布;如果是非正态分布的总体,那就应扩大样本容量,这样才能使样本均值近似服从正态分布。

(二)样本比例的抽样分布

在现实生活中,也经常会遇到比例估计,也就是用样本比例 $\left(p=\frac{n_0}{n}\right)$ 去推断总体比例 $\left(\pi=\frac{N_0}{N}\right)$。样本比例的抽样分布指从总体中重复、随机抽取容量为 n 的样本时,由样本比例的所有可能取值形成的相对频数分布。对于一个具体的样本比例 p,若 $np\geqslant 5, n(1-p)\geqslant 5$,就可以认为样本容量充分大。当样本容量充分大时,样本比例的抽样分布同样可用正态分布近似估计。同样,对于 p 的分布,也需要知道 p 分布的数学期望值(p 的所有可能取值的平均数)和方差。可以证明,p 的数学期望值 $E(p)$ 等于总体的比例 π,即

$$E(p)=\pi \tag{5.11}$$

而 p 的方差与抽样方法有关,在重复抽样条件下,有

$$\sigma_p^2=\frac{\pi(1-\pi)}{n} \tag{5.12}$$

在不重复抽样条件下,有

$$\sigma_p^2=\frac{\pi(1-\pi)}{n}\left(\frac{N-n}{N-1}\right) \tag{5.13}$$

与样本均值的方差一样,对于无限总体和抽样比很小($\frac{n}{N}\leqslant 5\%$)的有限总体,修正系数 $\frac{N-n}{N-1}$ 趋于 1,样本比例的方差可按式(5.12)计算。

第二节 参数估计的基本原理

上节已经论述了参数估计的前提和依据,本节将运用前面所学的抽样分布来说明参数估计的原理与实际应用。

一、参数估计的标准

参数估计的目的是用统计量(样本指标)去估计总体参数(指标),由于存在抽样平均误差,这种估计无法达到绝对精确,关键在于对这个误差的大小要有一个科学的判断。我们将估计总体参数统计量的名称称为估计量。估计总体参数时采用的样本统计量的具体数值称为估计值。一般而言,用统计量估计总体参数有三个要求或标准,满足了这三个要求,就可以认为是

合理的估计或推断。

(一)无偏性

无偏性是指样本指标的平均数等于被估计的总体指标数值。根据中心极限定理,当样本容量足够大时,样本均值等于总体均值,样本比例等于总体比例。因此,样本均值和样本比例分别是总体均值和总体比例的无偏估计量。

(二)有效性

有时对于被估计的总体参数可以找到不止一个估计量,假如每个估计量抽样分布的均值都等于被估计总体参数,应该选择与被估计总体参数更接近、差异程度更小的那一个。估计量的方差可以衡量估计量与估计量均值的离散程度。

有效性指在满足无偏的多个估计量中,方差较小的估计量被称为针对被估计总体参数更有效的一个估计量。方差较小的估计量比其他估计量更接近被估计总体参数。有效性的适用前提要求首先满足无偏性,否则没有可比性。估计量与被估计总体参数的接近程度还与抽取的样本容量有关。

(三)一致性

一致性指随着样本容量的增大,估计量越来越接近被估计总体参数。根据抽样平均误差 $\sigma_{\bar{x}} = \frac{\sigma}{\sqrt{n}}$,在其他条件不变的情况下,抽样平均误差会随着样本容量的增大而减小。所以大样本比小样本给出的估计量更接近被估计总体参数。可以用一个值去估计总体参数,但这个估计的精度和准确度如何,这时却无法表示。参数估计的方法包括点估计和区间估计。

二、点估计与区间估计

(一)点估计

参数的点估计指用某个样本统计量的某个具体取值直接作为总体参数的估计值。比如,用样本均值直接作为总体均值的估计;用样本比例直接作为总体比例的估计。样本均值抽样分布和总体均值之间存在联系,样本均值的期望和总体均值相等。可是提供的样本统计量的某个取值来自随机抽取的某一个样本,这个样本一旦抽出,样本的均值也就确定了,这个确定的值可能等于总体均值。但这样一来就显现出了点估计的最大弊端:点估计无法提供估计值与总体参数真实值之间接近程度的信息。

(二)区间估计

参数的区间估计指在点估计的基础上,给出总体参数估计的一个区间范围,该区间由样本统计量加减边际误差而得到。以估计总体均值为例,因为样本均值的数学期望与总体均值相等,我们可以用样本均值的标准差(抽样标准误差)衡量每个样本均值和总体均值的接近程度。结合样本统计量的抽样分布可以对样本统计量与总体参数的接近程度给出一个概率度量。

区间估计的基本原理是怎样的呢?为了方便大家理解,这里首先回顾一下经验法则。当一组数据为对称分布时,约有 68.27% 的数据在平均数加减一个标准差的范围之内,即数据落在均值两侧各一个标准差内的概率约为 0.68。也就是说,构造以样本均值加减一个标准差的区间至少会包含 68% 的数据。

现在以样本均值估计总体均值为例。样本均值的均值等于总体均值,现在将这个规则运用到上述经验法则中去,只要进行简单的思维转换,就可以得出以下结论:样本均值 $\bar{x}$ 落在总体均值 μ 两侧各一个抽样标准差范围内的概率为 0.68,落在 μ 两侧两个抽样标准差范围内的概率是 0.95,落在 μ 两侧三个抽样标准差范围内的概率是 0.99。实际上,可以求出样本均值 $\bar{x}$ 落在总体均值 μ 的两侧任何倍数的标准差范围内的概率。

但在实际估计中,却是这样的情况,样本均值 $\bar{x}$ 是已知的,而总体均值 μ 是未知的,这恰恰也是要估计的数值。但是,由于 $\bar{x}$ 与 μ 之间的距离是对称的,如果 $\bar{x}$ 落在 μ 的 t 个标准差范围内,反过来,μ 也应该包括在 $\bar{x}$ 两侧 t 个标准差的范围内。所以只要简单转换一下思维就可以得出估计区间了。这里用不等式表达为

$$\mu - t\mu_{\bar{x}} \leqslant \bar{x} \leqslant \mu + t\mu_{\bar{x}} \rightarrow \bar{x} - t\mu_{\bar{x}} \leqslant \mu \leqslant \bar{x} + t\mu_{\bar{x}}$$

即如果样本均值以一定的概率落在总体均值加减 t 个抽样标准差范围之内,那么样本均值加减 t 个抽样标准差的范围也会以一定的概率包含总体均值。

在区间估计中,由样本统计量所构造的总体参数的估计区间称为置信区间,其中区间的最小值称为置信下限,最大值称为置信上限。之所以称为"置信区间",是因为统计学家在某种程度上确信这个区间会包含真正的总体参数,所以给它取名为置信区间。重复抽取相同容量的样本构造多个置信区间,置信区间包含总体参数真值的次数所占的比例就是置信水平。统计学中,置信水平通常表示为 $1-\alpha$(通常以百分比形式表示,α 为总体参数在区间外的概率)。

在构造估计总体参数的置信区间时,可以选择希望的任意置信水平,表 5-6 中提供了经常用到的置信水平和标准正态分布曲线右下方面积为 $\alpha/2$ 时对应的标准正态变量 Z 的值。

表 5-6 常用置信水平的 $Z_{\alpha/2}$ 值

置信水平($1-\alpha$)	α	$\alpha/2$	$Z_{\alpha/2}$
0.9	0.1	0.05	$Z_{0.05}=1.645$
0.95	0.05	0.025	$Z_{0.025}=1.96$
0.98	0.02	0.01	$Z_{0.01}=2.33$
0.99	0.01	0.005	$Z_{0.005}=2.575$

第三节 总体均值的区间估计

在进行总体均值的区间估计时,需要考虑总体是否为正态分布、总体方差是否已知、样本容量是否充分大等具体情况,以选择正确的估计方法。

一、方差已知时总体均值的区间估计

在方差已知时,样本均值 $\bar{X}$ 服从 $N(\mu, \sigma^2/n)$,因而可以构建 Z 统计量,有

$$Z = \frac{\bar{x} - \mu}{\sigma/\sqrt{n}} \tag{5.14}$$

由式(5.14)可知，Z 统计量实质上是对样本均值 $\bar{x}$ 的标准化，因此 Z 统计量服从标准正态分布，即 $Z \sim N(0,1)$。

根据区间估计的定义，构造总体均值 μ 的双侧区间估计置信区间，对于给定置信水平 $1-\alpha$，可得

$$P\{-Z_{\alpha/2}<Z<Z_{\alpha/2}\} = P\left\{-Z_{\alpha/2}<\frac{\bar{x}-\mu}{\sigma/\sqrt{n}}<Z_{\alpha/2}\right\} \\ = P\left\{\bar{x}-Z_{\alpha/2}\cdot\frac{\sigma}{\sqrt{n}}<\mu<\bar{x}+Z_{\alpha/2}\cdot\frac{\sigma}{\sqrt{n}}\right\} \\ = 1-\alpha \quad (5.15)$$

则总体均值 μ 的双侧区间估计置信区间为 $\left(\bar{x}-Z_{\alpha/2}\cdot\frac{\sigma}{\sqrt{n}}, \bar{x}+Z_{\alpha/2}\cdot\frac{\sigma}{\sqrt{n}}\right)$。这里的 Z 又称为分位数，$Z_{\alpha/2}$ 表示显著性水平为 α 的双侧区间估计分位数。

一般在统计学著作和教材中，对于分位数均习惯采用上侧分位数的概念，本书也采用了相同的概念。因此，在查阅标准正态分布表时会发现，这里的 $Z_{\alpha/2}$ 实际上为标准正态分布表中的 $Z_{1-\alpha/2}$，即对应显著性水平 α 的上侧分位数。在具体计算时，可以根据正态分布的对称性质，将 $Z_{\alpha/2}$ 视为绝对数值 $|Z_{\alpha/2}|$ 来处理。

【例 5-4】 在对某企业职工收入状况的调查中，从该企业随机抽取 100 个职工个人的平均月收入状况数据构成样本，并且已知该企业职工平均月收入的总体标准差 σ 为 250 元，样本均值 $\bar{x}$ 为 1985 元。试计算给定置信水平为 95% 时，该企业职工平均月收入的总体均值 μ 的置信区间。

解 已知 $\sigma=250, \bar{x}=1985, n=100, \alpha=0.05$，查标准正态分布表知 $Z_{\alpha/2}=1.96$。根据双侧区间估计的式(5.15)，可计算得到总体均值 μ 的置信区间为

$$\left(\bar{x}-Z_{\alpha/2}\cdot\frac{\sigma}{\sqrt{n}}, \bar{x}+Z_{\alpha/2}\cdot\frac{\sigma}{\sqrt{n}}\right) = \left(1985-1.96\times\frac{250}{10}, 1985+1.96\times\frac{250}{10}\right) = (1936, 2034)$$

即根据这次抽样调查的样本信息，可以认为该企业职工平均月收入的真实数值 μ 将以 95% 的概率落在 1936 元到 2034 元之间。

二、总体方差未知时总体均值的区间估计

在总体服从正态分布，但总体方差 σ^2 未知时，需要采用样本方差 s^2 作为对总体方差的估计，代替总体方差 σ^2 构造一个新的统计量，来建立关于总体均值 μ 的置信区间，进而对总体均值 μ 进行区间估计。这一新的统计量不再是 Z 统计量，也不再服从标准正态分布，而是服从自由度为 $n-1$ 的 t 分布的 T 统计量。于是有

$$T=\frac{\bar{x}-\mu}{s/\sqrt{n}} \sim t(n-1) \quad (5.16)$$

根据式(5.16)，则在总体方差 σ^2 未知的情况下，总体均值 μ 的置信区间为

$$\left(\bar{x}-t_{\alpha/2}\cdot\frac{s}{\sqrt{n}}, \bar{x}+t_{\alpha/2}\cdot\frac{s}{\sqrt{n}}\right)$$

【例 5-5】 某超市想了解一下顾客购买一次商品的消费金额，在一周内不同时间随机抽取了 16 名顾客作为样本，数据如表 5-7 所示。假设顾客的消费额服从正态分布。要求计算顾

客平均消费额置信水平为95%的置信区间。

表5-7　16名顾客消费额度(元)

146	206	125	96	189	148	110	90
148	230	96	106	201	85	239	135

解　已知$n=16,\alpha=0.05$，查t分布上α分位点表得：$t_{\alpha/2}(15)=2.131$，由样本数据计算得样本均值$\bar{x}=146.875$，样本标准差$s=51.309$。根据式(5.16)可以得到总体均值μ的置信区间为

$$\left(\bar{x}-t_{\alpha/2}\cdot\frac{s}{\sqrt{n}},\bar{x}+t_{\alpha/2}\cdot\frac{s}{\sqrt{n}}\right)=\left(146.875-2.131\times\frac{51.309}{4},146.875+2.131\times\frac{51.309}{4}\right)$$
$$=(119.54,174.21)$$

因此，该超市顾客平均消费额置信水平为95%的置信区间为119.54元到174.21元之间。

在总体方差未知的情况下，当样本容量充分大(一般经验数据为$n\geq30$)时，可以认为样本均值$\bar{x}$已经渐进地服从于$N(\mu,\sigma^2/n)$，这时可以采用式(5.14)建立Z统计量，对总体均值进行区间估计。假设在样本均值已经服从正态分布的基础上构造Z统计量，采用式(5.14)计算的总体均值μ的置信区间，要小于在样本均值服从t分布的基础上采用式(5.16)计算的总体均值μ的置信区间。

第四节　总体比例的区间估计

这里仅讨论在样本比例的抽样分布趋于正态分布条件下的总体比例的区间估计问题。

一般来说，当$np\geq5$和$n(1-p)\geq5$时，可以认为样本比例p的抽样分布渐进地趋于正态分布。这时有样本比例p渐进地服从于$N\left(\pi,\dfrac{\pi(1-\pi)}{n}\right)$，其标准化后的随机变量$Z$渐进地服从标准正态分布，于是有

$$Z=\frac{p-\pi}{\sqrt{\pi(1-\pi)/n}}\sim N(0,1) \tag{5.17}$$

即总体比例π在置信水平为$1-\alpha$下的置信区间为

$$\left(p-Z_{\alpha/2}\sqrt{\frac{\pi(1-\pi)}{n}},p+Z_{\alpha/2}\sqrt{\frac{\pi(1-\pi)}{n}}\right) \tag{5.18}$$

在式(5.18)中，存在总体比例π的数据，而总体比例π恰好是所要估计的未知参数，所以在实际使用时总是采用样本比例p替代总体比例π来计算其在显著性水平为$1-p$时的置信区间，即

$$\left(p-Z_{\alpha/2}\sqrt{\frac{p(1-p)}{n}},p+Z_{\alpha/2}\sqrt{\frac{p(1-p)}{n}}\right) \tag{5.19}$$

【例 5-6】 某公司为了分析新产品的电视广告效果,随机访问了 100 名用户,了解到其中有 36 人是通过电视广告了解该产品的。要求:试以 95% 的置信水平,估计通过电视广告了解该产品的用户占全部用户比例的置信区间。

解 已知 $n=100$,由样本数据可计算得样本比例为

$$p = \frac{36}{100} = 36\%$$

因 $np=36>5$ 和 $n(1-p)=64>5$,可认为样本比例 p 趋于正态分布,有 $Z_{\alpha/2}=1.96$。由式(5.19)得

$$\left(36\% - 1.96 \times \sqrt{\frac{36\% \times (1-36\%)}{100}}, 36\% + 1.96 \times \sqrt{\frac{36\% \times (1-36\%)}{100}}\right) = (26.592\%, 45.408\%)$$

即通过电视广告了解该产品的用户占全部用户的比例的置信区间在 95% 的置信水平下为 26.592% 到 45.408%。

第五节 样本量的确定

前面已经讨论了置信区间由哪些因素决定。就总体均值的置信区间来说,点估计值和边际误差构成的置信区间由置信水平、总体标准差和样本容量共同决定。我们不能脱离构建置信区间的本来目的,而得到总体参数的一个尽可能准确的区间。如果区间估计太宽,那么区间只能提供很少的信息。如果区间过窄,但是可靠性不高,实际的可用性也就不大。既要可靠性不低,又希望区间不要太宽,便只有提高样本容量了。在抽取样本时,多大的样本容量是一个关键的问题。毫无疑问,样本容量大,收集的信息量越大,对总体估计的精度也就越高,但与此同时抽样估计所投入的成本也就越多;样本容量小,耗费成本虽较少,但得到的信息少,估计精度也较低。盲目地提高样本容量只会增加成本。那么到底确定多少样本容量合适呢?本节将学习在确保精度的前提下确定最小样本容量的方法。

一、估计总体均值时样本容量的确定

估计总体均值的置信区间可表示为总体均值的点估计值 $\bar{x} \pm$ 边际误差。$Z_{\alpha/2}\frac{\sigma}{\sqrt{n}}$ 称为估计总体均值时的边际误差。很明显可以看出,$Z_{\alpha/2}$ 的值和样本容量 n 共同决定了边际误差及误差范围的大小。要是提前确定允许的误差范围,并给定置信水平,$Z_{\alpha/2}$ 的值就确定了,由此就可以求出允许误差范围内的最小样本容量了。令 E 代表允许的边际误差,即 $E=Z_{\alpha/2}\frac{\sigma}{\sqrt{n}}$,由此可以推算出样本容量的确定方法为

$$n = \frac{(Z_{\alpha/2})^2 \sigma^2}{E^2} \tag{5.20}$$

从式(5.20)中可以看出,样本容量 n 与总体方差、置信水平成正比,与边际误差成反比。也就是说,在其他条件不变的情况下,置信水平越大,所需的样本容量也就越大;总体方差越大,所需样本容量越大;边际误差越大,所需的样本容量也就越小。

【例 5-7】 拥有工商管理学士学位的大学毕业生年薪的标准差大约为 3000 元。假定想要估计年薪置信水平为 90% 的置信区间,希望边际误差为 380 元,应抽取多大的样本容量?

解 已知 $\sigma=3000(元),E=380,1-\alpha=90\%$,查表得 $Z_{\alpha/2}=1.645$

$$n=\frac{(Z_{\alpha/2})^2\sigma^2}{E^2}=\frac{(1.645)^2\times 3000^2}{380^2}=168.66\approx 169(人)$$

即应抽取 169 人作为样本。

二、估计总体比例时样本容量的确定

总体比例的置信区间同样由两部分组成,即总体比例的点估计值加减边际误差,此时边际误差为 $Z_{\frac{\alpha}{2}}\sqrt{\frac{\pi(1-\pi)}{n}}$,则估计总体比例时样本容量为

$$n=\frac{(Z_{\alpha/2})^2\pi(1-\pi)}{E^2} \tag{5.21}$$

式(5.21)中的边际误差 E 必须是事先确定的,大多数情况下,一般 E 的值小于 0.1。在实际情况下,如果总体比例方差不知道,可以用试验样本中的最大方差代替。

【例 5-8】 根据以往的生产统计,某种产品的合格率约为 95%,现要求边际误差为 3%,求 98% 的置信水平下应抽取多少个产品作为样本?

解 已知 $\pi=95\%,1-\alpha=98\%,Z_{\alpha/2}=2.33,E=3\%$。
应抽取的样本容量为

$$n=\frac{(Z_{\alpha/2})^2\cdot \pi(1-\pi)}{E^2}=\frac{(2.33)^2\times 0.95\times(1-0.95)}{0.03^2}$$
$$=286.53\approx 287(个)$$

所以,应抽取 287 个产品作为样本。

计算样本容量时应注意如下几个方面。

(1)运用上面的公式计算的样本容量是最低的,也是最必要的样本。

(2)在总体方差和总体比例未知时,在实际计算时往往利用有关资料代替。如果在本次抽样调查之前,曾经做过同类问题的全面调查,可用全面调查的有关数据代替;如果在正式抽样之前,组织过两次或两次以上的试验性抽样,可用试验样本中的最大方差代替;如果总体比例和样本比例都无法得知,通常用使总体比例计算的方差 $\pi(1-\pi)$ 为最大值时的比值 0.5 代替。

(3)如果进行抽样调查,同时对总体均值和比例进行区间估计,运用上述公式可分别计算出两个样本容量。一般情况下,为了同时满足两个总体参数的估计要求,应该选两个样本容量中较大的一个。

第六节　用 Excel 2016 进行区间估计

本节以例题的形式介绍用 Excel 2016 进行区间估计的方法。

【例 5-9】 表 5-8 的数据为 50 辆汽车传动系统出现故障时所行驶的实际里程数。

表 5-8　汽车传动系统出现故障时所行驶的实际里程数

77092	37609	69465	87437	42534	74090	62464	59902	39323	99641
89219	116803	92857	63436	65605	85861	64342	61978	67998	59817
101769	95774	121352	69568	74276	66998	40001	72069	25066	94098
69922	35662	74425	67202	118444	53500	79294	64544	86813	136269
39831	89431	73341	85288	138114	53402	85586	82256	87539	86798

求传动系统曾经出现过问题的汽车总体中在传动系统出现问题时所行驶里程均值在 95% 的置信水平下的置信区间。

解　用 Excel 2016 计算描述统计量的操作步骤如下。

第一步：将原始数据复制到 Excel，并将所有数据并入一列，利用有关函数分别计算平均值和标准差（步骤同第四章第四节），得到平均里程计算结果为 75722.1，标准差为 24745.73。

第二步：选择任意空白单元格（比如 E2）输入公式：" =75722.1-CONFIDENCE.NORM (0.05,24745.73,50)"，其中函数 CONFIDENCE.NORM（或者点击【插入函数】命令，在函数名菜单下找到并点击【CONFIDENCE.NORM】，得到图 5-1）的功能为返回均值的置信区间。然后再按【Enter】键，得到结果为 68863.06。

图 5-1　CONFIDENCE.NORM 函数参数

第三步：在单位格 E3 输入公式："=75722.1＋CONFIDENCE.NORM(0.05,24745.73,50)"，按【Enter】键得到结果为 82581.14。

因此，传动系统曾经出现过问题的汽车总体中在传动系统出现问题时所行驶里程均值在 95% 的置信水平下的置信区间为(68863.06,82581.14)。以上计算结果详细信息见图 5-2。

图 5-2 统计结果

练习题

一、单项选择题

1. 某地区有 1000 户居民，欲抽取其中的 5% 进行调查，以了解居民对消费者权益的认知状况，先将居民按顺序排列并分成 50 个组，每组 20 户，第一组随机抽出编号为 6 号的居民，其他各组抽中的居民编号依次为 26 号、46 号、……、986 号，这种抽样方式是(　　)。

　A. 简单随机抽样　　　　　　　B. 分层抽样
　C. 系统抽样　　　　　　　　　D. 整群抽样

2. 进行随机重复抽样，为使误差减少 25% 或 20%，抽样单位数应分别为原来的(　　)。

　A. 200% 和 150%　　　　　　　B. 2.5 倍和 2.25 倍
　C. 1.78 倍和 1.56 倍　　　　　D. 78% 和 56%

3. 在抽样调查中，要提高推断的可靠程度，必须(　　)。

　A. 缩小误差范围　　　　　　　B. 确定总体指标所在的范围
　C. 扩大误差范围　　　　　　　D. 是绝对可靠的范围

4. 对于抽样平均误差公式，不重复抽样和重复抽样相比，多了一个修正系数(　　)。

　A. $1-\dfrac{n}{N}$　　B. $\dfrac{1}{N-2}$　　C. $\dfrac{1}{N-1}$　　D. $\dfrac{n}{N}$

5. 抽样平均误差，确切地说是所有样本指标(样本平均数)的(　　)。

　A. 平均差　　B. 全距　　C. 标准差　　D. 离差系数

6. 大数定律证明，随着样本容量 n 的增加，抽样平均数 $\overline{x}$ (　　)。

A. 有远离于总体平均数 $\bar{x}$ 的趋势

B. 与总体平均数若即若离

C. 有接近于总体平均数 μ 的趋势

D. 数值是固定的

7. 样本容量越大,样本均值的抽样分布与正态分布的近似程度(　　)。

A. 越高　　　　B. 较高　　　　C. 越低　　　　D. 较低

8. 在其他条件不变的情形下,未知参数在 $1-\alpha$ 的置信水平下的置信区间与 α 的关系为(　　)。

A. α 越大,区间长度越小　　　　B. α 越大,区间长度越大

C. α 越小,区间长度越小　　　　D. α 与区间长度没有关系

9. 区间估计表明的是一个(　　)。

A. 绝对可靠的范围　　　　B. 可能的范围

C. 绝对不可靠的范围　　　　D. 不可能的范围

10. 参数估计的类型有(　　)。

A. 点估计和无偏估计　　　　B. 无偏估计和区间估计

C. 点估计和有效估计　　　　D. 点估计和区间估计

二、判断题

1. 样本中的个体数目叫作样本数量。(　　)

2. 每一样本所包含的具体样本单位不同,因而它们的样本指标也各不相同,但是它们与相应总体指标之间的离差是相同的。(　　)

3. 抽样平均误差可用于衡量样本对总体代表性程度的大小。(　　)

4. 在统计实践中,当 N 远远大于 n 时,尽管采用的是不重复抽样,也可以用重复抽样的抽样平均误差近似代替不重复抽样的抽样平均误差。(　　)

5. 由于现实中不可能将所有的样本都抽出来,所以,统计量的抽样分布实际上是一种理论分布。(　　)

6. 所有可能的样本平均数的平均数,等于总体平均数。(　　)

7. 一般而言,分层抽样的误差比纯随机抽样的误差小。(　　)

8. 抽样误差是不可避免的,但人们可以通过调整总体方差的大小来控制抽样误差的大小。(　　)

三、计算题

1. 某灯泡厂对 10000 个灯泡进行使用寿命检查,随机抽取了总体的 2% 进行测试,所得资料如表 5-9 所示。

表 5-9　灯泡使用寿命抽样情况

使用寿命(小时)	灯泡个数(个)	使用寿命(小时)	灯泡个数(个)
900 以下	4	1050～1100	80

续表

使用寿命(小时)	灯泡个数(个)	使用寿命(小时)	灯泡个数(个)
900～950	4	1100～1150	20
950～1000	11	1150～1200	7
1000～1050	71	1200 及以上	3
		合计	200

注：分组"上限不在内"。

按照质量规定，使用寿命在 1000 小时以上为合格，试根据以上资料计算抽样平均误差。

2.随机不重复抽取某产品 100 件进行质量检查，结果发现 8 件次品，试计算该产品中合格率的抽样平均误差。

3.某城市对居民的生活情况进行抽样调查。若该城市居民家庭平均生活费支出的标准差为 260 元，边际误差为 20 元，恩格尔系数为 55%，边际误差不超过 4%，在 95% 的置信水平下，分别确定该城市应抽多少户家庭进行调查？

4.某饮料自动售货机的杯装饮料灌装量服从正态分布，其标准差为 15 mL，若随机地抽查 36 杯饮料，其平均灌装量为 225 mL，试求自动售货机杯装饮料灌装量的置信水平为 95% 的置信区间。

5.设某种清漆的 9 个样品的干燥时间(以小时计)分别为：

$$6.0 \quad 5.7 \quad 5.8 \quad 6.5 \quad 7.0 \quad 6.3 \quad 6.1 \quad 5.0 \quad 5.6$$

干燥时间 $X \sim N(\mu, \sigma^2)$。试求在下列条件下，μ 的置信水平为 95% 的置信区间。

(1)若已知 $\sigma=0.6$ 小时；

(2)若 σ 未知。

实践任务

本章学习了参数估计的相关内容，我们身边是不是有用样本数据去估计总体数据的相关实例？思考一下，为什么要用样本数据去预估总体数据呢？

第六章 假设检验

> **教学目标**
> - 帮助学生理解假设检验的基本思路、小概率原理和假设检验的两类错误。
> - 帮助学生掌握不同条件下总体均值假设检验的分析计算方法。
> - 帮助学生掌握总体比例和总体方差假设检验的分析计算方法。

 / 案例分析 /

女士品茶试验

在英国剑桥一个夏日的午后,一群绅士和他们的夫人们,还有来访者正围坐在户外的桌旁,享用着下午茶。在品茶过程中,一位女士坚称:把茶加进奶里,或把奶加进茶里,不同的做法,会使茶的味道品起来不同。在场的一帮科学精英们对这位女士的"胡言乱语"嗤之以鼻。

然后,在场的统计学家费歇尔却对这个话题很感兴趣,在他的提议下,一群人开始了一场实验。他请人端来10杯调制好的茶让该女士品尝,其中有的是先加的牛奶,有的是先加的茶。结果,这位女士鉴别出了每一杯茶的制作顺序。

费歇尔认为,假设该女士没有鉴别能力,这个时候她只能靠猜,而她猜对的概率为1/2。因此,她能同时准确判断出10杯茶的概率为 $2^{-10} < 0.001$,这个概率非常小,仅仅做一次试验是几乎不可能发生的,可是,它却发生了!这表明原假设不恰当,应予以拒绝,因此,根据检验结果,可以认为该女士有鉴别能力。

品茶试验是统计学中的一个著名试验,它采用的是小概率反证法的思想,先提出假设,然后设计试验,在原假设成立的条件下计算概率,依据小概率原理来判断是否拒绝原假设。

假设检验和参数估计是推断统计的两种不同形式和组成部分,两者类似,但角度不同。两者都是利用样本信息对总体进行某种估计,但参数估计是利用样本信息推断未知的总体参数,而假设检验则是先对总体参数提出一个假设值,然后利用样本信息判断这一假设是否成立。

第一节 假设检验的基本原理

一、假设检验的基本思路

假设就是对总体参数的一种事先猜想,并将这种猜想的具体数值陈述出来,也称为统计假设。常用的总体参数包括总体均值、总体比例和总体方差等。

假设检验就是对某一总体参数先作出假设的数值,然后搜集样本资料,用这些样本资料确定假设数值与样本数值之间的差异,然后进一步判断两者差异是否显著。若两者差异很小,则假设的参数是可信的,作出"接受"的结论;若两者的差异很大,则假设的参数准确的可能性很小,作出"拒绝"的结论。

二、小概率原理

小概率原理是指概率很小的事件在一次试验中是几乎不可能发生的。在一次试验中小概率事件一旦发生,我们就有理由拒绝原假设。

这里的关键问题是小概率的标准。在假设检验中,事先规定的小概率标准称为显著性水平。显著性水平并不是一个固定不变的值。其值由研究问题的要求和性质而定,由拒绝区间可能承担的风险决定。统计上的显著性与现实生活中的显著性是不同的概念,在假设检验中设定显著性的目的是区别两组总体是否存在差异,这种差异并不是在任何条件下都能对实际生产经营和商业活动产生很大的影响。

例如,某快餐店为了提高服务效率,规定从顾客点单到出餐的时间限制为 3 分钟,则我们可以假设该快餐店平均出餐时间为 3 分钟。现在为了检查快餐店是否按规定时间出餐,随机抽取 30 位顾客的点餐服务进行检验。在符合规定的前提下,抽取的样本均值应在 3 分钟以内,超过 3 分钟则被视为该快餐店在符合规定的前提下发生的小概率事件。小概率事件可以发生,但可能性非常小,尤其是在一次随机实验中更不应该发生。假设抽取的结果表明平均出餐时间为 3.1 分钟,那么超出的 0.1 分钟是否可以仅凭偶然性这个因素来解释?是否有充足的理由(而非绝对的证明,因为数据有随机性)来否定这种解释?如果这种差异由系统性因素引起,那么这种差异就是显著的,就要否定原来的假设。如果这种差异是由随机抽样的偶然性引起的,则差异就是不显著的,就不能否定原来的假设,那么可以认为快餐店出餐时间符合规定。

三、假设检验的步骤

(一)提出假设

习惯上把对总体未知特征的看法称为假设。假设一般包括两个部分:原假设(H_0)和备择假设(H_1)。原假设是指根据已知资料或经过周密考虑后确定的,需要通过样本来推断其正确与否的命题。通常,原假设是研究者想收集证据予以反对的假设,一般用 H_0 表示。备选假设是当原假设被否定时的另一种

微阅读 6-1

成立的假设,通常是研究者想收集证据予以支持的假设,一般用 H_1 表示。H_0 与 H_1 两者是对立的,如 H_0 真实,则 H_1 不真实;如 H_0 不真实,则 H_1 为真实。

原假设的提出一般有三种方式,以总体均值(用 μ 表示)的检验为例。

(1) $H_0: \mu = \mu_0$, $H_1: \mu \neq \mu_0$。

(2) $H_0: \mu \leq \mu_0$, $H_1: \mu > \mu_0$。

(3) $H_0: \mu \geq \mu_0$, $H_1: \mu < \mu_0$。

具体采用哪种方式需要根据具体情况而定,备择假设有符号"$\neq$"的假设检验称为双侧检验或双尾检验,备择假设有符号">"或"<"的假设检验称为单侧检验或者单尾检验。单侧检验又分为左侧检验和右侧检验,备择假设有符号">"的假设检验称为右侧检验,备择假设有符号"<"的假设检验称为左侧检验。

【例 6-1】 某工厂用机器包装食盐,每袋净重量 X(单位:克)服从正态分布,规定每袋净重量为 500 克,标准差不能超过 10 克。某天开工后,为检验机器工作是否正常,从包装好的食盐中随机抽取 50 袋,测得其平均净重量为 499 克。试陈述该厂机器是否正常工作的原假设和备择假设。

解 要确认该厂机器是否正常工作,关键在于明确每包食盐的净重量是否等于 500 克,大于或小于 500 克都不正常。由于不能确定每袋重量是否为 500 克,所以需要抽样检验,如果能确定每袋重量为 500 克,就没必要检验了。设该机器包装的食盐净重量真值为 μ,则建立的原假设与备择假设如下所示。

$$H_0: \mu = 500 \text{(机器正常工作)}$$

$$H_1: \mu \neq 500 \text{(机器出现异常)}$$

【例 6-2】 某地 2017 年低收入群体的比例为 5%,在乡村振兴战略的引导下,该地居民的生活水平和人均收入有了很大的改善。为了了解 2020 年该地收入水平的变化,现抽取 500 个样本进行调查,发现该地低收入群体的比例为 2%。试陈述该调查的原假设与备择假设。

解 设该地低收入群体比例的真值为 π,显然,经过调查予以支持的假设是"2020 年该地低收入群体的比例低于 5%"。因此,可以建立的原假设与备择假设如下所示。

$$H_0: \pi \geq 5\% \text{(2020 年该地低收入群体的比例不低于 5\%)}$$

$$H_1: \pi < 5\% \text{(2020 年该地低收入群体的比例低于 5\%)}$$

尽管通过原假设与备择假设的概念就能确定两个假设的内容,但实质上它们是带有一定的主观色彩的,因为所谓的"研究者对总体参数值提出的假设"和"研究者通过检验希望支持的假设",显然最终都取决于研究者本人的意向。所以,在面对某一实际问题时,由于不同的研究者有不同的研究目的,即使对同一问题也可能提出截然相反的原假设与备择假设,这是十分正常的,也并不违背关于原假设与备择假设的最初定义。但无论怎样确定假设的形式,只要它符合研究者最终的目的,便是合理的。

(二)确定假设检验统计量及其分布

检验统计量是根据样本观测结果计算得到的,并以此为依据对原假设和备择假设作出决策。检验统计量实际上是总体参数的点估计量(如样本均值 $\bar{x}$ 就是总体均值 μ 的一个点估计量),但点估计量并不能直接作为检验的统计量,必须将其标准化,才能用于度量它与原假设的参数值之间的差异程度。标准化检验统计量反映了点估计量(如样本均值)与假设的总体参数(如假设的总体均值)相比相差多少个标准差。对于总体均值和总体比例的检验,标准化的检

验统计量可表示为

$$\text{标准化的检验统计量} = \frac{\text{点估计量} - \text{假设值}}{\text{点估计量的抽样标准差}} \qquad (6.1)$$

检验统计量是一个随机变量,随着样本观测结果的不同,它的具体数值也是不同的,但只要已知一组特定的样本观测结果,检验统计量的值也就唯一确定了。假设检验的基本原理就是根据检验统计量建立一个准则,依据这一个准则计算得到检验统计量的值,研究者就可以此为依据决定是否拒绝原假设。

(三)选择显著性水平 α 值,确定临界值

1. 假设检验的两类错误

假设检验的目的是要根据样本信息作出决策。显然,研究者总是希望作出正确的决策,但由于决策是建立在样本信息的基础之上,而样本又是随机的,因而就有可能犯错。表 6-1 列出了假设检验中可能发生的两类错误。

表 6-1 假设检验决策结果

结论	总体情况	
	H_0 为真	H_1 为真
接受 H_0	结论正确 (概率为 $1-\alpha$)	犯第二类错误(采伪) (概率为 β)
接受 H_1	犯第一类错误(拒真) (概率为 α)	结论正确 (概率为 $1-\beta$)

当 H_0 为真时,接受原假设当然是正确的,但是,当 H_0 本来是真的时候,却也有可能错误地被拒绝了,这种拒绝真实原假设的错误被称为第一类错误,它的概率就是显著性水平 α。

另一种可能犯的错误是当原假设 H_0 非真时作出接受 H_0 的选择,这种错误被称为第二类错误,可以用 β 表示犯第二类错误的概率。α 越大,就越有可能犯第一类错误,即越有可能拒绝真实的原假设。β 越大,就越有可能犯第二类错误,即越有可能接受非真实的原假设。

我们希望犯这两类错误的概率都尽可能小,但是在一定样本容量下,降低 α 会引起 β 增大,降低 β 会引起 α 增大。例如,某企业想通过新材料来改进产品的性能,如果使用新材料后产品的稳定性能达到 100,就使用新材料。经过抽样检验,当检验结果是拒绝使用,就有可能犯第一类错误,即企业错过了使用新材料改进产品的机会,很容易被竞争对手超越。反之,如果企业采用新材料改进产品,就有可能犯第二类错误,即企业新产品改进后的稳定性缺乏竞争性,而新材料成本又高,企业就会得不偿失。因此,企业的决策者有必要搞清哪类错误造成的损失较小,可能减少的成本更多。

2. 根据显著性水平确定临界值

由上述可知,假设检验中犯第一类错误的概率即为显著性水平,记为 α。显著性水平 α 应结合事物本身的特点来确定大小,在统计实践中一般有 0.1、0.5 或者 0.01 的显著性水平。给出了显著性水平,就可以根据分布形态查概率表求得临界值。一般检验的原则是:事先规定允

许犯第一类错误的概率 α，然后尽量降低犯第二类错误的概率；有了 α，再根据检验统计量的分布求出在原假设 H_0 为真时检验统计量的所有取值。我们把 H_0 为真时其统计量大于某一数值，而我们不能接受的区域称为拒绝域（又称否定域），拒绝域的端点就叫作临界值，其余的取值范围称为接受域。因为原假设 H_0 为真时，检验统计量落在拒绝域的概率很小，几乎是不可能的。如果由样本算得的检验统计量的值落在拒绝域里（包括临界值），说明在一次观察中小概率事件发生了，而这几乎是不可能的，因而判断原假设 H_0 是非真的，从而作出否定原假设 H_0 的决策。

在不同形式的假设下，H_0 的拒绝域也不同。双侧检验的拒绝域位于统计量分布的两侧；左侧检验的拒绝域位于统计量分布的左侧；右侧检验的拒绝域位于统计量分布的右侧。具体形式如图 6-1。

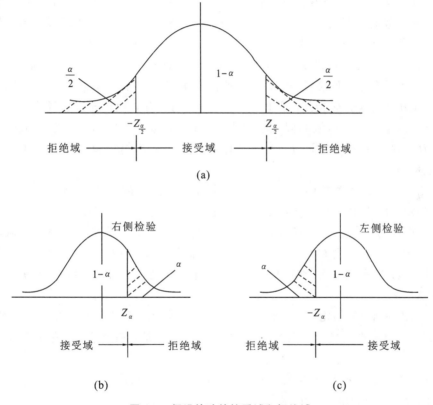

图 6-1 假设检验的接受域和拒绝域

（四）比较临界值与检验统计量的值，作出判断

根据式（6.1）计算出的检验统计量，并将其与临界值进行比较。若检验统计量的值落在拒绝域，则拒绝 H_0，接受 H_1；否则，不拒绝 H_0。利用检验统计量进行检验时的决策准则如下所示。

(1) 双侧检验：|统计量的值|＞临界值，拒绝原假设。
(2) 右侧检验：统计量的值＞临界值，拒绝原假设。
(3) 左侧检验：统计量的值＜－临界值，拒绝原假设。

四、利用 P 值进行假设检验

显著性水平 α 是在检验之前确定的,这就意味着事先确定了拒绝域。这种固定的显著性水平 α 对检验结果的可靠性起到一种度量的作用。但是,它只能提供检验结论可靠性的一个大致范围,而对于一个特定的假设检验问题,却无法说明观测数据与原假设不一致的程度。仅根据显著性水平来比较,如果选择的 α 值相同,那么所有检验结论的可靠性都一样。若要测量样本观测数据与原假设中假设的值 μ_0 的偏离程度,则需要计算 P 值。

如果原假设 H_0 为真,那么所得到的样本结果会像实际观测结果那样极端或更极端的概率称为 P 值,也称为观察到的显著性水平。P 值与原假设的对或错的概率无关,它是关于数据的概率。P 值表明在某一总体的许多样本中,某一类数据经常出现的程度。也就是说,P 值是当原假设正确时,得到所观察的数据的概率。如果原假设是正确的,那么 P 值告诉人们得到这样的观测数据是多么不可能。相当不可能得到的数据就是说明原假设不对的合理证据。如果取显著性水平为 5%,就意味着如果原假设为真,这样的数据只有 5% 的可能性会发生。P 值反映了实际观测到的数据与原假设 H_0 不一致的程度,它是一个概率值。P 值越小,说明实际观测到的数据与原假设 H_0 不一致的程度就越大,检验的结果也就越显著。

P 值还是用于确定是否拒绝原假设的一个重要工具,有效地补充了 α 提供的有关检验可靠性的信息。以单一样本均值的假设检验为例,计算 P 值。一般地,用 X 表示检验的统计量,当 H_0 为真时,可由样本数据计算出该统计量的值 C,再根据检验统计量 X 的具体分布求出 P 值,具体如下。

(1)左侧检验的 P 值为检验统计量 X 小于样本统计值 C 的概率:$P=P\{X<C\}$。

(2)右侧检验的 P 值为检验统计量 X 大于样本统计值 C 的概率:$P=P\{X>C\}$。

(3)双侧检验的 P 值为检验统计量 X 落在以样本统计值 C 为端点的尾部区域内的概率的 2 倍:$P=2P\{X>C\}$(当 C 位于分布曲线的右端时)或 $P=2P\{X<C\}$(当 C 位于分布曲线的左端时)。若 X 服从正态分布和 t 分布,其分布曲线是关于纵轴对称的,则其 P 值可表示为 $P=P\{|X|>C\}$。

在计算出 P 值后,将给定的显著性水平 α 和 P 值进行比较,就可以得出检验的结论:如果 $\alpha > P$ 值,那么在显著性水平 α 下拒绝原假设;如果 $\alpha \leqslant P$,那么在显著性水平 α 下不能拒绝原假设。

P 值可以通过查表来求得,但比较麻烦。现在多数统计软件都能够直接输出有关假设检验的主要计算结果,其中就包括 P 值。

第二节　总体均值的假设检验

通过假设检验的步骤可知,正确构造检验统计量十分重要,由于检验的参数不同,检验统计量的构造方法则有所不同。构造什么样的统计量受到总体分布状态、样本容量、总体方差是否已知这几个因素的影响。用于总体均值的检验统计量主要有 Z 和 T 统计量。根据中心极限定理可知,无论总体服从何种分布,当样本容量足够大时(一般为 $n \geqslant 30$),样本均值 $\bar{x}$ 的抽样分布近似服从正态分布,可采用 Z 统计量检验;如果样本容量小于30,则需要根据总体方差是否已知决定采用 Z 统计量还是 T 统计量。可见,样本容量的大小是构造统计量的重要因素。我们分别考察大样本和小样本情况下,假设检验的具体应用。

一、大样本总体均值的检验

根据抽样分布的知识,在大样本情况下,样本均值 $\bar{x}$ 经过标准化后即可得到检验的统计量。可以证明,样本均值经标准化后服从标准正态分布,因而采用正态分布的 Z 统计量。设假设的总体均值为 μ_0,当总体方差 σ^2 已知时,总体均值检验的统计量为

$$Z = \frac{\bar{x} - \mu_0}{\sigma/\sqrt{n}} \tag{6.2}$$

当总体方差 σ^2 未知时,可以用样本方差 s^2 来代替总体方差,此时总体均值检验的 Z 统计量为

$$Z = \frac{\bar{x} - \mu_0}{s/\sqrt{n}} \tag{6.3}$$

对于双侧检验,在给定的显著性水平 α 下,若 $|Z| > Z_{\alpha/2}$,拒绝原假设,否则不拒绝原假设;利用 P 值决策时,若 $2P < \alpha$,拒绝原假设,否则不拒绝原假设。

【例 6-3】 已知某炼铁厂的含碳量服从正态分布,均值为 4.55,方差为 0.1082,现在测定了 32 炉铁水,其平均含碳量为 4.484。如果含碳量的方差没有变化,可否认为现在生产的铁水平均含碳量仍为 4.55?($\alpha = 0.05$)

解 本题样本量 $n > 30$,总体方差 σ 已知,可用 Z 统计量来检验。此时关心的是铁水的含碳量是否符合要求,也就是 μ 是否为 4.55,因此属于双侧检验问题。可提出如下原假设和备择假设

$$H_0: \mu = 4.55$$
$$H_1: \mu \neq 4.55$$

计算检验统计量的具体数值,得

$$Z = \frac{\bar{x} - \mu_0}{\sigma/\sqrt{n}} = \frac{4.484 - 4.55}{0.1082/\sqrt{32}} = -3.451$$

已经规定的显著性水平 $\alpha = 0.05$,则 $\alpha/2 = 0.025$。在标准正态分布概率表中可以查出 Z 统计量的值。$1 - \frac{\alpha}{2} = 1 - 0.025 = 0.975$,根据表反查 0.975,相应的 $Z_{\alpha/2} = 1.96$。由于 $|Z| = 3.451 > Z_{\alpha/2} = 1.96$,所以,拒绝原假设,即证明生产的铁水含碳量已偏离了规定值 4.55。

此题中的检验也可以利用 P 值进行,具体操作将在本章第四节的 Excel 操作中进行讲解。

对于左侧检验,对于给定的显著性水平 α,若 $Z < -Z_\alpha$,拒绝原假设,否则不拒绝原假设;利用 P 值决策时,若 $P < \alpha$,拒绝原假设,否则不拒绝原假设。

【例 6-4】 有一种元件,要求其寿命不得低于 700 小时。现从一批元件中随机抽取 36 件,测得其平均寿命为 680 小时。已知该元件寿命服从正态分布,$\sigma = 60$ 小时。试在显著性水平

为 0.05 下确定这批元件是否合格。

解 根据题意，该元件的寿命不得低于 700 小时，也就是 μ 应大于或等于 700，因此属于单侧检验问题，且是左侧检验，提出如下假设。

$$H_0: \mu \geq 700$$
$$H_1: \mu < 700$$

由于本题的样本量 $n > 30$，且 $\sigma = 60$，因此，可用 Z 统计量来检验。计算检验统计量的具体数值，得

$$Z = \frac{\bar{x} - \mu_0}{\sigma / \sqrt{n}} = \frac{680 - 700}{60 / \sqrt{36}} = -2$$

已规定的显著性水平 $\alpha = 0.05$，在标准正态分布概率表中可以查出 $Z_{0.05} = 1.645$，由于 $Z = -2 < -Z_{0.05} = -1.645$，所以拒绝原假设。也就是说，这批元件的寿命低于 700 小时，检验不合格。

此题中的检验也可以利用 P 值进行，具体操作将在本章第四节的 Excel 操作中进行讲解。

对于右侧检验，对于给定的显著性水平 α，若 $Z > Z_\alpha$，拒绝原假设，否则不拒绝原假设；利用 P 值决策时，与左侧检验一样，若 $P < \alpha$，拒绝原假设，否则不拒绝原假设。

【例 6-5】 某市人口的平均寿命为 68 岁，标准差为 3 岁。随着生活水平的不断提高和社会保障体系的完善，有统计机构调查发现，近 10 年该市人口的平均寿命有所增加，现抽取容量为 200 的样本，测得人口平均寿命为 70 岁。是否可认为该市人口平均寿命有显著提高？($\alpha = 0.01$)

解 根据题意，收集证据支持"该市人口平均寿命有显著提高"的假设，即 $\mu > 68$，属于单侧检验问题，且是右侧检验。提出如下假设。

$$H_0: \mu \leq 68$$
$$H_1: \mu > 68$$

由于 $n > 30$，σ 已知，选用 Z 统计量计算。计算检验统计量的具体数值，得

$$Z = \frac{\bar{x} - \mu_0}{\sigma / \sqrt{n}} = \frac{70 - 68}{3 / \sqrt{200}} = 9.428$$

已经规定的显著性水平 $\alpha = 0.01$，由标准正态分布概率表可得对应的临界值 $Z_{0.01} = 2.33$。由于 $Z = 9.428 > Z_{0.01} = 2.33$，所以拒绝原假设，即该市人口平均寿命有显著提高；计算得 P 值为 0，小于显著性水平 $\alpha = 0.01$，同样拒绝原假设，认为该市人口平均寿命有显著提高。

二、小样本总体均值的检验方法

如果问题中样本容量不足 30，即为小样本，在小样本情况下，检验统计量的选择与总体是否服从正态分布、总体方差是否已知有着密切的联系。如果无法确定总体是否服从正态分布，可以考虑将样本容量增加到 30 以上，然后按大样本的方法进行检验。当然也可以考虑使用其他检验方法，如非参数统计符号检验法。

当已知总体服从正态分布且总体方差 σ^2 已知时，即使是在小样本情况下，检验统计量仍然服从正态分布，因而仍可以按式(6.2)给出的检验统计量对总体均值进行检验，检验的程序

与大样本时完全相同。这里着重介绍小样本情况下总体方差未知时总体均值的检验方法。

对于小样本,当总体方差 σ^2 未知时,需要用样本方差 s^2 代替总体方差 σ^2,此时式(6.2)给出的检验统计量不再服从标准正态分布,而是服从自由度为 $n-1$ 的 t 分布。因此需要采用 t 分布来检验总体均值,通常称为 T 检验。检验的统计量为

$$T=\frac{\overline{x}-\mu_0}{s/\sqrt{n}} \tag{6.4}$$

若采用临界值法决策,拒绝域分别为:双侧检验时 $|T|>t_{\alpha/2}(n-1)$;左侧检验时 $T<-t_\alpha(n-1)$;右侧检验时 $T>t_\alpha(n-1)$。采用 P 值决策时,$P<\alpha$,拒绝原假设。

【例 6-6】 假定某商店中一种商品的日销售量服从正态分布,σ 未知,根据以往经验,其销售量均值为 60 件。该商店在某一周进行了一次促销活动,其一周的销售量数据分别为 64、57、49、81、76、70、58。为测量促销是否有效,试对其进行假设检验,给出你的结论。(取 $\alpha=0.01$)

解 根据题意,商店管理者想了解促销活动是否提高了商品的日销售量,也就是 μ 是否大于 60,因此属于单侧检验问题,属右侧检验,可以提出如下假设。

$$H_0:\mu\leqslant 60$$
$$H_1:\mu>60$$

由于本题的样本量 $n<30$,且 σ 未知,因此,选用 t 统计量。由样本数据计算得:$\overline{x}=65$,$s=11.34$。

计算检验统计量的具体数值,得

$$T=\frac{\overline{x}-\mu_0}{s/\sqrt{n}}=\frac{65-60}{11.34/\sqrt{7}}=1.17$$

已经规定的显著性水平 $\alpha=0.01$,由 t 分布上 α 分位点表可得对应的临界值 $t_{0.01}(6)=3.143$,由于 $t=1.17<Z_{0.01}=3.143$,所以不拒绝原假设。在显著性水平 $\alpha=0.01$ 下,样本提供的证据还不足以推翻"促销活动无效"的说法。

此题中的检验也可以利用 P 值进行,具体操作将在本章第四节的 Excel 操作中进行讲解。

【例 6-7】 从切割机加工的一批金属中抽取 9 段,测其长度如下(单位:cm):

49.6　49.3　49.7　50.3　50.6　49.8　49.7　51.0　50.2

设金属长度服从正态分布,其标准长度为 50 cm。能否判断这台切割机加工的金属棒是合格品?($\alpha=0.05$)

解 分析题意建立如下原假设与备择假设。

$$H_0:\mu=50$$
$$H_1:\mu\neq 50$$

由样本数据计算得:$\overline{x}=50.022$,$s=0.5426$。

由于样本量 $n<30$,且 σ 未知,采用式(6.4)计算检验统计量为:

$$T=\frac{\overline{x}-\mu_0}{s/\sqrt{n}}=\frac{50.022-50}{0.5426/\sqrt{9}}=0.122$$

已经规定的显著性水平 $\alpha=0.05$,由 t 分布上 α 分位点表对应的临界值可知 $t_{0.025}(8)=2.306$,由于 $|T|=0.122<t_{0.025}(8)=2.306$,所以不拒绝原假设,即这台切割机加工的金属

棒是合格品。

此题中的检验也可以利用 P 值进行，具体操作将在本章第四节的 Excel 操作中进行讲解。

第三节　总体比例的假设检验

总体比例是指变量总体中具有某种相同特征的个体数量所占的比例，这些特征既可以是数值型的，也可以是品质型的。通常用字母 π 表示总体比例，π_0 表示对总体比例的某一假设值，p 表示样本比例。总体比例的检验与上面介绍的总体均值检验基本上是相同的，区别在于参数和检验统计量的形式不同。所以总体均值检验的整个程序都可以作为总体比例检验的参考，本节只考虑大样本情形下的总体比例检验。

与总体均值检验类似，总体比例检验的三种基本形式如下所述。

(1) 双侧检验 $H_0: \pi = \pi_0, H_1: \pi \neq \pi_0$。

(2) 左侧检验 $H_0: \pi \geq \pi_0, H_1: \pi < \pi_0$。

(3) 右侧检验 $H_0: \pi \leq \pi_0, H_1: \pi > \pi_0$。

在构造检验统计量时，我们仍然利用样本比例 p 与总体比例 π 之间的距离等于多少个标准差 σ_p 来衡量，因为在大样本情形下统计量 p 渐进服从正态分布，而统计量

$$Z = \frac{p - \pi_0}{\sqrt{\dfrac{\pi_0(1-\pi_0)}{n}}} \tag{6.5}$$

则渐进服从标准正态分布，式(6.5)就是总体比例检验的统计量。

在给定显著性水平 α 的条件下，总体比例检验的显著性水平、拒绝域和临界值可参见图 6-1。

若采用临界值法决策，拒绝域分别为：双侧检验时 $|Z| > Z_{\alpha/2}$；左侧检验时 $Z < -Z_\alpha$；右侧检验时 $Z > Z_\alpha$。采用 P 值决策时，$P < \alpha$，拒绝原假设。

【例 6-8】　某地要求城镇居民医疗保险参保率达到 95%，现抽取 600 名居民进行调查，发现有 560 名居民参加了医疗保险。请问该调查结果是否支持该地城镇居民医疗保险参保率达到 95% 的要求（$\alpha = 0.05$）。

解　要想确定该地城镇居民医疗保险参保率是否达到 95%，可提出原假设和备择假设如下。

$$H_0: \pi \geq 95\%$$
$$H_1: \pi < 95\%$$

由抽样结果计算得：$p = 560/600 = 93.3\%$。检验统计量为

$$Z = \frac{p - \pi_0}{\sqrt{\dfrac{\pi_0(1-\pi_0)}{n}}} = \frac{0.933 - 0.95}{\sqrt{\dfrac{0.95(1-0.95)}{600}}} = -1.91$$

已经规定的显著性水平 $\alpha = 0.05$，对应的临界值 $Z_{0.05} = 1.645$，$Z = -1.91 < -Z_{0.05} =$

−1.645，所以拒绝原假设，即该地城镇居民医疗保险参保率没有达到95%。

由 Excel 计算出的 P 值为 0.0281。显著性水平为 0.05，$P<\alpha$，故拒绝原假设，认为该地城镇居民医疗保险参保率没有达到95%。

关于总体比例右侧检验和双侧检验中拒绝域的建立，读者可直接参照相应的大样本情况下总体均值的检验方法，在这里不再举例。

第四节 总体方差的假设检验

假设检验的条件和内容不同，检验的统计量就不一样，在一个总体参数的检验中，除了 Z 统计量、t 统计量，还有 χ^2 统计量。χ^2 统计量主要用于方差的检验。

方差反映的是数据的稳定性和可靠性，与均值有关的指标通常也与方差有关，方差从另一个方面说明研究对象的状况。例如，一个班级专业课程的平均分反映的是班级成绩的一般水平，而分数的方差反映的是班级内部同学之间成绩的差异。对于个人成绩来说，一个学生同一门课程多次考试的平均分反映的是他这门课程成绩的一般水平，方差则反映的是他这门课程成绩的稳定性，方差越小，说明该学生的成绩越稳定。在社会经济现象中，方差也是衡量经济运行稳定性的重要参数。例如，收益率的方差就是评价投资风险的重要依据。

方差检验的程序，与均值检验、比例检验是一样的。不同的是，方差检验所使用的是 χ^2 统计量。总体方差检验的三种基本形式如下所述。

(1) 双侧检验 $H_0:\sigma^2=\sigma_0^2, H_1:\sigma^2\neq\sigma_0^2$。
(2) 左侧检验 $H_0:\sigma^2\geqslant\sigma_0^2, H_1:\sigma^2<\sigma_0^2$。
(3) 右侧检验 $H_0:\sigma^2\leqslant\sigma_0^2, H_1:\sigma^2>\sigma_0^2$。

方差检验的统计量：

$$\chi^2=\frac{(n-1)s^2}{\sigma^2} \tag{6.6}$$

方差检验的假设形式、拒绝域和 P 值决策如表 6-2 所示。

表 6-2 方差检验

假设	双侧检验	左侧检验	右侧检验
假设形式	$H_0:\sigma^2=\sigma_0^2$ $H_1:\sigma^2\neq\sigma_0^2$	$H_0:\sigma^2\geqslant\sigma_0^2$ $H_1:\sigma^2<\sigma_0^2$	$H_0:\sigma^2\leqslant\sigma_0^2$ $H_1:\sigma^2>\sigma_0^2$
拒绝域	$\chi^2>\chi^2_{\alpha/2}(n-1)$ $\chi^2<\chi^2_{1-\alpha/2}(n-1)$	$\chi^2<\chi^2_{1-\alpha}(n-1)$	$\chi^2>\chi^2_{\alpha}(n-1)$
P 值决策	$P<\alpha$，拒绝 H_0		

【例 6-9】 啤酒生产企业采用自动生产线灌装啤酒，每瓶的装填量为 640 mL，但由于受某些不可控因素的影响，每瓶的装填量会有差异。此时，不仅每瓶的平均装填量很重要，装填量

的方差同样很重要。如果方差很大,会出现装填量太多或太少的情况,导致生产企业信誉受损,消费者不满意。假定生产标准规定每瓶装填量的标准差应等于 4 mL。企业质检部门抽取了 10 瓶啤酒进行检验,得到的样本标准差为 $s=3.8$ mL。试以 0.05 的显著性水平检验装填量的标准差是否符合要求。

解 要想证明灌装啤酒的装填量的标准差是否符合要求,提出的原假设和备择假设如下。

$$H_0: \sigma^2 = 4^2$$
$$H_1: \sigma^2 \neq 4^2$$

检验统计量为

$$\chi^2 = \frac{(n-1)s^2}{\sigma^2} = \frac{(10-1) \times 3.8^2}{4^2} = 8.1225$$

已经规定的显著性水平 $\alpha=0.05$,对应的临界值 $\chi^2_{0.025}(9)=19.0228$,$\chi^2_{0.975}(9)=2.7004$,$\chi^2_{0.975}(9) < \chi^2 = 8.1225 < \chi^2_{0.025}(9)$,所以不拒绝原假设,即灌装啤酒的装填量的标准差符合要求。

【例 6-10】 某种保险丝的熔断时间服从正态分布。现从这种保险丝中抽取 10 根进行检测,其熔断时间(毫秒)为 42、65、75、78、71、57、59、54、55、68。问可否认为这批保险丝熔断时间的方差大于 64。($\alpha=0.05$)

解 设 X 为这批保险丝熔断时间,则待检验的原假设和备择假设如下。

$$H_0: \sigma^2 \geq 8^2$$
$$H_1: \sigma^2 < 8^2$$

采用 χ^2 检验法,在显著性水平 α 下,检验的拒绝域为 $\{\chi^2 < \chi^2_{1-\alpha}(n-1)\}$,则当 $\alpha=0.05$,$n=10$ 时,$\chi^2_{0.95}(9)=3.3251$,经计算 $s=11.03731$,统计量

$$\chi^2 = \frac{9 \times 11.03731^2}{8^2} = 17.13125$$

则 χ^2 值没有落入拒绝域内,故接受原假设,因而可认为这批保险丝熔断时间的方差大于 64。

第五节 用 Excel 2016 进行假设检验

本节以例题的形式介绍用 Excel 2016 软件进行假设检验的应用。

一、统计量服从正态分布的检验

【例 6-11】 根据例 6-3 相关数据,利用 Excel 2016 计算临界值及 P 值,并进一步检验铁水平均含碳量是否仍为 4.55。

解 根据给定的显著性水平 $\alpha=0.05$,采用 Excel 计算临界值需要用到【NORM.S.INV】函数,步骤如下。

第一步:进入 Excel 表格界面,直接点击【插入函数】命令。

第二步:在【或选择类别】栏中选择【统计】,并在函数名菜单下选择【NORM. S. INV】,如图 6-2 所示,然后点击【确定】,跳转到图 6-3 界面。

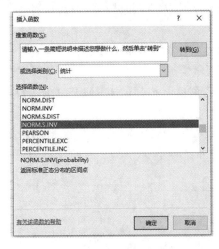

图 6-2　插入函数对话框

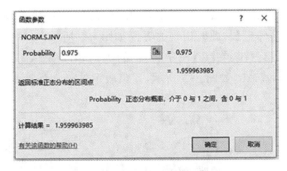

图 6-3　NORM. S. INV 函数参数对话框

第三步:由于是双侧检验,$1-\dfrac{\alpha}{2}=1-0.025=0.975$,在【Probability】中输入 0.975,得到函数值 1.96,该函数值即为临界值 $Z_{\alpha/2}=Z_{0.025}=1.96$。

由于$|Z|=3.451>Z_{\alpha/2}=1.96$,所以,拒绝原假设。即铁水平均含碳量不符合规定值 4.55。

此题中的检验也可以利用 P 值进行,具体操作步骤如下。

第一步　进入 Excel 2016 表格界面,直接点击【插入函数】命令。

第二步:在【或选择类别】栏中选择【统计】,并在函数名菜单下选择【NORM. S. DIST】,然后点击【确定】。此时出现的界面如图 6-4 所示。

图 6-4　统计量 P 值计算过程(1)

第三步:在【Z】栏中将 Z 的绝对值 3.451 录入,在【Cumulative】中输入"1",得到的函数值为 0.9997,如图 6-4 所示。该值表示的是在标准正态分布条件下 Z 值为 3.451 时的左边面积。

第四步:$Z=3.451$ 的右边和 $Z=-3.451$ 的左边的面积是一样的,所以双侧检验最后的 P 值为 $P=2\times(1-0.9997)=0.0006$。

由于 P 值为 0.0006，远小于 $\alpha = 0.05$，所以拒绝原假设，得到的结论与统计量检验结论相同。

【例 6-12】 根据例 6-4 相关数据，利用 Excel 2016 计算 P 值，并进一步检验这批元件寿命是否合格。（$\alpha = 0.05$）

解 对于例 6-4 的左侧检验，若利用 P 值进行检验，具体操作步骤如下。

第一步：进入 Excel 表格界面，直接点击【插入函数】命令。

第二步：【或选择类别】栏中选择【统计】，并在函数名菜单下选择【NORM.S.DIST】，然后点击【确定】。此时出现的界面如图 6-5 所示。

第三步：在【Z】栏中将 Z 的绝对值 2 录入，在【Cumulative】中输入"1"，得到的函数值为 0.97725，如图 6-5 所示，该值表示的是在标准正态分布条件下 Z 值为 2 时的左边面积。

图 6-5 统计量 P 值计算过程(2)

第四步：给出的分布左侧面积为 0.97725，用 1 减去该值，即为单侧检验的 P 值，即 $P = 1 - 0.97725 = 0.02275$。

由于 P 值小于给定的显著性水平 $\alpha = 0.05$，所以拒绝原假设，结论与统计量检验一致。

二、统计量服从 t 分布的检验

【例 6-13】 利用例 6-6 相关数据，利用 Excel 2016 计算 P 值，并进一步分析促销活动是否有助于商店商品日销售量的提高。

解 对于例 6-6 的右侧检验，若利用 P 值进行检验，具体操作步骤如下。

第一步：进入 Excel 表格界面，直接点击【插入函数】命令。

第二步：在【或选择类别】栏中选择【统计】，并在函数名菜单下选择【T.DIST.RT】，然后点击【确定】。

第三步：在出现的对话框中的【X】栏中输入计算出的 T 的绝对值 1.17；在【Deg_freedom】（自由度）栏中，输入本例中的自由度 6。计算得 P 值结果为 0.143184，如图 6-6 所示。由于 P 值为 0.143184，大于 0.01，所以不拒绝原假设，即没有明显证据证明促销活动无效。

【例 6-14】 利用例 6-7 相关数据，利用 Excel 2016 计算 P 值，并进一步检验这台切割机加工的金属棒是否为合格品？

解 对于例 6-7 的双侧检验，若利用 P 值进行检验，具体操作步骤如下。

第一步：进入 Excel 表格界面，直接点击【插入函数】命令。

第二步：在【或选择类别】栏中选择【统计】，并在函数名菜单下选择【T.DIST.2T】，然后点

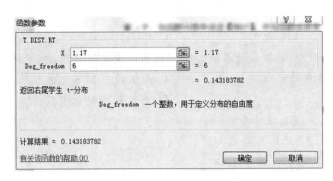

图 6-6　t 分布的 P 值计算过程(1)

击【确定】。

第三步：在出现的对话框的【X】栏中输入计算出的 T 的绝对值 0.122；在【Deg_freedom】(自由度)栏中，输入本例中的自由度 8。

计算的 P 值结果为 0.9059，如图 6-7 所示。由于 P 值为 0.9059，大于 0.05，所以不拒绝原假设，即这台切割机加工的金属棒为合格品。

图 6-7　t 分布的 P 值计算过程(2)

练习题

一、单项选择题

1.对总体参数提出某种假设，然后利用样本信息判断假设是否成立的过程称为(　　)。

A.参数估计　　　　　　　　B.双侧检验

C.单侧检验　　　　　　　　D 假设检验

2.在假设检验中，不拒绝原假设意味着(　　)。

A.原假设肯定是正确的　　　B.原假设肯定是错误的

C.没有证据证明原假设是正确的　　　D.没有证据证明原假设是错误的

3.容量为 3 升的橙汁容器上的标签表明，这种橙汁每 100 毫升的脂肪含量的均值不超过 1 克，在对标签上的说明进行检验时，建立的原假设和备择假设为 $H_0:\mu\leqslant 1;H_1:\mu>1$，该检验所犯的第一类错误是(　　)。

A.实际情况是 $\mu\geqslant 1$，检验认为 $\mu>1$　　　B.实际情况是 $\mu\leqslant 1$，检验认为 $\mu>1$

C.实际情况是 $\mu\geqslant 1$，检验认为 $\mu<1$　　　D.实际情况是 $\mu\leqslant 1$，检验认为 $\mu<1$

4.进行假设检验时，在样本量一定的条件下，犯第一类错误的概率减小，犯第二类错误的概率就会（　　）。
　　A. 减小　　　　　B. 增大　　　　　C. 不变　　　　　D. 不确定

5. 在一次假设检验中，当显著性水平 $\alpha=0.01$，原假设被拒绝时，则用 $\alpha=0.05$ 时，（　　）。
　　A. 原假设一定会被拒绝　　　　　B. 原假设一定不会被拒绝
　　C. 需要重新检验　　　　　　　　D. 有可能拒绝原假设

6. 哪种场合适用 t 检验统计量？（　　）
　　A. 样本为大样本，且总体方差已知
　　B. 样本为小样本，且总体方差已知
　　C. 样本为小样本，且总体方差未知
　　D. 样本为大样本，且总体方差未知

7. 当样本统计量的取值未落入原假设的拒绝域时，表示（　　）。
　　A. 可以放心地接受原假设
　　B. 没有充足的理由否定原假设
　　C. 没有充足的理由否定备择假设
　　D. 备择假设是错误的

8. 当备择假设为 $H_1:\mu<\mu_0$，此时的假设检验称为（　　）。
　　A. 双侧检验　　　B. 右侧检验　　　C. 左侧检验　　　D. 显著性检验

9. 一项研究表明，司机驾车时因接打电话而发生事故的比例超过 20%，用来检验这一结论的原假设和备择假设应为（　　）。
　　A. $H_0:\mu\leqslant 20\%$　　　$H_1:\mu>20\%$
　　B. $H_0:\pi=20\%$　　　$H_1:\pi\neq 20\%$
　　C. $H_0:\pi\leqslant 20\%$　　　$H_1:\pi>20\%$
　　D. $H_0:\pi\geqslant 20\%$　　　$H_1:\pi<20\%$

10. 若检验的假设为 $H_0:\mu\leqslant\mu_0$；$H_1:\mu>\mu_0$，则拒绝域为（　　）。
　　A. $Z>Z_\alpha$　　　　　　　　　B. $Z<-Z_\alpha$
　　C. $Z>Z_\alpha$ 或 $Z<-Z_\alpha$　　D. $Z>Z_\alpha$ 或 $Z<-Z_\alpha$

二、多选题

1. 统计推断的具体内容很广泛，归纳起来主要是（　　）问题。
　　A. 回归分析　　　B. 方差分析　　　C. 假设检验　　　D. 抽样分布

2. 下列关于假设检验的陈述正确的是（　　）。
　　A. 当拒绝原假设时，只能认为肯定它的根据尚不充分，而不能认为它是绝对错误的
　　B. 假设检验实质上是对原假设进行检验
　　C. 当接受原假设时，只能认为否定它的根据尚不充分，而不能认为它是绝对正确的
　　D. 假设检验实质上是对备择假设进行检验

3. 假设检验中，若拒绝原假设确，（　　）。
　　A. 检验中的 P 值小于犯第一类错误的概率
　　B. 原假设为真的概率只能是显著性水平
　　C. 备择假设以大概率为真
　　D. 说明采用了非随机抽样

4.假设检验中的原假设( )。
A.接受它的概率比拒绝它的概率大得多   B.是反映现象处于非常态的假设形式
C.也称零假设   D.是假设检验的对象
5.假设检验中,有关"第一类错误"的描述正确的是( )。
A.指"弃真错误"
B.指"取伪错误"
C.指关于原假设的错误
D.犯该错误的概率是事先确定的小概率

三、计算题

1.某厂生产的维尼伦在正常生产条件下的纤维度服从正态分布 $N(1.405,0.048)$,某日抽取 5 根纤维,测得其纤维度为 1.32、1.55、1.36、1.40、1.44。问这天生产的维尼伦的纤维度的均值有无显著变化。

2.一种镍合金线抗拉强度的均值为 10580 千克,改进工艺后从一批产品中抽取 10 根,测得抗拉强度(单位:千克)为 10512、10623、10668、10554、10776、10707、10581、10557、10666、10670,已知抗拉强度服从正态分布,问改进工艺后镍合金线的抗拉强度是否有所提高。($\alpha=0.05$)

3.已知某种化学纤维的抗拉强度服从正态分布,标准差 $\sigma_0=1.2$。改进工艺后提高了抗拉强度,要求标准差仍为 σ_0,现从改进工艺的产品中抽取 25 根纤维测其抗拉强度,计算得到的样本标准差为 $s=1.28$。问改进工艺后纤维的抗拉强度是否符合要求。($\alpha=0.05$)

4.某地区小麦的一般生产水平为亩产 250 千克。现用一种化肥进行试验,从 25 个地区进行抽样,结果显示平均产量为 270 千克,标准差为 30 千克。问这种化肥是否使小麦增产。($\alpha=0.05$)

5.一个快餐店计划一项特殊供应,以便顾客购买某种专门设计的以著名卡通人物为特色的杯装饮料,如果有 15% 的顾客会购买这种杯装饮料的话,则可以认为,可以实行这种特殊供应。在某些地方已经进行的调查显示,500 名顾客中有 88 名购买了这种杯装饮料,请通过假设检验帮助该快餐店决定是否实行这种特殊杯装饮料的供应?($\alpha=0.01$)

6.某纺织厂在正常的运转条件下,平均每台布机每小时经纱断头数为 0.973 根,各台布机经纱断头数的标准差为 0.162 根,该厂进行工艺改进,减少经纱断头数,在 200 台布机上进行试验,结果显示,平均每台布机每小时经纱断头数为 0.994 根。问新工艺能否推广。($\alpha=0.05$)

实践任务

在第一章的实践任务环节,同学们以分组形式选定了研究的课题,试想一下:所选的研究课题中是否存在假设检验关系?如果存在,假设的关系是什么?需要检验的是什么?

第七章 方差分析

> **教学目标**
> - 帮助学生了解方差分析的基本概念和相关思想。
> - 帮助学生掌握单因素方差分析的基本逻辑与分析步骤。
> - 帮助学生掌握双因素方差分析的基本逻辑与分析步骤。
> - 帮助学生掌握用 Excel 2016 进行方差分析的基本方法。

 / 案例分析 /

药品疗效的比较

新药在临床使用之前,需要先在动物身上进行试验,证明它安全有效;然后,在健康的志愿者中进行一个剂量或一个疗程的耐受试验,证明人体能够耐受,并给出临床上将来能够使用的安全剂量;最后,在患者身上进行临床试验。根据我国相关规定,新药的临床试验分为Ⅰ、Ⅱ、Ⅲ、Ⅳ四期。具体如下:

(1) Ⅰ期临床试验,即初步的临床药理学及人体安全性评价试验。该阶段的试验用于观察人体对新药的耐受程度和药物代谢情况,为制定给药方案提供依据。

(2) Ⅱ期临床试验,即随机盲法对照临床试验。该阶段的试验用于对新药的有效性及安全性作出初步评价,制定临床给药剂量建议。

(3) Ⅲ期临床试验,即扩大的多中心临床试验。该阶段的试验遵循随机对照原则,进一步评价新药的有效性与安全性。

(4) Ⅳ期临床试验,即新药上市后的监测。该阶段的试验是在新药广泛使用的条件下考察疗效和不良反应(注意罕见不良反应)。

实验设计是取得数据的有效方法。某医药机构为了比较某种新药与其他四种同类药物的疗效,将 30 个病人随机分成 5 组,每组 6 个病人,让同组的病人使用同一种药,并记录病人从用药开始到痊愈所需要的天数,如表 7-1 所示。该医药机构需要判断该新药与其他同类药物的疗效是否存在显著性差异。

表 7-1　五种药物治愈病人的天数

病人编号	新药	药物1	药物2	药物3	药物4
1	6	4	6	7	9
2	8	6	4	4	4
3	7	6	4	6	5
4	7	3	5	6	7
5	10	5	2	3	7
6	8	6	3	5	6

方差分析是在20世纪20年代发展起来的一种统计分析方法，是由英国统计学家费希尔在设计实验时为解释实验数据首先引入的。目前，方差分析已被广泛应用于分析心理学、生物学、工程学、医学等。方差分析是一种特殊的假设检验，用来判断多组数据之间平均数的差异是否显著。在分析一个或多个自变量与一个因变量之间的关系时，方差分析就是主要方法之一。

第一节　方差分析概述

方差分析通过检验各总体的均值是否相等来判断分类型自变量对数值型因变量是否有显著影响。从名称上看，方差分析似乎应该是对方差进行分析。但实际上，就其内容而言，方差分析是分析或检验总体之间的均值是否不同，而不是方差是否不同。这与第六章假设检验所涉及的均值检验、方差检验不同。但就其检验所用的方法或手段来看，方差分析是通过方差来进行的。学习方差分析之初必须明确这一点。

与第六章假设检验方法相比，方差分析不但可以提高检验的效率，而且由于它将所有的样本信息结合在一起，因此也增加了分析的可靠性。例如，设3个总体的均值分别为 μ_1, μ_2, μ_3。如果采用第六章中的 Z 检验，一次只能研究两个样本，而要检验3个总体的均值是否等，就需要做3次检验。检验1：$\mu_1 = \mu_2$；检验2：$\mu_1 = \mu_3$；检验3：$\mu_2 = \mu_3$。显然，这样的检验十分烦琐，还会大大增加犯第一类错误的概率。若 H_0 正确，每次检验犯第一类错误的概率都是 $\alpha = 0.05$；检验完成时，即连续做3次检验犯第一类错误的概率为 $1-(1-\alpha)^3 = 0.1426$，置信水平则会降低到 $(1-\alpha)^3 = 0.8574$。随着待检验的总体个数不断增加，全部比较下来犯第一类错误的概率将会很大，这显然是不能接受的。方差分析则是把所有样本数据放在一起进行一次比较，由此可对各组之间是否有显著差异作出判断。若没有显著差异，则认为它们都是相同的；若发现有显著差异，则再进一步比较是哪组样本数据与其他数据不同。这样就避免了犯第一类错误概率大大增加的问题。

一、方差分析的有关概念

下面先通过一个例子来说明方差分析的有关概念及其所要解决的问题。

【例 7-1】 某机构抽取 16 家企业作为改革方案的试点单位,并为 4 种改革方案分别分 4 家企业开展试行工作。不同改革方案在各企业中带来的工人收入增加值如表 7-2 所示。

表 7-2　工人收入增加值情况

改革方案	方案 1	方案 2	方案 3	方案 4
工人收入增加值	415	303	148	415
	258	461	431	413
	146	452	282	151
	454	200	453	290

一般而言,工人收入增加值越高,改革方案效果越好。要分析这四种改革方案的效果是否存在显著差异,实际上就是要判断改革方案对工人收入增加值是否有显著影响,而作出这种判断最终可归纳为检验这四种改革方案所带来的工人收入增加值的均值是否相等。如它们的均值相等,就意味着改革方案对工人收入增加值是没有影响的,即这四种改革方案的效果没有显著差异;如果均值不全相等,就意味着改革方案对工人收入增加值是有影响的,表明这四种改革方案的效果有显著差异。

(一) 因素

在方差分析中,所要检验的对象称为因素。在例 7-1 中,"改革方案"是所要检验的对象,即因素或因子。

(二) 水平

因素的不同表现或取值称为水平或处理。在例 7-1 中,"方案 1""方案 2""方案 3""方案 4"是"改革方案"这一因素的具体表现,即水平。

(三) 观测值

每个因素水平下得到的样本数据称为观测值。在例 7-1 中,每一种改革方案在各个企业中所带来的"工人收入增加值"就是观测值。例 7-1 只涉及"改革方案"一个因素,因此对其进行的方差分析称为单因素方差分析。因素的每一个水平可以看作一个总体,如"方案 1""方案 2""方案 3""方案 4"可以看作从总体表 7-2 中抽取的样本数据。

单因素方差分析涉及两个变量:一个是分类型自变量,另一个是数值型因变量。在例 7-1 中,要研究改革方案对工人收入增加值是否有影响,这里的"改革方案"就是一个分类型自变量。"方案 1""方案 2""方案 3""方案 4"是这一自变量的具体取值。"工人收入增加值"是一个数值型因变量。

二、方差分析的基本思想

方差分析是通过对数据误差来源的分析来判断不同总体的均值是否相等,从而得出自变量对因变量是否有显著影响的结论。因此,人们在进行方差分析时,需要考察数据的误差来源。在例 7-1 中,要检验的问题是改革方案是否对工人收入增加值有显著影响,即检验原假设 $H_0:\mu_1=\mu_2=\mu_3=\mu_4$ 是否为真。仅从数值上观察,μ_1、μ_2、μ_3、μ_4 并不相等,即"方案1""方案2""方案3""方案4"所带来的工人收入增加值明显不同。然而,并不能简单地根据这种第一印象来否定原假设,因为 μ_1、μ_2、μ_3、μ_4 之间的差异可能是由多种因素造成的。例如各改革方案的实际效果,各企业在试行改革方案过程中的执行水平,各企业工人对管理层的信任度等都会影响工人收入增加值。μ_1、μ_2、μ_3、μ_4 之间的总体差异(水平之间的差异)被称为组间误差。组间误差受两类因素的影响:一类是系统性因素(各改革方案之间确实存在不同的效果);另一类是随机性因素(如各企业在试行改革方案过程中的执行水平,各企业工人对管理层的信任度等)。

从表 7-2 可以看到,对于同一个改革方案,在试行的 4 个企业中的工人收入增加值也不相同。这种水平内部的差异被称为组内误差。显然,组内误差完全是由试验过程中的随机性因素造成的,且只包含随机误差。

如果因素的不同水平对结果没有影响,即各改革方案对工人收入增加值没有影响,那么在组间误差中就只有随机误差,而没有系统误差。这时,组间误差与组内误差经过平均后的数值就应该很接近,它们的比值就会接近 1。反之,如果因素的不同水平对结果有显著影响,即各改革方案对工人收入增加值有显著的影响,那么在组间误差中除包含随机误差外还会包含系统误差。这时,组间误差平均后的数值就会大于组内误差平均后的数值,它们之间的比值就会大于 1。当这一比值达到某种程度时,就可以说因素的不同水平之间存在显著差异,也就是自变量对因变量存在影响。因此,判断改革方案对工人收入增加值是否有显著影响,实际上也就是检验工人收入增加值的差异主要是由什么原因引起的。如果这种差异主要是系统误差,就认为不同方案对工人收入增加值有显著影响。在方差分析的假设前提下,方差分析其实就是检验 4 个方案下工人收入增加值的均值是否相等。

三、方差分析的基本假设

假设1:每个总体都应服从正态分布。也就是说,对于因素的每一个水平,其观测值来自正态分布总体的简单随机样本。比如,在例 7-1 中,每个方案的工人收入增加值必须服从正态分布。

假设2:各个总体的方差必须相同。也就是说,各组观测值是从具有相同方差的正态分布的总体中抽取的。比如,在例 7-1 中,每个方案的工人收入增加值的方差都相同。

假设3:观测值是独立的。比如,在例 7-1 中,每个企业的工人收入增加值都是独立的。

四、方差分析中假设的一般提法

设因素有 k 个水平,每个水平的均值分别用 $\mu_1,\mu_2,\mu_3,\cdots,\mu_k$ 表示,要检验各水平(总体)的均值是否相等,需要提出以下假设。

$H_0:\mu_1=\mu_2=\mu_3=\cdots=\mu_k$(自变量对因变量没有显著影响)。

$H_1:\mu_1,\mu_2,\mu_3,\cdots,\mu_k$ 不完全相等(自变量对因变量有显著影响)。

比如,在例 7-1 中,设"方案 1"至"方案 4"所带来的工人收入增加值的均值分别为 μ_1、μ_2、μ_3、μ_4,为检验改革方案对工人收入增加值是否有影响,需要提出以下假设。

$H_0:\mu_1=\mu_2=\mu_3=\mu_4$(不同改革方案对工人收入增加值没有显著影响)。

$H_1:\mu_1,\mu_2,\mu_3,\mu_4$ 不完全相等(不同改革方案对工人收入增加值有显著影响)。

第二节 单因素方差分析

一、单因素方差分析的数据结构

调查人员在进行单因素方差分析时,需要用到的数据结构如表 7-3 所示。

表 7-3 单因素方差分析数据结构

观测值 j	因素的水平				
	A_1	A_2	A_3	…	A_k
1	x_{11}	x_{21}	x_{31}	…	x_{k1}
2	x_{12}	x_{22}	x_{32}	…	x_{k2}
3	x_{13}	x_{23}	x_{33}	…	x_{k3}
…	…	…	…	…	…
n	x_{1n}	x_{2n}	x_{3n}	…	x_{kn}

为叙述方便,在单因素方差分析中,用 A 表示因素,因素的 k 个水平(总体)分别用 A_1,A_2,A_3,…,A_k 表示,每个观测值用 $x_{ij}(i=1,2,3,…,k;j=1,2,3,…,n)$ 表示,即 x_{ij} 表示第 i 个水平(总体)的第 j 个观测值。比如,x_{32} 表示第 3 个水平的第 2 个观测值。其中,从不同水平中抽取的样本容量既可以相等,也可以不等。

二、单因素方差分析的分析步骤

为检验自变量对因变量是否有显著影响,首先要提出"两个变量在总体中没有关系"的原假设,然后构造一个检验统计量来检验这一假设是否成立。方差分析的具体步骤如下。

(一)提出原假设和备择假设

微视频 7-1

$H_0:\mu_1=\mu_2=\mu_3=…=\mu_k$(自变量对因变量没有显著影响)。

$H_1:\mu_1,\mu_2,\mu_3,…,\mu_k$ 不完全相等(自变量对因变量有显著影响)。

若不拒绝原假设 H_0,则不能认为自变量对因变量有显著影响,即不能认为自变量与因变量之间有显著关系;若拒绝原假设,则意味着自变量对因变量有显著影响,即自变量与因变量之间有显著关系。

值得注意的是,拒绝原假设 H_0 只表明至少有两个水平(总体)的均值不相等,并不意味着所有的均值都不相等。

(二)计算检验统计量

1. 计算因素各水平(总体)的均值

假设从第 i 个水平(总体)中抽取一个容量为 n_i 的简单随机样本,令 $\overline{x}_i$ 为第 i 个水平(总体)的样本均值,则有

$$\overline{x}_i = \frac{\sum_{j=1}^{n_i} x_{ij}}{n_i} \quad (i=1,2,3,\cdots,k)$$

式中　n_i——第 i 个水平(总体)的样本观测值个数;

　　　x_{ij}——第 i 个水平(总体)的第 j 个观测值。

2. 计算全部观测值的总均值

全部观测值的总均值是全部观测值的总和除以观测值的总个数。令总均值为 $\overline{\overline{x}}$,则有

$$\overline{\overline{x}} = \frac{\sum_{i=1}^{k}\sum_{j=1}^{n_i} x_{ij}}{n} = \frac{\sum_{i=1}^{k} n_i \overline{x}_i}{n}$$

其中

$$n = n_1 + n_2 + n_3 + \cdots + n_k$$

3. 计算误差平方和

为构造检验的统计量,分析人员在方差分析中需要计算三个误差平方和。它们分别是总离差平方和、水平项误差平方和与误差项误差平方和。

(1)总离差平方和(sum of squares for total,SST)。它是全部观测值与总均值的误差平方和,反映了全部观测值的离散状况。其计算公式如下

$$\text{SST} = \sum_{i=1}^{k}\sum_{j=1}^{n_i} (x_{ij} - \overline{\overline{x}})^2$$

(2)水平项误差平方和(sum of squares for factor A,SSA)。水平项误差平方和也称组间平方和,是各组均值与总均值的离差平方和,反映了各水平(总体)的样本均值之间的差异程度。其计算公式如下

$$\text{SSA} = \sum_{i=1}^{k}\sum_{j=1}^{n_i} (\overline{x}_{ij} - \overline{\overline{x}})^2 = \sum_{i=1}^{k} n_i (\overline{x}_i - \overline{\overline{x}})^2$$

(3)误差项误差平方和(sum of squares for error,SSE)。误差项误差平方和也称组内平方和,是每个水平或组的各样本数据与其组均值误差的平方和,反映了每个样本各观测值的离散状况。其计算公式如下

$$\text{SSE} = \sum_{i=1}^{k}\sum_{j=1}^{n_i} (x_{ij} - \overline{x}_{ij})^2$$

SST、SSE 和 SSA 之间的关系可用等式表示如下

$$\text{SST} = \text{SSE} + \text{SSA}$$

具体推导过程如下

$$\sum_{i=1}^{k}\sum_{j=1}^{n_i}(x_{ij}-\overline{\overline{x}})^2 = \sum_{i=1}^{k}\sum_{j=1}^{n_i}(x_{ij}-\overline{x}_{ij}+\overline{x}_{ij}-\overline{\overline{x}})^2$$

$$= \sum_{i=1}^{k}\sum_{j=1}^{n_i}(x_{ij}-\overline{x}_{ij})^2 + \sum_{i=1}^{k}\sum_{j=1}^{n_i}(\overline{x}_{ij}-\overline{\overline{x}})^2$$

$$+ 2\sum_{i=1}^{k}\sum_{j=1}^{n_i}(x_{ij}-\overline{x}_{ij})(\overline{x}_{ij}-\overline{\overline{x}})$$

经证明可知，$\sum_{i=1}^{k}\sum_{j=1}^{n_i}(x_{ij}-\overline{x}_{ij})(\overline{x}_{ij}-\overline{\overline{x}})=0$。

4. 计算均方

各误差平方和的大小与观测值的多少有关。为了消除观测值多少对误差平方和大小的影响，分析人员需要将其平均。平均后的结果被称为均方，即用各平方和除以它们所对应的自由度。

SST 的自由度为 $n-1$，其中 n 为全部观测值的个数；SSE 的自由度为 $n-k$，其中 k 为水平（总体）的个数；SSA 的自由度为 $k-1$。由于这里主要是比较组间均方和组内均方之间的差异，故通常只计算 SSA 的均方和 SSE 的均方。

SSA 的均方（组间均方）记为 MSA，计算公式如下

$$\text{MSA} = \frac{\text{SSA}}{k-1}$$

SSE 的均方（组内均方）记为 MSE，计算公式如下

$$\text{MSE} = \frac{\text{SSE}}{n-k}$$

5. 得出检验统计量

检验统计量如下

$$F = \frac{\dfrac{\text{SSA}}{k-1}}{\dfrac{\text{SSE}}{n-k}} \sim F(k-1, n-k)$$

(三) 作出决策

在计算出检验统计量后，分析人员应将统计量的 F 值与给定的显著性水平 α 的临界值 $F_\alpha(k-1, n-k)$ 进行比较，从而作出对原假设 H_0 的决策。若 $F > F_\alpha(k-1, n-k)$，则拒绝 H_0，即 $H_0: \mu_1 = \mu_2 = \mu_3 = \cdots = \mu_k$ 不成立，表明各个水平（总体）均值之间存在显著性差异；若 $F < F_\alpha(k-1, n-k)$，则不能拒绝 H_0，即没有证据表明各个水平（总体）均值之间存在显著性差异。

(四) 编制方差分析表

为了使计算过程更加清晰，分析人员通常将上述计算过程列在一张表内。这张表就是方差分析表。其一般形式如表 7-4 所示。

表 7-4 方差分析表

误差来源	离差平方和	自由度 d_f	均方 MS	F 值
组间(因素影响)	SSA	$k-1$	MSA	MSA/MSE
组内(随机影响)	SSE	$n-k$	MSE	
总和	SST	$n-1$		

根据以上步骤,下面对例 7-1 中的数据进行方差分析。

第一步,提出原假设和备择假设。

$H_0: \mu_1 = \mu_2 = \mu_3 = \cdots = \mu_k$(不同改革方案对工人收入增加值没有显著影响)。

$H_1: \mu_1, \mu_2, \mu_3, \cdots, \mu_k$ 不完全相等(不同改革方案对工人收入增加值有显著影响)。

第二步,计算检验统计量。

(1)计算全部观测值的总均值。方案 1、方案 2、方案 3、方案 4 的样本均值分别计算如下。

$$\overline{x}_1 = \frac{415+258+146+454}{4} = 318.25(元)$$

$$\overline{x}_2 = \frac{303+461+452+200}{4} = 354.00(元)$$

$$\overline{x}_3 = \frac{148+431+282+453}{4} = 328.50(元)$$

$$\overline{x}_4 = \frac{415+413+151+290}{4} = 317.25(元)$$

(2)计算总均值。

$$\overline{\overline{x}} = \frac{\sum_{i=1}^{k} n_i \overline{x}_i}{n} = \frac{4 \times 318.25 + 4 \times 354 + 4 \times 328.5 + 4 \times 317.25}{4+4+4+4} = \frac{5272}{16} = 329.5(元)$$

(3)计算误差平方和。

$$\text{SSA} = \sum_{i=1}^{k} n_i (\overline{x}_{ij} - \overline{\overline{x}})^2$$
$$= 4 \times (318.25 - 329.5)^2 + 4 \times (354 - 329.5)^2 + 4 \times (328.5 - 329.5)^2 + 4 \times (317.25 - 329.5)^2$$
$$= 3511.5$$

$$\text{SSE} = \sum_{i=1}^{k} \sum_{j=1}^{n_i} (x_{ij} - \overline{x}_{ij})^2$$
$$= (415 - 318.25)^2 + \cdots + (454 - 318.25)^2 + (303 - 354)^2$$
$$+ \cdots + (200 - 354)^2 + (148 - 328.5)^2 + \cdots + (453 - 328.5)^2 + (415 - 317.25)^2$$
$$+ \cdots + (290 - 317.25)^2 = 216312.5$$

(4)计算均方。

$$\text{MSA} = \frac{\text{SSA}}{k-1} = \frac{3511.5}{4-1} = 1170.5$$

$$\text{MSE} = \frac{\text{SSE}}{n-k} = \frac{216312.5}{16-4} = 18026.04$$

第三步，作出统计决策。给定显著性水平 $\alpha=0.05$，此时临界值 $F_{0.05}(3,12)=3.49$，因为 $F<F_{0.05}(3,12)$，故不能拒绝 H_0，即没有证据表明各个总体均值之间存在显著性差异，由此认为，不同改革方案对工人收入增加值没有显著影响。

第四步，编制方差分析表。根据上述计算结果编制方差分析表，如表 7-5 所示。

表 7-5　方差分析表（不同改革方案对工人收入增加值的影响）

误差来源	离差平方和	自由度 d_f	均方 MS	F 值
组间（因素影响）	3511.5	3	1170.5	0.0649
组内（随机影响）	216312.5	12	18026.04	
总和	219824	15		

三、方差分析中的多重比较

方差分析可以对多个均值是否相等的问题同时进行检验，这是这种方法的优点。若拒绝原假设 H_0，则表示有显著差异，即至少有一个总体（水平）的均值有显著差异。但是，具体是哪一个或哪几个均值与其他均值显著不同，或者哪几个均值仍然可以认为是相等的，方差分析并不能给出答案。这就需要通过对各总体（水平）均值配对比较来进一步检验哪些总体（水平）均值之间存在差异。这种方法就是多重比较方法。多重比较方法有很多，如费希尔的最小显著差异法。

最小显著差异法（least significant difference，LSD）是最早用于检验所有总体（水平）均值之间两两相等假设的方法。其实质是两个平均数相比较的 t 检验法。检验的方法是首先根据给定的显著性水平 α 计算出达到显著差异的最小差数，并将其记为 LSD，然后用两个平均数的差与 LSD 进行比较。若 $|\overline{x}_i - \overline{x}_j| > \text{LSD}$，则表示在给定的 α 水平下差异显著；反之，则差异不显著。

使用该方法进行检验的具体步骤如下。

第一步，提出假设 $H_0: \mu_i = \mu_j$；$H_0: \mu_i \neq \mu_j$。

第二步，计算检验统计量：$\overline{x}_i - \overline{x}_j$。

第三步，计算 LSD。其计算公式如下

$$\text{LSD} = t_{\frac{\alpha}{2}} \sqrt{\text{MSE}\left(\frac{1}{n_i} + \frac{1}{n_j}\right)}$$

式中　$t_{\frac{\alpha}{2}}$——t 分布的临界值；

　　　k——因素中水平的个数；

　　　$n-k$——自由度；

　　　MSE——组内方差（组内均方）；

　　　n_i、n_j——分别是第 i 个样本和第 j 个样本的样本容量。

第四步，根据显著性水平 α 作出决策。若 $|\overline{x}_i - \overline{x}_j| > \text{LSD}$，则拒绝 H_0；若 $|\overline{x}_i - \overline{x}_j| \leqslant \text{LSD}$，则不拒绝 H_0。

【例 7-2】 根据表 7-6 的数据分析三种广告宣传方式是否存在显著的差异。如果有显著差异,试以 $\alpha=0.05$ 的显著性水平对三种广告类型的均值进行多重比较。

表 7-6 三种广告宣传方式的销售量

广告类型	电视广告	网络广告	报纸杂志广告
销售量	22	22	25
	21	25	29
	26	24	28
	23	25	30

利用 Excel 可以方便地得到相应的方差分析表,如图 7-1 所示。

方差分析:单因素方差分析

SUMMARY

组	观测数	求和	平均	方差
列 1	4	92	23	4.666667
列 2	4	96	24	2
列 3	4	112	28	4.666667

方差分析

差异源	SS	df	MS	F	P-value	F crit
组间	56	2	28	7.411765	0.012519	4.256495
组内	34	9	3.777778			
总计	90	11				

图 7-1 方差分析

由图 7-1 可知,三种不同类型的广告对销售量有显著的影响。下面进一步通过最小显著差异法对三种广告类型的均值进行多重比较。

第一步,提出假设。

检验 1 为 $H_0:\mu_1=\mu_2;H_1:\mu_1\neq\mu_2$。

检验 2 为 $H_0:\mu_1=\mu_3;H_1:\mu_1\neq\mu_3$。

检验 3 为 $H_0:\mu_2=\mu_3;H_1:\mu_2\neq\mu_3$。

第二步,计算检验统计量。

$|\bar{x}_1-\bar{x}_2|=|23-24|=1$;

$|\bar{x}_1-\bar{x}_3|=|23-28|=5$;

$|\bar{x}_2-\bar{x}_3|=|24-28|=4$。

第三步,计算 LSD。根据图 7-1 可知,MSE=3.7778。根据自由度 $n-k=12-3=9$,查 t 分布表得 $t_{\frac{\alpha}{2}}(n-k)=t_{0.025}(12-3)=2.2622$。那么,LSD 计算如下

$$\text{LSD}_1=\text{LSD}_2=\text{LSD}_3=2.2622\times\sqrt{3.7778\times\left(\frac{1}{4}+\frac{1}{4}\right)}=3.1091。$$

第四步,作出决策。

$|\overline{x}_1-\overline{x}_2|<\mathrm{LSD}_1$,故不拒绝 H_0,不能认为电视广告与网络广告之间有显著差异。

$|\overline{x}_1-\overline{x}_3|>\mathrm{LSD}_2$,故拒绝 H_0,可以认为电视广告与报纸杂志广告之间有显著差异。

$|\overline{x}_2-\overline{x}_3|>\mathrm{LSD}_3$,故拒绝 H_0,可以认为网络广告与报纸杂志广告之间有显著差异。

第三节 双因素方差分析

单因素方差分析只考虑一个分类型自变量对数值型因变量的影响,而在实际工作中,人们常常会遇到两个因素同时影响试验结果的情况。这就需要检验究竟是一个因素在起作用,还是两个因素都在起作用,或者两个因素的影响都不显著。双因素方差分析就能回答这些问题。

双因素方差分析有两种类型:一种是无交互作用的双因素方差分析,假设因素 A 和因素 B 对因变量的影响是相互独立的,不存在相互关系;另一种是有交互作用的方差分析,假设因素 A 和因素 B 的结合会产生一种新的影响效应,即两个因素之间不相互独立。

一、无交互作用的双因素方差分析

(一)无交互作用双因素方差分析的数据结构

假设两个因素分别为 A、B;因素 A 有 r 个不同水平,分别为 $A_1,A_2,A_3,\cdots,A_r$,B 因素有 k 个不同水平,分别为 $B_1,B_2,B_3,\cdots,B_k$。那么,无交互作用的双因素方差分析的数据结构如表 7-7 所示。

表 7-7 无交互作用的双因素方差分析的数据结构

因素 B (行因素)	因素 A(列因素)					平均值 $\overline{x}_{i.}$
	A_1	A_2	A_3	$\cdots$	A_r	
B_1	x_{11}	x_{12}	x_{13}	$\cdots$	x_{1r}	$\overline{x}_{1.}$
B_2	x_{21}	x_{22}	x_{23}	$\cdots$	x_{2r}	$\overline{x}_{2.}$
B_3	x_{31}	x_{32}	x_{33}	$\cdots$	x_{3r}	$\overline{x}_{3.}$
$\cdots$	$\cdots$	$\cdots$	$\cdots$	$\cdots$	$\cdots$	$\cdots$
B_k	x_{k1}	x_{k2}	x_{k3}	$\cdots$	x_{kr}	$\overline{x}_{k.}$
平均值 $\overline{x}_{.j}$	$\overline{x}_{.1}$	$\overline{x}_{.2}$	$\overline{x}_{.3}$	$\cdots$	$\overline{x}_{.r}$	$\overline{\overline{x}}$

表 7-7 中的 $\overline{x}_{i.}$、$\overline{x}_{.j}$ 的计算公式如下。

$$\overline{x}_{i.}=\frac{1}{r}\sum_{j=1}^{r}x_{ij}(i=1,2,3,\cdots,k)$$

$$\overline{x}_{.j}=\frac{1}{k}\sum_{i=1}^{k}x_{ij}(j=1,2,3,\cdots,r)$$

因素 A 共有 r 个水平,因素 B 共有 k 个水平。每一个观测值 $x_{ij}(i=1,2,3,\cdots,k;j=1,2,3,\cdots,r)$ 被视为从由因素 A 的 r 个水平和因素 B 的 k 个水平所组合的 kr 个总体中抽取的样本容量为1的独立随机样本。双因素方差分析中的基本假设是这kr个总体中的每一个总体都服从正态分布且有相同的方差。

(二)无交互作用双因素方差分析的步骤

1. 提出原假设和备择假设

无交互作用的双因素方差分析是为了检验因素A、B分别对试验结果是否有影响的问题。其假设检验与单因素方差分析的原理相同,但需要有两组原假设和备择假设。

(1)对因素A的原假设和备择假设。

$H_0: \mu_1 = \mu_2 = \mu_3 = \cdots = \mu_r$(因素$A$各水平的均值之间没有显著差别,即因素$A$对因变量没有显著影响)。

$H_1: \mu_1, \mu_2, \mu_3, \cdots, \mu_r$ 不完全相等(因素A各水平的均值之间有显著差别,即因素A对因变量有显著影响)。

(2)对因素B的原假设和备择假设。

$H_0: \mu_1 = \mu_2 = \mu_3 = \cdots = \mu_k$(因素$B$各水平的均值之间没有显著差别,即因素$B$对因变量没有显著影响)。

$H_1: \mu_1, \mu_2, \mu_3, \cdots, \mu_k$ 不完全相等(因素B各水平的均值之间有显著差别,即因素B对因变量有显著影响)。

2. 计算检验统计量

在双因素方差分析中,人们需要将总离差平方和SST分解成三部分,即SSA、SSB和SSE,以分别反映因素A、因素B和除因素A与因素B以外的剩余因素产生的误差平方和。它们的计算公式分别如下

$$\text{SST} = \sum_{i=1}^{k} \sum_{j=1}^{r} (x_{ij} - \overline{\overline{x}})^2$$

$$\text{SSA} = \sum_{i=1}^{k} \sum_{j=1}^{r} (\overline{x}_{.j} - \overline{\overline{x}})^2 = k \sum_{j=1}^{r} (\overline{x}_{.j} - \overline{\overline{x}})^2$$

$$\text{SSB} = \sum_{i=1}^{k} \sum_{j=1}^{r} (\overline{x}_{i.} - \overline{\overline{x}})^2 = r \sum_{i=1}^{k} (\overline{x}_{i.} - \overline{\overline{x}})^2$$

$$\text{SSE} = \sum_{i=1}^{k} \sum_{j=1}^{r} (x_{ij} - \overline{x}_{i.} - \overline{x}_{.j} + \overline{\overline{x}})^2$$

上述各误差平方和的关系用等式表示为

$$\text{SST} = \text{SSA} + \text{SSB} + \text{SSE}$$

SST的自由度为$rk-1$,即$n-1$;SSA的自由度为$r-1$;SSB的自由度为$k-1$;SSE的自由度为$(r-1)(k-1)$。SST、SSA、SSB、SSE的自由度之间有以下关系

$$n - 1 = (r-1) + (k-1) + (r-1)(k-1)$$

根据误差平方和与自由度可以计算出因素A的均方MSA、因素B的均方MSB和随机误差项的均方MSE。其计算公式分别为

$$\text{MSA} = \frac{\text{SSA}}{r-1}$$

$$\text{MSB} = \frac{\text{SSB}}{k-1}$$

$$\mathrm{MSE} = \frac{\mathrm{SSE}}{(r-1)(k-1)}$$

为检验因素 A 对因变量的影响是否显著,可以采用下面的统计量

$$F_A = \frac{\mathrm{MSA}}{\mathrm{MSE}} \sim F[r-1,(r-1)(k-1)]$$

为检验因素 B 对因变量的影响是否显著,可以采用下面的统计量

$$F_B = \frac{\mathrm{MSB}}{\mathrm{MSE}} \sim F[k-1,(r-1)(k-1)]$$

用方差分析表来表示以上计算结果,如表 7-8 所示。

表 7-8　无交互作用的双因素方差分析表

方差来源	离差平方和	自由度 d_f	均方 MS	F 值
A 因素	SSA	$r-1$	MSA=SSA/$(r-1)$	F_A=MSA/MSE
B 因素	SSB	$k-1$	MSB=SSB/$(k-1)$	F_B=MSB/MSE
误差	SSE	$(r-1)(k-1)$	MSE=SSE/$[(r-1)(k-1)]$	
总和	SST	$n-1$		

3. 作出统计决策

在计算出检验统计量后,分析人员根据给定的显著性水平 α 和两个自由度,查 F 分布表得到相应的临界值 F_α,然后将 F_A,F_B 与 F_α 进行比较。若 $F_A > F_\alpha$,则拒绝原假设 H_0,表明 $\mu_1, \mu_2, \mu_3, \cdots, \mu_r$ 之间的差异是显著的,即所检验的因素 A 对观测值有显著影响;若 $F_B > F_\alpha$ 时,则拒绝原假设 H_0,表明 $\mu_1, \mu_2, \mu_3, \cdots, \mu_r$ 之间的差异是显著的,即所检验的因素 B 对观测值有显著影响。

由于无交互作用双因素方差分析的计算比较复杂,可利用 Excel 进行方差分析计算。

二、有交互作用的双因素方差分析

在无交互作用的双因素方差分析中,假设两个因素对因变量的影响是独立的,而在现实生活中,A、B 两个因素往往不是独立的,是相互作用的。两个因素作用的结果不是两个因素个别作用的简单相加。例如,耕地深度和施肥量都会影响产量。如果深耕且施肥适当,就可能使产量成倍增加。这时,耕地深度和施肥量就存在交互作用。如果要判断交互作用是否显著,就要采用有交互作用的双因素方差分析法。

（一）有交互作用双因素方差分析的数据结构

假设两个因素分别为 A、B。A 因素有 r 个不同水平,分别为 $A_1, A_2, A_3, \cdots, A_r$;$B$ 因素有 k 个不同水平,分别为 $B_1, B_2, B_3, \cdots, B_k$。在有交互作用的双因素方差分析中,为了对 A、B 两个因素的交互作用进行分析,人们需要对两个因素各水平的组合进行若干次重复的观察。假设对每个水平组合 A_i、B_i 重复 t 次试验,每次试验结果用 x_{ijt} 表示,那么有交互作用的双因素方差分析的数据结构如表 7-9 所示。

表 7-9　有交互作用的双因素方差分析的数据结构

因素 B	因素 A				
	A_1	A_2	A_3	⋯	A_r
B_1	$x_{111},\cdots,x_{11t}$	$x_{121},\cdots,x_{12t}$	$x_{131},\cdots,x_{13t}$	⋯	$x_{1r1},\cdots,x_{1rt}$
B_2	$x_{211},\cdots,x_{21t}$	$x_{221},\cdots,x_{22t}$	$x_{231},\cdots,x_{23t}$	⋯	$x_{2r1},\cdots,x_{2rt}$
B_3	$x_{311},\cdots,x_{31t}$	$x_{321},\cdots,x_{32t}$	$x_{331},\cdots,x_{33t}$	⋯	$x_{3r1},\cdots,x_{3rt}$
⋯	⋯	⋯	⋯	⋯	⋯
B_k	$x_{k11},\cdots,x_{k1t}$	$x_{k21},\cdots,x_{k2t}$	$x_{k31},\cdots,x_{k3t}$	⋯	$x_{kr1},\cdots,x_{krt}$

设 x_{ijl} 为对应于因素 B 第 i 个水平和因素 A 第 j 个水平的第 l 个观测值；$\bar{x}_{i.}$ 为因素 B 的第 i 个水平的样本均值；$\bar{x}_{.j}$ 为因素 A 的第 j 个水平的样本均值；$\bar{x}_{ij}$ 为对应于因素 B 的第 i 个水平和因素 A 的第 j 个水平组合的样本均值；$\bar{\bar{x}}$ 为各观测值的总均值。相关计算公式如下：

$$\bar{\bar{x}} = \frac{1}{krt}\sum_{i=1}^{k}\sum_{j=1}^{r}\sum_{l=1}^{t}x_{ijl}$$

$$\bar{x}_{ij} = \frac{1}{t}\sum_{l=1}^{t}x_{ijl}(i=1,2,3,\cdots,k;j=1,2,3,\cdots,r)$$

$$\bar{x}_{i.} = \frac{1}{r}\sum_{j=1}^{r}\bar{x}_{ij}(i=1,2,3,\cdots,k)$$

$$\bar{x}_{.j} = \frac{1}{k}\sum_{i=1}^{k}\bar{x}_{ij}(j=1,2,3,\cdots,r)$$

在有交互作用的双因素方差分析中，因素 A 的 r 个水平和因素 B 的 k 个水平的组合可以形成 rk 个总体。这 rk 个总体中的每一个总体都服从正态分布且有相同的方差。

(二)有交互作用双因素方差分析的步骤

1. 提出原假设和备择假设

在有交互作用的双因素方差分析中，人们要对因素 A、B 和 AB 交互作用进行检验，因而需要三组原假设和备择假设。

(1)因素 A 的原假设和备择假设。

H_0：因素 A 各水平的均值之间无显著差别。

H_1：因素 A 各水平的均值之间有显著差别。

(2)因素 B 的原假设和备择假设。

H_0：因素 B 各水平的均值之间无显著差别。

H_1：因素 B 各水平的均值之间有显著差别。

(3)AB 交互作用的原假设和备择假设。

H_0：AB 交互作用影响不显著。

H_1：AB 交互作用影响显著。

2. 计算检验统计量

在有交互作用的双因素方差分析中，人们需要将总离差平方和 SST 分解成四部分，即 SSA，SSB，SSAB 和 SSE，分别反映因素 A、因素 B、因素 A 与因素 B 交互作用和剩余因素产生的误差平方和。它们的计算公式分别如下：

$$SST = \sum_{i=1}^{k}\sum_{j=1}^{r}\sum_{l=1}^{t}(x_{ijl} - \overline{\overline{x}})^2$$

$$SSA = \sum_{i=1}^{k}\sum_{j=1}^{r}\sum_{l=1}^{t}(\overline{x}_{.j} - \overline{\overline{x}})^2 = kt\sum_{j=1}^{r}(\overline{x}_{.j} - \overline{\overline{x}})^2$$

$$SSB = \sum_{i=1}^{k}\sum_{j=1}^{r}\sum_{l=1}^{t}(\overline{x}_{i.} - \overline{\overline{x}})^2 = rt\sum_{i=1}^{k}(\overline{x}_{i.} - \overline{\overline{x}})^2$$

$$SSAB = t\sum_{i=1}^{k}\sum_{j=1}^{r}(\overline{x}_{ij} - \overline{x}_{i.} - \overline{x}_{.j} + \overline{\overline{x}})^2$$

$$SSE = SST - SSA - SSB - SSAB$$

SST 的自由度为 $rkt-1$，即 $n-1$；SSA 的自由度为 $r-1$；SSB 的自由度为 $k-1$；SSAB 的自由度为 $(r-1)(k-1)$，SSE 的自由度为 $rk(t-1)$。SST、SSA、SSB、SSAB、SSE 的自由度之间有以下关系：

$$n-1 = (r-1) + (k-1) + (r-1)(k-1) + rk(t-1)$$

根据平方和与自由度可以计算出均方 MSA、MSB、MSAB 和 MSE，分别如下：

$$MSA = \frac{SSA}{r-1}$$

$$MSB = \frac{SSB}{k-1}$$

$$MSAB = \frac{SSAB}{(r-1)(k-1)}$$

$$MSE = \frac{SSE}{rk(t-1)}$$

根据以上结果，可以计算出因素 A、因素 B 和 AB 交互作用的检验统计量，计算公式分别如下：

$$F_A = \frac{MSA}{MSE}$$

$$F_B = \frac{MSB}{MSE}$$

$$F_{AB} = \frac{MSAB}{MSE}$$

用方差分析表来表示以上计算结果，如表 7-10 所示。

表 7-10 有交互作用的双因素方差分析表

方差来源	离差平方和	自由度 d_f	均方 MS	F 值
A 因素	SSA	$r-1$	MSA=SSA/$(r-1)$	F_A=MSA/MSE
B 因素	SSB	$k-1$	MSB=SSB/$(k-1)$	F_B=MSB/MSE
AB 交互作用	SSAB	$(r-1)(k-1)$	MSAB=SSAB/$[(r-1)(k-1)]$	F_{AB}=MSAB/MSE
随机误差	SSE	$rk(t-1)$	MSE=SSE/$[rk(t-1)]$	
总和	SST	$n-1$		

第七章　方差分析

3.作出统计决策

与单因素方差分析的情况类似,若 F 的计算值 F_A、F_B、F_{AB} 大于临界值 F_α,则拒绝原假设 H_0;若 F 的计算值小于临界值 F_α,则不能拒绝原假设 H_0。临界值根据显著性水平 α,以及 SSA、SSB、SSAB 和 SSE 的自由度确定,可以从 F 分布表中查出。

由于有交互作用双因素方差分析的计算比较复杂,可利用 Excel 进行方差分析计算。

第四节　用 Excel 2016 进行方差分析

本节以例题的形式介绍用 Excel 2016 软件进行方差分析。

【例 7-3】 根据例 7-1 相关数据,利用 Excel 2016 进行单因素方差分析。

解 第一步,打开 Excel 表格,执行【数据】中的【数据分析】命令,在弹出的【数据分析】对话框中的【分析工具】项目内选择【方差分析:单因素方差分析】选项,然后单击【确定】按钮,如图 7-2 所示。

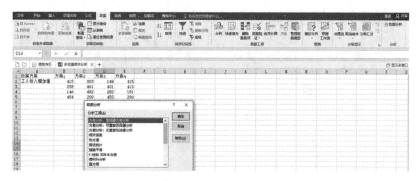

图 7-2　调出单因素方差分析工具

第二步,在弹出的【方差分析:单因素方差分析】对话框中输入相关数据,单击【确定】按钮,如图 7-3 所示。

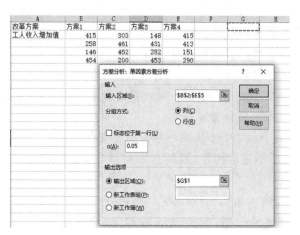

图 7-3　输入单因素方差分析数据

第三步,在输出区域输出结果,如图 7-4 所示。

A	B	C	D	E	F	G	H	I	J	K	L	M
改革方案	方案1	方案2	方案3	方案4		方差分析:单因素方差分析						
工人收入增加值	415	303	148	415								
	258	461	431	413		SUMMARY						
	146	452	282	151		组	观测数	求和	平均	方差		
	454	200	453	290		列 1	4	1273	318.25	20362.92		
						列 2	4	1416	354	15790		
						列 3	4	1314	328.5	20249.67		
						列 4	4	1269	317.25	15701.58		
						方差分析						
						差异源	SS	df	MS	F	P-value	F crit
						组间	3511.5	3	1170.5	0.064934	0.977426	3.490295
						组内	216312.5	12	18026.04			
						总计	219824	15				

图 7-4　输出单因素方差分析结果

此时,临界值 $F_{0.05}(3,12)=3.49$,因为 $F=0.0649<F_{0.05}(3,12)=3.49$,故不能拒绝 H_0,即没有证据表明各个总体均值之间存在显著性差异,由此认为,不同改革方案对工人收入增加值没有显著影响。

【例 7-4】　某企业生产管理部门想研究不同的生产设备与工艺对产量有无显著性影响,随机抽取了 4 台同类生产设备(A_1、A_2、A_3、A_4)和 5 种工艺(B_1、B_2、B_3、B_4、B_5),具体资料如表 7-11 所示。试以 $\alpha=0.05$ 的显著性水平检验生产设备和工艺是否对产量有显著影响。

表 7-11　不同的生产设备与工艺对产量影响的调查资料(件)

工艺	生产因素(因素 A)			
(因素 B)	A_1	A_2	A_3	A_4
B_1	467	447	460	389
B_2	452	470	425	382
B_3	445	465	455	399
B_4	442	432	445	362
B_5	425	435	410	397

解　第一步,提出原假设和备择假设。

(1)因素 A(生产设备)的原假设和备择假设。

$H_0:\mu_1=\mu_2=\mu_3=\mu_4$(因素 A 对产量没有显著影响)。

$H_1:\mu_1,\mu_2,\mu_3,\mu_4$ 不完全相等(因素 A 对产量有显著影响)。

(2)因素 B(工艺)的原假设和备择假设。

$H_0:\mu_1=\mu_2=\mu_3=\mu_4=\mu_5$(因素 B 对产量没有显著影响)。

$H_1:\mu_1,\mu_2,\mu_3,\mu_4,\mu_5$ 不完全相等(因素 B 对产量有显著影响)。

第二步,计算检验统计量。

(1)打开 Excel 表格,输入相关资料数据,执行【数据】中的【数据分析】命令,在弹出的【数据分析】对话框中选择【方差分析:无重复双因素分析】选项,并单击【确定】按钮,如图 7-5 所示。

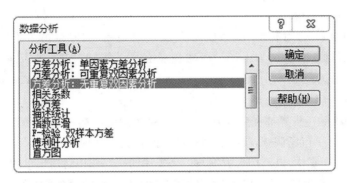

图 7-5　调出无交互作用的双因素方差分析工具

(2)在弹出的【方差分析:无重复双因素分析】对话框中输入相应数据,单击【确定】按钮,如图 7-6 所示。

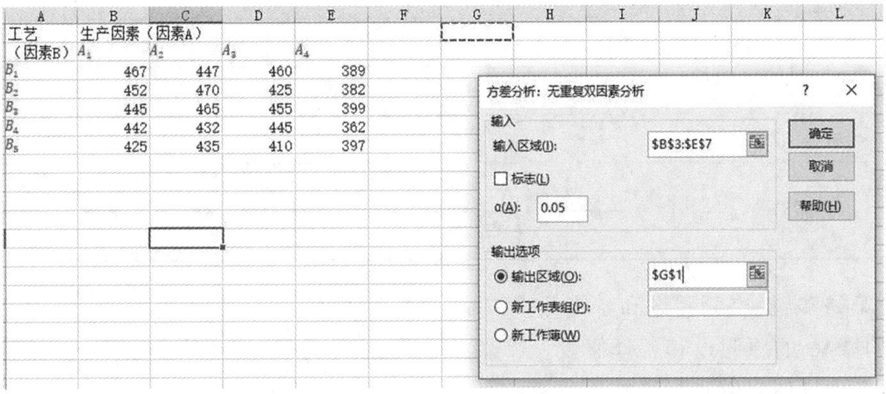

图 7-6　输入无交互作用的双因素方差分析数据

(3)输出结果如图 7-7 所示。

方差分析：无重复双因素分析

SUMMARY	观测数	求和	平均	方差
行 1	4	1763	440.75	1258.917
行 2	4	1729	432.25	1464.25
行 3	4	1764	441	850.6667
行 4	4	1681	420.25	1538.917
行 5	4	1667	416.75	278.9167
列 1	5	2231	446.2	233.7
列 2	5	2249	449.8	295.7
列 3	5	2195	439	442.5
列 4	5	1929	385.8	222.7

方差分析

差异源	SS	df	MS	F	P-value	F crit
行	2048.2	4	512.05	2.250604	0.124269	3.259167
列	13444.8	3	4481.6	19.6979	6.27E-05	3.490295
误差	2730.2	12	227.5167			
总计	18223.2	19				

图 7-7　输出无交互作用的双因素方差分析结果

第三步，作出统计决策。

对因素 A（列因素）进行检验，临界值为 $F_{0.05}(3,12)=3.4903$，由于 $F_A=19.6979$，$F_A>F_{0.05}(3,12)$，故拒绝原假设，认为生产设备对销量有显著影响；同理，对因素 B（行因素）进行检验，临界值为 $F_{0.05}(4,12)=3.2592$，由于 $F_B=2.2506$，$F_B<F_{0.05}(4,12)$，故不拒绝原假设，认为工艺对产量影响不显著。

【例 7-5】 为检验广告媒体和广告方案对产品销售量的影响，一家调查公司对 3 种广告方案和 2 种广告媒体进行了市场调查，获得的销售量数据如表 7-12 所示。试以 $\alpha=0.05$ 的显著性水平检验广告方案、广告媒体，以及广告方案与广告媒体的交互作用对销售量的影响是否显著。

表 7-12 不同广告方案中各种广告媒体所获得的销售量数据

广告方案(因素 B)	广告媒体(因素 A)	
	报纸	电视
方案 1	10	14
	14	10
方案 2	24	28
	16	32
方案 3	12	20
	20	16

解 第一步：提出原假设和备择假设。

(1)因素 A 的原假设和备择假设。

H_0：广告媒体对销售量影响不显著。

H_1：广告媒体对销售量有显著影响。

(2)因素 B 的原假设和备择假设。

H_0：广告方案对销售量影响不显著。

H_1：广告方案对销售量有显著影响。

(3)AB 交互作用的原假设和备择假设。

H_0：AB 交互作用对销售量影响不显著。

H_1：AB 交互作用对销售量有显著影响。

第二步：计算检验统计量。

(1)打开 Excel 表格，输入相关资料数据，把因素 B 第 i 个水平和因素 A 第 j 个水平搭配的重复试验数据放在不同行，如图 7-8 所示。

	A	B	C
1		报纸	电视
2	方案1	10	14
3	方案1	14	10
4	方案2	24	28
5	方案2	16	32
6	方案3	12	20
7	方案3	20	16

图 7-8 录入试验数据

(2)执行【数据】中的【数据分析】命令,在弹出的【数据分析】对话框中选择【方差分析:可重复双因素分析】选项,并单击【确定】按钮,如图 7-9 所示。

图 7-9　调出有交互作用的双因素方差分析工具

(3)在弹出的【方差分析:可重复双因素分析】对话框中输入各项数据,并单击【确定】按钮,如图 7-10 所示。

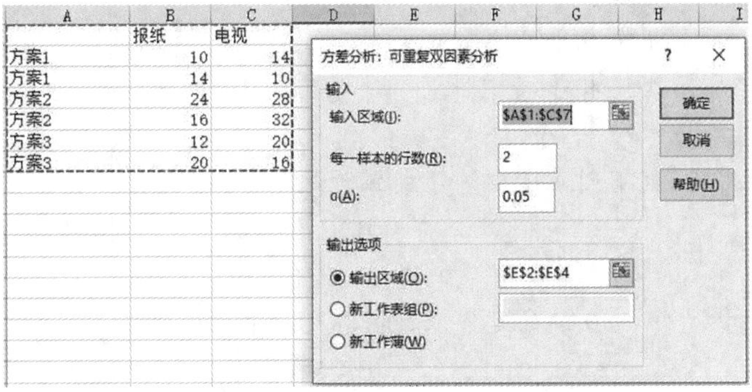

图 7-10　输入有交互作用的双因素方差分析的数据

(4)输出结果如图 7-11 所示。

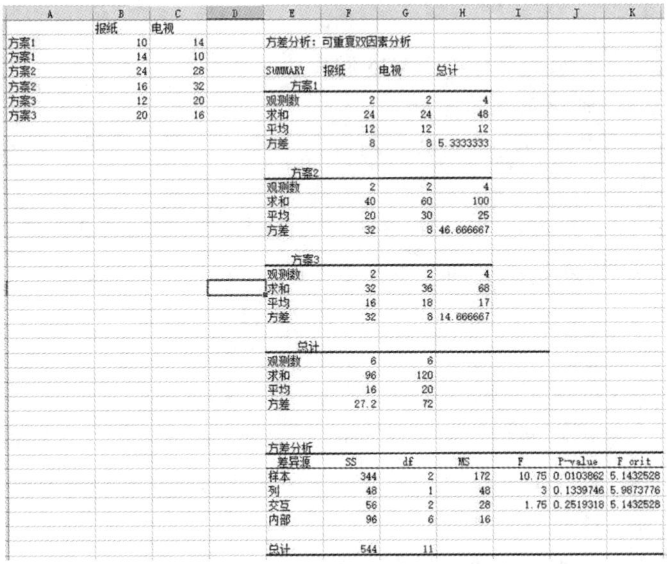

图 7-11　输出有交互作用的双因素方差分析的结果

第三步，作出统计决策。

对因素 A 进行检验，临界值为 $F_{0.05}(1,6)=5.9874$，由于 $F_A=3$，$F_A<F_{0.05}(1,6)$，故不能拒绝原假设，认为广告媒体对销售量影响不显著；对因素 B 进行检验，临界值为 $F_{0.05}(2,6)=5.1433$，由于 $F_B=10.75$，$F_B>F_{0.05}(2,6)$，故拒绝原假设，认为广告方案对销售量影响显著；对于 AB 交互作用而言，临界值为 $F_{0.05}(2,6)=5.1433$，由于 $F_{AB}=1.75$，$F_{AB}<F_{0.05}(2,6)$，故不能拒绝原假设，认为 AB 交互作用对销售量的影响不显著。

练习题

一、单项选择题

1. 某饮料生产企业研制了一种新型饮料。该新型饮料有4种颜色。如果要分析颜色是否会影响销售量，则颜色有（　　）个水平。

    A. 1　　　　　　B. 3　　　　　　C. 4　　　　　　D. 5

2. 单因素方差分析的备择假设应该是（　　）。

    A. $\mu_1=\mu_2=\mu_3=\cdots=\mu_k$

    B. $\mu_1,\mu_2,\mu_3,\cdots,\mu_k$ 不全相等

    C. $\mu_1,\mu_2,\mu_3,\cdots,\mu_k$ 全不相等

    D. $\mu_1\neq\mu_2\neq\mu_3\neq\cdots\neq\mu_k$

3. 若要拒绝原假设，则下列式子中必须成立的是（　　）。

    A. $F<F_\alpha$　　　　　　　　　　　B. P 值 $<\alpha$

    C. $F=1$　　　　　　　　　　　　D. P 值 $>\alpha$

4. 在方差分析中，（　　）反映的是样本数据与某组平均值的差异。

    A. 总离差　　　　　　　　　　　B. 抽样误差

    C. 组间误差　　　　　　　　　　D. 组内误差

5. 单因素方差分析中，计算 F 统计量，其分子与分母的自由度各为（　　）。

    A. k,n　　　　　　　　　　　　B. $k-n,n-k$

    C. $k-1,n-k$　　　　　　　　　　D. $n-k,k-1$

6. 以下选项中不属于方差分析三个基本假定的是（　　）。

    A. 每个水平（总体）都应服从正态分布

    B. 每个水平（总体）观测值的个数必须相同

    C. 观测值是独立的

    D. 每个水平（总体）的方差必须相同

7. 分层抽样影响抽样平均误差的方差主要是（　　）。

    A. 组间方差　　　　　　　　　　B. 组内方差

    C. 总方差　　　　　　　　　　　D. 允许方差

8. 下列关于方差分析的说法不正确的是（　　）。

    A. 方差分析是一种检验若干个正态分布总体的均值和方差是否相等的一种统计方法

    B. 方差分析是一种检验若干个独立正态分布的总体的均值是否相等的一种统计方法

    C. 方差分析实际上是一种 F 检验

    D. 方差分析基于离差平方和的分解进行比较

二、判断题

1. 最小显著差异法,又称 LSD 法。（   ）
2. 方差分析中各个总体都应服从正态分布,且方差必须相同且独立。（   ）
3. F 检验可用于测验总体方差是否同质。（   ）
4. 在方差分析比较之前应消除自由度的影响。（   ）
5. 方差分析的因素只能是定量的,不然就无法进行量化分析。（   ）
6. 通过方差的比较可以检验各因素水平下的均值是否相等。（   ）
7. 当组间方差显著大于组内方差时,该因素对所分析指标的影响显著。（   ）
8. 当拒绝原假设时,可推断各水平的效应完全不相同。（   ）
9. 各水平下的样本单位数是可以相等也可以不等的。（   ）

三、计算题

1. 某课题研究四种衣料的棉花吸附十硼氢量。每种衣料各做五次测量,所得数据如表 7-13 所示。试检验各种衣料棉花吸附十硼氢量有无差异。

表 7-13 各种衣料的棉花吸附十硼氢量

次数	衣料 1	衣料 2	衣料 3	衣料 4
第一次	2.33	2.48	3.06	4.00
第二次	2.00	2.34	3.06	5.13
第三次	2.93	2.68	3.00	4.61
第四次	2.73	2.34	2.66	2.80
第五次	2.33	2.22	3.06	3.60

2. 为研究食品的包装方法和销售地区对其销售量是否有影响,某企业在三个不同地区用三种不同的包装方法进行销售,获得的销售量数据如表 7-14 所示。试以 $\alpha=0.05$ 的显著性水平检验不同的地区和不同的包装方法对该食品的销售量是否有显著影响。

表 7-14 销售量数据

地区	包装方法		
	方法一	方法二	方法三
地区一	45	75	30
地区二	50	50	40
地区三	35	65	50

3. 一家超市连锁店进行一项研究以确定超市所在的位置和竞争者的数量对销售额是否有显著影响。表 7-15 是超市的月销售额数据。假设显著性水平 $\alpha=0.05$。

表 7-15　超市的月销售额数据

超市位置	竞争者数量			
	0个	1个	2个	3个及以上
位于市内居民小区	41	38	59	47
	30	31	48	40
	45	39	51	39
位于写字楼	25	29	44	43
	31	35	48	42
	22	30	50	53
位于郊区	18	22	29	24
	29	17	28	27
	33	25	26	32

要求:(1)检验竞争者的数量对销售额是否有显著影响。

(2)检验超市的位置对销售额是否有显著影响。

(3)检验竞争者的数量和超市的位置的交互作用对销售额是否有显著影响。

4.动画片《喜羊羊与灰太狼》自播出以来就一直受到广大观众的热捧,很多人都看过这部动画片。为了分析不同群体的观众对该片的满意度是否相同,我们随机抽取了看过该片的不同群体的观众,并就他们对该片的满意度进行了调查。结果如表 7-16 所示(评分标准是 1~10,10 代表非常满意)。取显著性水平 $\alpha=0.01$,试检验不同群体对该动画片的满意度是否有显著差异。

表 7-16　不同观众的满意度

少年儿童	青年学生	中老年人
8	7	5
9	7	6
8	8	4
10	7	8
9	9	7
10	—	5
8	—	—

实践任务

本章学习了方差分析的方法,方差分析在生活中应用比较广泛,比如在农业生产中,通过方差分析可以找出影响作物产量的重要因素,如种子品种、施肥、气候和地域等;在金融领域,方差被用来评估资产组合的风险程度,帮助投资者作出更加明智的投资决策;在生产过程中,方差分析可以用于评估产品质量的一致性和稳定性;在临床试验中,方差分析可以帮助研究人员比较不同治疗方法的效果;在市场调研中,方差分析可以用于了解消费者群体间的差异等,任选一个应用领域,想想可以用方差分析方法解决什么问题。

第八章 相关与回归分析

◆ 教学目标 ◆

- 帮助学生了解相关与回归分析的含义及两者之间的关系。
- 帮助学生了解一元线性回归分析的步骤与计算,掌握一元线性回归分析的应用方法。
- 帮助学生了解多元线性回归分析的步骤与计算,掌握多元线性回归分析的应用方法。
- 帮助学生了解非线性回归分析的模型与计算。

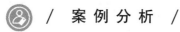 / 案 例 分 析 /

高尔顿与豌豆试验

高尔顿(Galton)被誉为现代回归和相关技术的创始人。1875年,高尔顿利用豌豆实验确定了豌豆大小的遗传规律。他选择了7组不同尺寸的豌豆,每一组种植10粒种子,最后把原始的豌豆种子(父代)与新长的种子(子代)进行尺寸比较。

当结果被绘制出来之后,他发现并非每一个子代都与父代相同。大多数个体相对较大(小)的父代,其子代也会相对较大(小),即父代个体大小与子代个体大小存在相关关系。然而不同的是,并非所有个体都表现为这样的趋势,仍存在尺寸较大的个体其子代较小的情况和尺寸较小的个体其子代较大的情况。高尔顿将这一现象称为"返祖"(趋向于祖先的某种平均类型),后来又称之为"向平均回归"。具体描述为一个总体在某一时期的某些个体的某些特性会出现低于或高于正常水平的情况,其子代将在未来的某一时期减弱这种极端性,这一趋势如今被称为"回归效应"。高尔顿的进一步研究发现,平均而言,非常矮小的父辈倾向于有偏高的子代;而非常高大的父辈则倾向于有偏矮小的子代。

上述案例引出了事物两个属性之间的关系,分别是相关关系和回归关系,通过刻画这种关系,我们可以了解事物之间存在怎样的联系。你接触过这些关系吗?它们又在社会和经济发展中发挥着什么样的作用?

在经济研究中,我们常常需要了解不同变量之间的关系,以便进行准确的预测和决策。假设我们想研究商品价格和销量之间的关系,发现这两个变量之间存在密切的联系,即商品价格的变化必然会引起销量的变动。那么问题来了,如果商品价格上涨(下跌)1元,那么销量会减少(增加)多少呢?这个问题的答案对于我们预测商品销售和合理定价非常重要。为了解决这个问题,我们可以引入相关关系与回归分析的有关内容。

第一节 相关分析

一、相关关系与函数关系

所谓相关关系,就是现象之间非确定性数量依存关系。其具有两大特征:第一,现象间的确存在着量的依存关系;第二,数量依存关系取值不定。比如一个人身高与体重的确有"身高越高,体重越重"的数量关系,但身高与体重并不一一对应。身高 170 cm 的人对应的体重很可能不相同;同样,体重为 60 kg 的人通常也有不同高度。相关关系这一性质决定其不同于函数关系。

所谓函数关系,就是现象之间具有确定性数量的依存关系。在此关系下,某一现象的值发生了变化,均有另外一种现象的确定值与其相对应。这一关系可通过数学函数体现出来。比如在给定某个圆的半径时,有一个唯一确定的圆的面积,这个面积就是半径的函数。在社会经济中,产品生产费用(总成本)=产品产量×单位产品成本,当单位产品成本不变、产品产量发生变化时,就有确定的总成本与之相对应。总成本与产品产量之间存在函数关系。

函数关系和相关关系之间既存在区别又存在联系。因观察与实验存在误差,函数关系常以相关关系的形式呈现。而当更明确地认识到现象间的内在联系及其规律性时,相关关系就具有向函数关系转化的潜力。一般而言,社会经济领域中函数关系体现着现象间的理想状态,相关关系体现着现象间的实际状态。在分析相关关系现象时,需要用对应函数关系的数学表达式去说明现象间的相关性。相关分析以相关关系为研究目标,而函数关系则可用作相关关系的分析工具。

二、相关关系的种类与内容

(一)相关关系种类

1. 按相关程度区分

按相关程度不同,相关关系可分为完全相关、不相关和不完全相关。

完全相关关系是指两种现象之间,当一个现象的数量确定时,另一现象的数量也随之确定的关系,如图 8-1 所示。例如,某年建设银行的 1 年期居民储蓄存款利率为 2.75%,存入的本金用 x 表示,到期的本金与利息之和用 y 表示,则 $y=x+2.75\%x$。这里 y 与 x 表现为一种线性函数关系,也就是说函数关系是相关关系的一个特例。

不相关是指两个现象之间的数量变化相互独立、彼此互不影响的现象,其关系如图 8-2 所示。例如,股票价格的高低与气温的高低一般情况下呈不相关关系。

不完全相关是指两个现象之间的关系介于完全相关和不相关之间,则称为不完全相关。例如,居民消费水平与个人收入不完全相关。现实经济生活中大多数相关关系都属于不完全相关,这是统计分析要研究的对象。

2. 按相关方向区分

按相关方向不同,相关关系可分为正相关和负相关。

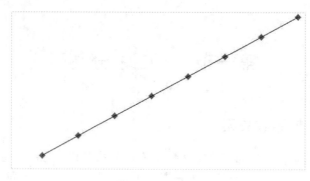

图 8-1　完全相关

图 8-2　不相关

正相关是指相关变量的变化方向一致,即一个变量的数值增大(或减少),另一个变量的数值也相应地增大(或减少)的相关关系,如图 8-3 所示。例如,广告费用与销售量、居民的收入与居民的储蓄额之间的关系等,都属于正相关。

图 8-3　正相关

负相关是指相关变量的变化方向相反,即一个变量数值增大(或减少),另一个变量的数值相应地减少(或增大)的相关关系,如图 8-4 所示。例如,利润与成本的关系,随着成本增加,利润减少;随着家庭收入增加,恩格尔系数下降。它们之间也属于负相关关系。

3. 按相关表现形式区分

按相关表现形式不同,相关关系可分为线性相关和非线性相关。

对两个具有相关关系的现象进行实际调查,能获得一系列成对的数据。每对数据在平面

图 8-4　负相关

直角坐标系中确定一个点,如果这些点大致分布在一条直线周围,则这两种现象就构成线性相关,如图 8-3 和图 8-4 所示。例如,在一定范围内,企业产品生产的总成本与单个产品的加工费用,汽车的燃油费与行驶里程等,都呈线性相关关系;若这些点的分布并不表现为直线关系,而是近似于某种曲线关系,则这种关系就称为非线性相关,如图 8-5 所示。例如,从人的生命过程来看,年龄与医疗费支出呈非线性相关。

4. 按相关变量多少区分

按相关变量多少不同,相关关系可分为单相关和复相关。

两个变量之间的相关关系称为单相关,这种相关关系中只涉及一个自变量和一个因变量,如图 8-1 至图 8-5 所示。例如,冰箱广告费用和冰箱销售量之间的关系就是单相关。

图 8-5　非线性相关

3 个或 3 个以上变量的相关关系称为复相关,这种相关关系涉及两个或两个以上自变量和一个因变量。例如,汽车的销售量与价格、居民收入等之间的相关关系就是复相关。

(二)相关分析的内容

统计学分析相关关系主要是为了分析现象间相互联系的紧密程度及其变化规律,以获得具体数量上的认识,进一步分析相关关系的规律,便于统计预测及推算。分析的有关内容如下。

(1)确定各种现象之间是否存在相关关系(定性分析和定量分析)。

(2)确定相关关系的紧密程度和方向(计算相关系数)。

三、相关关系的测定

要判断现象之间有无相关关系,首先是定性分析,然后是定量分析。

1. 定性分析

相关分析以定性分析为切入点。定性分析就是根据研究者的理论知识、专业知识及实践经验来判断客观现象间有无相关关系及相关关系如何。只有以定性分析为基础,才有可能对现象间的有关方向、形式和密切程度作进一步的量的判断。定性分析在相关分析中起着重要的前提作用。

2. 相关表

用定性分析的方法判定现象之间有无相关关系后,则可进一步根据现象的数量表现,判断出这一关系的有无及关系的种类和密切程度。首先,把其中一个变量按照取值大小依次排列,然后把与之有关的另一变量的值也相应地列出,这样就可以构成一个简单的相关表。透过相关表可以进一步看出相关关系的表现形式、密切程度以及具体方向。下面举例加以说明。

【例 8-1】 根据表 8-1 的资料,判断两者的相关关系。

解 将广告费用按从小到大顺序排列,可编制简单相关表。

表 8-1 2018 年国内 10 个品牌同种饮料的广告费用和销售量

广告费用(万元)	1	1.4	1.7	5.3	8.7	21.5	68.7	76.6	100.1	120
销售量(万箱)	7.1	4.4	4.3	4.4	8.1	5.6	20.7	13.2	15.9	36.3

从表 8-1 可以看出,随着广告费用的提高,饮料销售量也有相应提高的趋势,两者之间存在着明显的正相关关系。

3. 相关图

相关图又称散点图,它是把相关表中的原始数据在平面直角坐标系中以坐标点的形式描绘出来。以横轴表示自变量,纵轴表示因变量,通过标出的每对变量值的坐标点或散布点,观察其分布状况。例如,可将表 8-1 中所列的资料绘制成相关图,如图 8-6 所示。

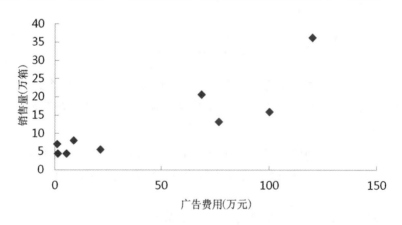

图 8-6 广告费用与销售量的相关关系

从图 8-6 中关于销售量及广告费用的 10 个散布点看,销售量随着广告费用的增大而增大,并且散布点的分布近似地表现为一条直线。由此可以判断,某饮料销售量与广告费用这两个变量之间存在着正相关关系。

4. 相关系数

相关表与相关图仅能大致反映出现象间的相关关系,却不能准确地说明变量间的相关程度。相关系数就是用来反映变量间相关关系紧密程度的统计量。根据相关变量数目及分析问题角度,相关系数可分为简单相关系数、偏相关系数与复相关系数。该此处仅对简单相关系数进行了探讨,适用于仅有1个自变量对因变量起作用时的分析。

若相关系数是根据总体全部数据计算的,称为总体相关系数,记为 ρ;若是根据样本数据计算的,则称为样本相关系数,简称为相关系数,记为 r。在线性相关的条件下,相关系数的定义公式是通过自变量和因变量的各个离差的乘积来表明相关关系的密切程度的,所以这种计算相关系数的方法又叫积差法。相关系数的基本公式为

$$r = \frac{\sigma_{xy}^2}{\sigma_x \sigma_y} \tag{8.1}$$

其中,$\sigma_{xy}^2 = \frac{\sum (x-\overline{x})(y-\overline{y})}{n}$,代表协方差;$\sigma_x = \sqrt{\frac{\sum (x-\overline{x})^2}{n}}$,代表 x 的标准差;$\sigma_y = \sqrt{\frac{\sum (y-\overline{y})^2}{n}}$,代表 y 的标准差。

所以相关系数可表示为

$$r = \frac{\sigma_{xy}^2}{\sigma_x \sigma_y} = \frac{\sum (x-\overline{x})(y-\overline{y})}{\sqrt{\sum (x-\overline{x})^2} \sqrt{\sum (y-\overline{y})^2}} \tag{8.2}$$

这是计算相关系数的基本公式,但在实际工作中利用它来计算相关系数相当烦琐,经代数演算,可化简为较简单的、能直接用相关表中的原始数据计算的公式。计算公式为

$$r = \frac{n\sum xy - \sum x \sum y}{\sqrt{n\sum x^2 - (\sum x)^2} \sqrt{n\sum y^2 - (\sum y)^2}} \tag{8.3}$$

其中,n 代表相关表中数据的项数。

【例 8-2】 根据表 8-1 的资料,已知某饮料销售量与广告费用之间为正相关关系,计算该饮料销售量与广告费用的相关系数。

解 根据表 8-1 的数据,可以编制该饮料销售量与广告费用的相关费用计算表,见表 8-2。

表 8-2 相关系数计算

编号	广告费用 x(万元)	销售量 y(万箱)	x^2	y^2	xy
1	120	36.3	14400	1317.69	4356
2	68.7	20.7	4719.69	428.49	1422.09
3	100.1	15.9	10020.01	252.81	1591.59
4	76.6	13.2	5867.56	174.24	1011.12

续表

编号	广告费用 x(万元)	销售量 y(万箱)	x^2	y^2	xy
5	8.7	8.1	75.69	65.61	70.47
6	1	7.1	1	50.41	7.1
7	21.5	5.6	462.25	31.36	120.4
8	1.4	4.4	1.96	19.36	6.16
9	5.3	4.4	28.09	19.36	23.32
10	1.7	4.3	2.89	18.49	7.31
合计	405	120	35579.14	2377.82	8615.56

根据式(8.3)得：

$$r = \frac{n\sum xy - \sum x \sum y}{\sqrt{n\sum x^2 - (\sum x)^2}\sqrt{n\sum y^2 - (\sum y)^2}} = 0.8856$$

那么相关系数 0.8856 说明了什么？为解释各数值的含义，需要对相关系数 r 的性质有所了解。现将相关系数的性质总结如下。

(1)相关系数 r 的取值在 -1 与 1 之间。

(2)当 $|r|=1$ 时，表示 X 与 Y 变量之间完全线性相关，X 与 Y 之间存在着确定的函数关系。当 $r=0$ 时，表示 x 与 y 完全没有线性相关。

(3)当 $0<|r|<1$ 时，表示 X 与 Y 变量之间存在着一定程度的线性相关，$|r|$ 数值越大，愈接近 1，表示 X 与 Y 的线性相关程度越高；$|r|$ 的数值愈接近 0，表示 X 与 Y 的线性相关程度越低。一般说来，$|r|$ 在 0.3 以下为无相关；$0.3<|r|\leqslant 0.5$ 是低度相关；$0.5<|r|\leqslant 0.8$ 是显著相关；$0.8<|r|\leqslant 1$ 是高度相关。只有对显著相关或高度相关的资料进行线性回归，结果才有意义。

(4)当 $r>0$ 时，表示 X 与 Y 为正相关；当 $r<0$ 时，表示 X 与 Y 为负相关。

采用上述标准进行判断时，需要注意 r 只表示 x 和 y 的线性相关密切程度，当 $|r|$ 很小甚至等于 0 时，并不一定表示 x 与 y 之间就不存在其他非线性类型的关系。另外，要注意应该尽可能使用更多原始数据计算相关系数。当原始资料较少时，为了判断得准确，最好对相关系数的显著性进行检验。

四、相关系数的显著性检验

总体相关系数 ρ 通常是未知的，而且由样本系数 r 作为 ρ 的近似估计值。但因为 r 又是用样本数据计算出来的，受到随机因素的影响，所以 r 本身是一个随机变量。我们能否根据样本相关系数直接说明变量间的相关程度？答案是否定的，因为我们还需要考察样本相关系数的可靠性，也就是进行显著性检验。通常采用费希尔 t 分布检验来对 r 进行显著性检验，步骤如下。

第一步:提出假设。假设样本是从一个不相关的总体中抽出的,设

$$H_0:\rho=0$$
$$H_1:\rho\neq 0$$

第二步:计算检验统计量 t 的值,得

$$t=|r|\sqrt{\frac{n-2}{1-r^2}}\sim t(n-2) \tag{8.4}$$

第三步:给定显著性水平 α,并依据自由度 $n-2$,查找 t 分布表中相应的临界值 $t_{\alpha/2}(n-2)$。

第四步:作出判断。将计算的统计量与 t 临界值 $t_{\alpha/2}(n-2)$ 进行对比,若 $|t|>t_{\alpha/2}(n-2)$,则拒绝原假设,表明总体的变量间有显著线性关系;若 $|t|<t_{\alpha/2}(n-2)$,则接受原假设,表明总体的变量间没有显著线性关系。

【例 8-3】 根据表 8-2 计算的相关系数,检验某饮料销售量与广告费用之间的相关系数是否显著。($\alpha=0.05$)

解 第一步,提出假设,得

$$H_0:\rho=0$$
$$H_1:\rho\neq 0$$

第二步,计算检验的统计量,得

$$t=|r|\sqrt{\frac{n-2}{1-r^2}}=0.8856\times\sqrt{\frac{10-2}{1-0.8856^2}}=5.3932$$

第三步,作出决策。若取 $\alpha=0.05$,自由度为 $n-2=8$,查 t 分布表,则 $t_{\frac{\alpha}{2}}(8)=2.306$。由于 $t=5.3932>t_{\frac{\alpha}{2}}(8)=2.306$,所以拒绝原假设,说明啤酒销售量与广告费用之间存在着显著的线性正相关关系。

第二节　一元线性回归分析

一、回归分析的含义与主要内容

"回归"最初是遗传学中的一个名词,它是由英国著名生物学家兼统计学家高尔顿研究人类遗传问题时提出的。高尔顿通过对豌豆父代和子代植株高度之间的关系的研究,发现父代和子代的高度散点图近似为一条直线。高尔顿之后作了更深入的分析,发现身高高于平均身高的父母,其子女的身高比他们更高的概率要小于比他们更矮的概率;而矮于平均身高的父母,其子女的身高比他们更矮的概率要小于比他们更高的概率。从总的倾向上看,人体身高具有向人类平均身高复归的倾向,这种倾向称为回归效应。"回归"一词由此而生,被生物学和统计学共同使用。从那时起,回归分析方法在社会经济生活各方面逐步得到广泛的应用。

伴随着回归分析方法的使用,其现代含义已经和以往有较大不同。通常情况下,回归就是研究自变量和因变量间关系形成过程的一种分析方法。回归分析就是在有相关关系的变量之

间寻求数学模型进行统计预测与调控的统计分析方法。其主要内容有以下几个方面。

(1)选取回归模型。即按照相关关系的特定形式,选取一个合适的回归模型。

(2)确定变量估计值是否可靠。与一元线性回归模型相配合后能体现出现象之间的变化关系,即自变量发生变化时因变量发生了多少变化。依据这一数量关系就可以确定因变量估计值,并将估计值和实际值进行比较,若两者相差不大,则表明估计比较精确;反之则不精确。这类因变量估计值的准确度一般以估计值的标准误差为衡量标准。

(3)预测因变量。对回归模型变量之间的相关性进行显著性检验,通过统计检验后,利用回归模型,根据自变量去估计、预测因变量。

二、相关与回归分析的关系

相关分析为回归分析提供了基础与前提,回归分析是对相关分析的进一步深化与延续。只有在变量间高度相关的情况下,通过回归分析找到它们相关的具体表现形式才是合理的。若未作出变量间有无关联及关联的方向与程度的正确判断而直接进行回归分析,极易导致"虚假回归"的产生。同时,相关分析只是对变量间相关方向及程度进行研究,并不能够推断出变量间相互联系的具体表现形式,更不能够通过某一变量的改变去推测出其他变量的改变。所以,在具体的运用过程中只有将相关分析与回归分析结合才能够对具体问题进行研究。

两者的区别主要体现在以下三个方面。

(1)相关分析所涉及的变量没有自变量与因变量之分,各变量间的关系具有对等性。在进行回归分析时须依据研究对象性质与研究分析目的将变量分为自变量与因变量。所以,进行回归分析时变量间的关系并不是对等的,有明显区别。

(2)所有参与相关分析的变量均为随机变量;在进行回归分析时,自变量给定而因变量具有随机性,即把自变量给定值代入回归方程,所得因变量估计值并不唯一确定,因而呈现出某种随机波动性。

(3)相关分析主要通过一个统计量即相关系数来反映变量之间相关程度的大小,由于变量之间是对立的,因此,相关系数是唯一确定的;而在回归分析中,对于两个变量互为因果,则有可能存在两个回归方程。

三、一元线性回归方程

回归分析不同于相关分析,在进行回归分析时需先确定自变量及因变量。进行回归分析时,预测或者说明的变量即因变量以 y 来表示;用于预测或者用于说明因变量变化的变量叫作自变量,以 x 来表示,可以有多个因变量。线性回归分析常分为一元线性回归分析与多元线性回归分析,一元线性回归是指两个变量的回归分析,多元线性回归分析是三个及以上变量的回归分析。此处首先介绍一元线性回归分析。

一元线性回归模型又称简单直线回归模型。它是根据两个变量的成对数据,配合线性方程式,再根据自变量的变动值来推算因变量的估计值的一种统计分析方法。因变量 y 和自变量 x 之间建立的数学模型为

$$y_c = a + bx \tag{8.5}$$

式中 y_c——y 的估计值,也称 y 的理论值;

a——直线的纵截距;

b——直线的回归系数。

a、b 都是待定参数。估计这些参数可有不同的方法,统计中使用最多的是最小平方法,用这个方法求出的回归线是原资料的最合适线。即

$$\sum(y-y_c)^2 = 最小值$$

这里讨论的最小平方法与本书第九章"时间序列"中长期趋势测定的最小平方法是同一种方法。实际上,长期趋势测定也是回归法的一种,只是把时间作为自变量、时间序列指标作为因变量而计算的。因此,第九章中的有关公式在这里都适用,只要把时间变量的符号 t 改为自变量 x 即可。两个标准方程式写成

$$\begin{cases} \sum y = na + b\sum x \\ \sum xy = a\sum x + b\sum x^2 \end{cases}$$

从以上联立方程中解出 a 和 b

$$\begin{cases} b = \dfrac{n\sum xy - \sum x \sum y}{n\sum x^2 - (\sum x)^2} \\ a = \bar{y} - b\bar{x} \end{cases} \tag{8.6}$$

如果已用积差法计算了相关系数,有相应的资料,也可以用如下方法求解

$$\begin{cases} b = \dfrac{\sum(x-\bar{x})(y-\bar{y})}{\sum(x-\bar{x})^2} \\ a = \bar{y} - b\bar{x} \end{cases} \tag{8.7}$$

【例 8-4】 某企业的产品产量与生产费用数据资料如表 8-3 所示,请以此建立一元线性回归模型。

表 8-3 产品产量和生产费用相关表

序号	产品产量(千吨)	生产费用(万元)
1	1.2	62
2	2.0	86
3	3.1	80
4	3.8	110
5	5.0	115
6	6.1	132
7	7.2	135
8	8.0	160
合计	36.4	880

解 设产品产量为 x,生产费用为 y,则有

$$\bar{x} = \frac{\sum x}{n} = \frac{36.4}{8} = 4.55(千吨)$$

$$\bar{y} = \frac{\sum y}{n} = \frac{880}{8} = 110(万元)$$

$$b = \frac{n\sum xy - \sum x \sum y}{n\sum x^2 - (\sum x)^2} = \frac{8 \times 4544.6 - 36.4 \times 880}{8 \times 207.54 - 36.4^2} = 12.90$$

$$a = \bar{y} - b\bar{x} = 110 - 12.90 \times 4.55 = 51.31$$

把 b 和 a 值代入方程 $y_c = a + bx$,则

$$y_c = 51.31 + 12.90x$$

把 x 各值代入上式,即可求得相应的 y_c 值,如表 8-4 所示。可以看出 $\sum y_c$ 近似等于 $\sum y$ $=880$;$\sum(y - y_c)$ 近似等于 0;$\sum(y - y_c)^2 = 442.4274$,为最小值。在 y_c 各值中,任取两值相连,即得一元线性回归方程的直线,见图 8-7。

表 8-4　一元线性回归分析计算表

序号	产品产量 x (千吨)	生产费用 y (万元)	x^2	xy	y^2	y_c	$(y - y_c)^2$
1	1.2	62	1.44	74.4	3844	66.79	22.9441
2	2.0	86	4.00	172	7396	77.11	79.0321
3	3.1	80	9.61	248	6400	91.3	127.69
4	3.8	110	14.44	418	12100	100.33	93.5089
5	5.0	115	25.00	575	13225	115.81	0.6561
6	6.1	132	37.21	805.2	17424	130	4
7	7.2	135	51.84	972	18225	144.19	84.4561
8	8.0	160	64.00	1280	25600	154.51	30.1401
合计	36.4	880	207.54	4544.6	104214	880.04	442.4274

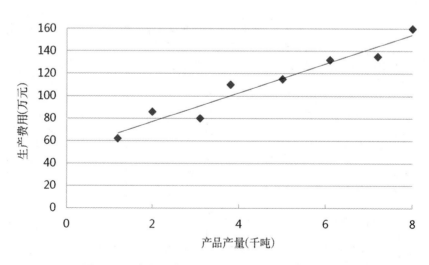

图 8-7　8 个企业产量和生产费用的线性回归方程图

四、拟合优度的度量

用最小平方法求得的一元线性回归方程 $y_c = a + bx$ 确定了 x 与 y 的具体变动关系。但是,实际值是不是紧密分布在其两侧?其紧密程度如何?这关系到回归模型的应用价值。因此,对于回归值的拟合优度必须加以测定。评价拟合优度的一个重要统计量就是判定系数,估计标准误差同样也是一个重要的补充。

1. 判定系数

判定系数(记为 r^2)是测定回归直线拟合优度的一个重要指标。线性回归方程拟合优度的好坏实质上就是回归方程误差大小的问题,总体来看,它就是指所有因变量的实际值 y 与平均值 $\bar{y}$ 的偏差。我们来看线性回归方程误差的分解图(图 8-8)。

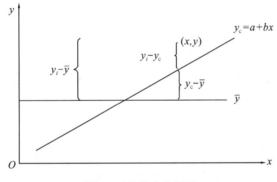

图 8-8 总偏差分解图

设 y 的实际值为 y_i,y_i 到 $\bar{y}$ 的距离差即 $(y_i - \bar{y})$,是被回归直线分割成的两部分:$(y_i - y_c)$ 和 $(y_c - \bar{y})$。那么,对所有的实际值 y 来说,它们的离差平方和为

$$总偏差 = \sum(y_i - \bar{y})^2 \tag{8.8}$$

同时,我们仍将 $\sum(y_c - \bar{y})^2$ 称为回归偏差,将 $\sum(y_i - y_c)^2$ 称为剩余偏差,又称未被解释的偏差。将 $\sum(y_c - \bar{y})^2$ 称为回归偏差是因为

$$\sum(y_c - \bar{y})^2 = \sum(a + bx - a - b\bar{x})^2 = \sum(bx - b\bar{x})^2 = b^2 \sum(x - \bar{x})^2 \tag{8.9}$$

其中,b 为回归系数,可见回归偏差很大程度上取决于回归系数。另一部分 $\sum(y_i - y_c)^2$ 也就是未被解释的偏差了。

这说明 y 的实际值与 y 的均值 $\bar{y}$ 的总偏差包括两部分:一部分是回归偏差,即 x 与 y 依存关系影响的偏差;另一部分是各种不确定因素引起的随机误差。一般来说,这些随机误差应该是很小的。在总偏差一定时,回归偏差 $\sum(y_c - \bar{y})^2$ 越大,剩余偏差 $\sum(y_i - y_c)^2$ 就越小;反之,回归偏差越小,剩余偏差就越大。由此,我们可以推论,如果 y 的实际值 y_i 都紧密地分布在回归直线两侧,就说明那些不确定因素干扰很小,即剩余偏差很小,相对来说,在总偏差里面,回归偏差比重较大,此时 x 与 y 的依存关系很强。判定系数 r^2 便是以回归偏差占总偏差的比率来表示线性回归方程的拟合优度的评价指标。

$$r^2 = \frac{\text{回归偏差}}{\text{总偏差}} = \frac{\sum(y_c - \overline{y})^2}{\sum(y_i - \overline{y})^2} \tag{8.10}$$

当 x 与 y 两变量依存关系很密切,乃至 y 的变化完全由 x 引起时,x 与 y 为确定的函数关系,$\sum(y_i - y_c)^2 = 0, r^2 = 1$;当 x 与 y 两变量不存在线性依存关系时,即 y 的变化与 x 无关,$\sum(y_c - \overline{y})^2 = 0, r^2 = 0$。一般情况下,$r^2$ 是在 0~1 之间。

在实际工作中,判定系数 r^2 采用以下公式计算

$$r^2 = \frac{(n\sum xy - \sum x \cdot \sum y)^2}{[n\sum x^2 - (\sum x)^2][n\sum y^2 - (\sum y)^2]} \tag{8.11}$$

在简单线性回归模型中,判定系数即为单相关系数的平方。

根据表 8-4 资料,得:

$$r^2 = \frac{(8 \times 4544.6 - 36.4 \times 880)^2}{(8 \times 207.54 - 36.4^2) \times (8 \times 104214 - 880^2)} = 0.9403$$

计算结果表明,生产费用的总偏差 $\sum(y_i - \overline{y})^2$ 中,有 94.03% 可以由产品产量和生产费用的依存关系来解释,只有 5.97% 属于随机因素的影响。因此,例 8-4 的拟合方程 $y_c = 51.31 + 12.90x$ 是合适的。

2. 估计标准误差

直线回归是在线性相关条件下,反映变量之间一般数量关系的平均线。根据直线回归方程,知道了自变量的数值,就可以推算出因变量的数值。但是,推算出来的因变量的数值并不是精确的数值,它是一个估计值,和实际值之间存在差异。如表 8-4 所示,产品产量 3.1 千吨,生产费用的实际值为 80 万元,预测值为 91.3 万元,两者相差 11.3 万元,即 $y - y_c = -11.3$(万元)。我们不仅用回归方程推算已有实际值的估计值,还要推算未知的值。这样就有了推算的数值与实际值相差多大的问题。如果差距小,说明推算结果准确性高;反之,则低。为了度量 y 的实际值和估计值离差的一般水平,我们可以计算估计标准误差。

估计标准误差就是用来说明回归方程推算结果的准确程度的统计分析指标,或者说是反映直线代表性大小的统计分析指标。

估计标准误差有两种计算方法。

(1)根据因变量实际值和估计值的离差计算。

计算公式如下:

$$S_{yx} = \sqrt{\frac{\sum(y - y_c)^2}{n - 2}} \tag{8.12}$$

式中　S_{yx} ——估计标准误差;
　　　y ——因变量数列的实际值;
　　　y_c ——根据回归方程推算出来的估计值;
　　　n ——样本个数。

所以 $(y - y_c)$ 是因变量实际值和估计值的估计误差,如果将估计误差相加,结果是

$\sum(y-y_c)=0$。

在 $\sum(y-y_c)^2=\sum(y-a-bx)^2$ 公式中,其中参数 a 和 b 是由实际资料计算的,因而丧失了两个自由度,所以分母为 $n-2$。

从计算公式可以看出,计算的结果实际上也是一个平均误差。但不是简单的平均,而是经过乘方、平均、再开方的过程,这和标准差的计算过程一样。它的作用是说明估计的准确程度,所以叫作估计标准误差,也可叫作估计标准差或回归标准差。根据表8-4的资料可得

$$S_{yx}=\sqrt{\frac{\sum(y-y_c)^2}{n-2}}=\sqrt{\frac{442.4274}{8-2}}=8.59$$

计算结果显示,估计标准误差为8.59。这个数值越大,就表明估计值的代表性越小,也就是相关点的离散程度越大,这个数值越小,则说明估计值的代表性越大,也就是相关点的离散程度越小。如果 $S_{yx}=0$,就说明 y 和 y_c 没有差异,从相关分布图上看,则表明所有的相关点全在 y_c 这条直线上,说明估计值完全准确。

(2) 根据 a、b 两个参数值计算估计标准误差。

上述计算估计标准误差的方法是用平均误差来实现的,但是计算比较麻烦,须计算出所有的估计值。如果已知直线回归方程的参数值,还有一个比较简便的计算方法。计算公式如下

$$S_{yx}=\sqrt{\frac{\sum y^2-a(\sum y)-b(\sum xy)}{n-2}} \tag{8.13}$$

根据表8-4的资料,得(因四舍五入而存在一定误差)

$$S_{yx}=\sqrt{\frac{104214-51.31\times 880-12.90\times 4544.6}{8-2}}=8.52(万元)$$

五、显著性检验

我们利用随机观测到的几对有关 x 与 y 的样本数据,采用最小平方法得到的回归系数 b 后,对其是否符合回归方程的基本假设需要进行检验。回归系数 b 与0是否有显著差异,表明总体回归系数 β 是否为0。若 $\beta=0$,总体回归线就是一条水平线,x 与 y 之间无线性关系,违背一元线性回归方程的基本假设;若 $\beta\neq 0$,即 x 与 y 之间存在着线性关系,符合假设条件,所建立的一元线性回归方程可以认为其符合变量间的变化规律。对回归系数 b 的检验就是要验证变量 x 与 y 之间是否真正存在线性关系,一般采用 t 检验,其步骤如下。

第一步:假设观测的样本是从一个没有线性关系的总体中选出的。

$$H_0:\beta=0$$
$$H_1:\beta\neq 0$$

第二步:计算回归系数 b 的检验统计量 t_b 值:

$$t_b=\frac{b-\beta}{S_b} \tag{8.14}$$

其中,S_b 代表回归系数 b 的标准差,计算公式为

$$S_b=\frac{S_{yx}}{\sqrt{\sum x^2-n(\overline{x})^2}} \tag{8.15}$$

其中 S_{yx} 是估计标准误差。

第三步:根据给定的显著水平 α 和自由度 $n-2$,查 t 分布表中相应的临界值 $t_{\alpha/2}$。

第四步:作出判断。将计算的统计量与临界值 $t_{\alpha/2}$ 对比,若 $|t_b|>t_{\alpha/2}$,则拒绝 H_0,表明变量间线性相关关系在统计上是显著的;若 $|t_b|\leqslant t_{\alpha/2}$,则接受 H_0,说明变量间线性相关关系在统计上并不显著。

根据 8-4 得:

$$\bar{x}=\frac{36.4}{8}=4.55(千吨)$$

则

$$S_b=\frac{8.59}{\sqrt{207.54-8\times(4.55)^2}}=\frac{8.59}{\sqrt{41.92}}=1.3267$$

于是,$t_b=\frac{b-\beta}{S_b}=\frac{12.9-0}{1.3267}=9.7234$。

若取 $\alpha=0.05$,$n-2=8-2=6$,查 t 分布表得 $t_{\alpha/2}(6)=2.447$。

$|t_b|>t_{\alpha/2}=2.447$,表明回归系数 $b=0$ 的可能性小于 0.05,即 5%,因而拒绝 H_0,得出 $\beta\neq 0$ 的结论。说明回归系数是显著的,在相关系数检验的基础上进一步证明了产品产量和生产费用之间存在线性关系,产量是影响生产费用的显著因素。

第三节　多元线性回归分析

现实中客观现象间的关联错综复杂,一般情况下,影响因变量的自变量都不止一个。从统计上讲,对某一因变量与若干自变量进行回归分析,即多元回归分析。本节在此仅就最普通的多元线性回归进行探讨。多元线性回归分析与一元线性回归分析的步骤方法基本一致,只是计算复杂一些。

一、多元线性回归方程

为了便于理解,我们先介绍二元线性回归方程,即以一个因变量 y 对两个自变量 x_1 和 x_2 进行线性回归,其方程式为

$$y_c=a+b_1x_1+b_2x_2 \tag{8.16}$$

式中　y_c——因变量估计值;

a、b_1、b_2——三个参数。

确定 a、b_1、b_2 的数值,也要用最小平方法,使 $\sum(y-y_c)^2$ 为最小值。因为式中有三个参数,因而要确定如下三个规范方程式

$$\begin{cases}\sum y=na+b_1\sum x_1+b_2\sum x_2\\ \sum x_1y=a\sum x_1+b_1\sum x_1^2+b_2\sum x_1x_2\\ \sum x_2y=a\sum x_2+b_1\sum x_1x_2+b_2\sum x_2^2\end{cases}$$

【例 8-5】 某地区玻璃销售额与该地区汽车制造业的汽车产量和建筑业产值在过去 17 年的数据如表 8-5 所示。这三者生产关系相当密切,请预测 2024 年该地区玻璃的销售额。

表 8-5 某地区玻璃销售量与汽车产量、建筑业产值资料

年份	玻璃售额 y(万元)	汽车产量 x_1(万辆)	建筑业产值 x_2(千万元)
2007	280	3.909	9.43
2008	281.5	5.119	10.36
2009	337.5	6.666	14.50
2010	404.5	5.338	15.75
2011	402.1	4.321	16.78
2012	452	6.117	17.44
2013	431.7	5.559	19.77
2014	582.3	7.920	23.76
2015	596.6	5.816	31.61
2016	620.8	6.113	32.17
2017	513.6	4.258	35.09
2018	606.9	5.591	36.42
2019	629	6.675	36.58
2020	602.7	5.543	37.14
2021	656.7	6.933	41.30
2022	778.5	7.638	45.62
2023	877.6	7.752	47.38
合计	9054	101.268	471.10

解 根据表 8-5 计算得

$$\sum x_1 y = 56144.952$$

$$\sum x_2 y = 282387.49$$

$$\sum x_1 x_2 = 2933.53585 \approx 2933.54$$

$$\sum x_1^2 = 626.495834 \approx 626.50$$

$$\sum x_2^2 = 15536.7198 \approx 15536.72$$

代入求解参数的联立方程组中:

$$\begin{cases} 9054 = 17a + 101.268 b_1 + 471.10 b_2 \\ 56144.952 = 101.268 a + 626.50 b_1 + 2933.54 b_2 \\ 282387.49 = 471.10 a + 2933.54 b_1 + 15536.72 b_2 \end{cases}$$

解得
$$\begin{cases} a = 19.174 \\ b_1 = 35.676 \\ b_2 = 10.858 \end{cases}$$

所以方程 $y_c = 19.174 + 35.676x_1 + 10.858x_2$。

如第 2024 年汽车产值为 7.42 万辆,建筑业产值为 50.28 千万元。则预测该年玻璃销售额

$$y_c = 19.174 + 35.676 \times 7.42 + 10.858 \times 50.28 = 829.83 (万元)$$

把上面的方法推广到多个自变量,设因变量 y 受 n 个自变量 $x_1, x_2, x_3, \cdots, x_n$ 的影响,其回归方程式为

$$y_c = a + b_1 x_1 + b_2 x_2 + b_3 x_3 + \cdots + b_n x_n \tag{8.17}$$

式中,a、$b_i (i = 1, 2, 3, \cdots, n)$ 为参数,根据最小平方法的原理,使 $\sum (y - y_c)^2$ 为最小值。因为有 $n + 1$ 个参数,所以要确定 $n + 1$ 个方程式

$$\begin{cases} \sum y = na + b_1 \sum x_1 + b_2 \sum x_2 + \cdots + b_n \sum x_n \\ \sum x_1 y = a \sum x_1 + b_1 \sum x_1^2 + b_2 \sum x_1 x_2 + \cdots + b_n \sum x_1 x_n \\ \sum x_2 y = a \sum x_2 + b_1 \sum x_1 x_2 + b_2 \sum x_2^2 + \cdots + b_n \sum x_2 x_n \\ \quad \vdots \\ \sum x_n y = a \sum x_n + b_1 \sum x_1 x_n + b_2 \sum x_2 x_n + \cdots + b_n \sum x_n^2 \end{cases}$$

二、多元线性回归模型的拟合优度度量

同一元线性回归方程一样,对已确定的二元线性回归方程,可以从判定系数和估计标准误差两方面来测定它的拟合度。

1. 判定系数

判定系数为

$$r^2 = \frac{回归偏差}{总偏差} = \frac{\sum (y_c - \overline{y})^2}{\sum (y_i - \overline{y})^2} \tag{8.18}$$

简洁公式为

$$r^2 = \frac{b_1 \left(\sum x_1 y - \frac{1}{n} \sum x_1 \sum y \right) + b_2 \left(\sum x_2 y - \frac{1}{n} \sum x_2 \sum y \right)}{\sum y^2 - \frac{1}{n} \left(\sum y \right)^2} \tag{8.19}$$

根据表 8-5 资料计算得

$$b_1 = 35.676$$
$$b_2 = 10.858$$
$$n = 17$$
$$\sum x_1 y = 56144.952$$

$$\sum x_1 = 101.268$$
$$\sum y = 9054$$
$$\sum x_2 y = 282387.49$$
$$\sum x_2 = 471.10$$
$$\sum y^2 = 5266419.30$$

$$r^2 = \frac{35.676 \times \left(56144.952 - \frac{1}{17} \times 101.268 \times 9054\right)}{5266419.30 - \frac{1}{17} \times 9054^2}$$

$$+ \frac{10.858 \times \left(282387.49 - \frac{1}{17} \times 471.10 \times 9054\right)}{5266419.30 - \frac{1}{17} \times 9054^2}$$

$$= \frac{420738.74}{444365.42} = 0.9468$$

判定系数 r^2 为 0.9468，表明某地区玻璃销售量的变动中有 94.68% 是由汽车产量和建筑业产值的变动引起的，只有 5.32% 是由其他干扰因素引起的。

2. 估计标准误差

同样我们可以将表 8-5 的资料代入以下式子中计算得到估计标准误差。

$$S_{yx_1 x_2} = \sqrt{\frac{\sum y^2 - \frac{1}{n}\left(\sum y\right)^2 - b_1\left(\sum x_1 y - \frac{1}{n}\sum x_1 \sum y\right) - b_2\left(\sum x_2 y - \frac{1}{n}\sum x_2 \sum y\right)}{n-3}}$$

$$= \sqrt{\frac{\begin{array}{c}5266419.30 - \frac{1}{17} \times 9054^2 - 35.676 \times \left(56144.952 - \frac{1}{17} \times 101.268 \times 9054\right) \\ -10.858 \times \left(282387.49 - \frac{1}{17} \times 471.10 \times 9054\right)\end{array}}{17-3}}$$

$$= 41.0807(万元)$$

第四节　非线性回归分析

在实践中，有时两个变量间并不呈线性关系，而表现出抛物线、指数曲线、双曲线和幂函数曲线等多种非线性关系。此时，应根据这几种关系的特点，用不同曲线方程来分析。在曲线回归方程建立的过程中，最关键的问题就是关系类型及形式的确定。除了依据某些专业知识等来进行判断之外,画出散点图,通过观察散点图形状及特征,也是判断相关关系的重要手段。

一元非线性回归方程是在回归方程种类及形式确定之后,用变量代换法把非线性模型化为线性模型,利用最小平方法得到线性模型待定系数,然后用原变量进行替换,就可以得到非线性回归方程。以下是一些常用一元非线性回归模型。

一、指数曲线回归模型

指数曲线模型的回归方程如下

$$y_c = ab^x \tag{8.20}$$

式中,a、b 为待定系数。可对方程两边取对数得

$$\lg y_c = \lg a + x \lg b \tag{8.21}$$

令 $y_c' = \lg y_c, A = \lg a, B = \lg b$,则得一元线性模型

$$y_c' = A + Bx \tag{8.22}$$

再利用最小平方法求 A 和 B 的值,然后要根据 $A = \lg a$、$B = \lg b$,得出 $a = 10^A$、$b = 10^B$ 的值,即可求得指数曲线模型的回归方程。

二、双曲线回归模型

双曲线模型的回归方程如下

$$y_c = a + \frac{b}{x} \tag{8.23}$$

在曲线方程中,令 $x' = \frac{1}{x}$,则得到如下线性回归模型

$$y_c = a + bx' \tag{8.24}$$

再用最小平方法求出 a、b 的值,即可求得原双曲线回归方程。

三、幂函数曲线模型

幂函数曲线模型的回归方程如下

$$y_c = ax^b \tag{8.25}$$

可对方程两边取对数得

$$\lg y_c = \lg a + b \lg x \tag{8.26}$$

令 $y_c' = \lg y_c, A = \lg a, x' = \lg x$,则得一元线性模型

$$y_c' = A + bx' \tag{8.27}$$

再利用最小平方法求 A 和 b 的值,然后利用 $A = \lg a$ 得出 $a = 10^A$ 的值,即可求幂函数曲线模型的回归方程。

四、高次曲线回归模型

高次曲线回归模型的方程如下

$$y_c = a + bx + cx^2 + dx^3 + \cdots \tag{8.28}$$

只要令 $x_1 = x, x_2 = x^2, x_3 = x^3, \cdots$,就可转化为多元线性模型

$$y_c = a + bx_1 + cx_2 + dx_3 + \cdots \tag{8.29}$$

再利用最小平方法求 a、b、c、d…的值,即可求得高次曲线方程的回归方程。

第五节 用 Excel 2016 进行回归分析

本节以例题的形式介绍用 Excel 2016 软件进行回归分析的应用。

一、一元线性回归分析

【例 8-6】 表 8-6 是某企业 2013—2022 年年广告费投入与月均销售额的数据资料,试建立一元线性回归方程。

表 8-6 某企业年广告费投入与月均销售额的数据资料

年份	年广告费投入（万元）	月均销售额（万元）	年份	年广告费投入（万元）	月均销售额（万元）
2013	12.5	21.2	2018	34.4	43.2
2014	15.3	23.9	2019	39.4	49
2015	23.2	32.9	2020	45.2	52.8
2016	26.4	34.1	2021	55.4	59.4
2017	33.5	42.5	2022	60.9	63.5

解 用 Excel 2016 拟合直线模型并预测的操作步骤如下。

第一步:将原始数据输入 Excel 中,利用【数据】选项卡中【数据分析】功能,选择【回归】选项,点击【确定】。

第二步:设年广告费投入为 x,月均销售额为 y,在【回归】对话框中,在【Y 值输入区域】设置框内框选"B2:B11";在【X 值输入区域】设置框内框选"A2:A11";在【输出选项】中选择【新工作表组】;在【残差】分析选项中选择所需的选项。如图 8-9 所示,点击【确定】,得到图 8-10 所示分析结果。

图 8-9 回归对话框

	A	B	C	D	E	F	G	H	I
1	SUMMARY OUTPUT								
2									
3	回归统计								
4	Multiple R	0.9941984							
5	R Square	0.9884304							
6	Adjusted R	0.9869842							
7	标准误差	1.6300105							
8	观测值	10							
9									
10	方差分析								
11		df	SS	MS	F	gnificance F			
12	回归分析	1	1815.93	1815.93	683.468	4.92E-09			
13	残差	8	21.25547	2.656934					
14	总计	9	1837.185						
15									
16		Coefficient	标准误差	t Stat	P-value	Lower 95%	Upper 95%	下限 95.0%	上限 95.0%
17	Intercept	11.614917	1.280176	9.072908	1.75E-05	8.662826	14.56701	8.662826	14.56701
18	X Variable	0.8848955	0.033848	26.14322	4.92E-09	0.806842	0.962949	0.806842	0.962949

图 8-10　Excel 输出的回归分析结果

输出的结果由以下三个部分组成。

第一部分是回归统计，它给出了回归分析中的一些常用统计量，包括相关系数、判定系数、修正后的判断系数、标准误差、观察值的个数。

第二部分是方差分析，即回归分析的方差分析表，包括自由度、回归平方和、残差平方和、总平方和、回归和残差的均方、检验统计量、F 检验的显著性水平。这部分内容主要用于对回归方程的线性关系进行显著性检验。

第三部分为参数估计相关内容。包括回归方程的截距、斜率、截距和斜率的标准误差、用于检验的回归系数的 t 统计量、P 值，以及截距和斜率的置信区间等。

通过第三部分内容，可以看出回归方程的截距约为 11.614917，斜率约为 0.884896，最后拟合的一元线性回归方程为：

$$y_c = 11.614917 + 0.884896x$$

二、多元线性回归分析

【例 8-7】　根据表 8-5 的数据资料，建立玻璃销售量（y）与汽车产量（x_1）建筑业产值（x_2）的多元线性回归模型。

解　用 Excel 2016 拟合直线模型并预测的操作步骤如下。

第一步：将原始数据输入 Excel 中，利用【数据】选项卡中【数据分析】功能，选择【回归】选项，点击【确定】。

第二步：在【回归】对话框中，在【Y 值输入区域】设置框内框选"A2：A18"；在【X 值输入区域】设置框内框选"B2：C18"；在【输出选项】中选择【新工作表组】；在【残差】分析选项中选择所需的选项。如图 8-11 所示，点击【确定】，得到图 8-12 所示分析结果。

通过第三部分内容，最后拟合的多元线性回归方程为：

$$y_c = 19.16 + 35.68x_1 + 10.86x_2$$

图 8-11 回归对话框

图 8-12 Excel 输出的回归分析结果

一、简答题

1. 相关分析与回归分析的区别与联系是什么？
2. 相关分析主要解决哪些问题？
3. 一元线性回归模型中有哪些基本的假定？

二、判断题

1. 相关系数的范围是 0~1 之间。（　　）

2. 相关分析的变量间是对等的,回归分析间的变量是不对等的。( )

3. 相关系数越大,相关性越强。( )

4. 多元回归分析包含三个及以上的变量。( )

5. 一元回归分析包含二个及以上的变量。( )

6. 相关系数是测定两个变量之间关系密切程度的唯一方法。( )

7. 甲产品产量与单位成本的相关系数是 -0.9,乙产品产量与单位成本的相关系数是 0.8,因此乙比甲的相关程度高。( )

8. 相关系数为 0,表明两个变量之间不存在任何关系。( )

9. 两个变量中不论假定哪个变量为自变量 x,哪个为因变量 y,都只能计算一个相关系数。( )

10. 产品的总成本随着产量增加而上升,这种现象属于函数关系。( )

11. 如两组资料的协方差相同,则说明这两组资料的相关方向也相同。( )

12. 相关系数 r 越大,则估计标准误差 S_{xy} 的值越大,一元线性回归分析的精确度越低。( )

13. 由直线回归方程 $y=-450+2.5x$ 可知变量 x 与 y 之间存在正相关关系。( )

14. 回归系数 b 大于 0 或小于 0 时,则相关系数 r 也是大于 0 或小于 0。( )

15. 当变量 x 与 y 之间存在严格的函数关系时,x 对 y 的回归直线和 y 对 x 的回归直线才能重合。( )

三、单项选择题

1. 在回归分析中,被预测或解释的变量称为( )。
   A. 自变量　　　　B. 因变量　　　　C. 随机变量　　　　D. 非随机变量

2. 下面哪个数值不可能成为相关系数( )。
   A. 1.25　　　　B. 0　　　　C. 1　　　　D. 0.93

3. 在正态分布条件下,以 $2S_{xy}$(提示:S_{xy} 为估计标准误差)为距离作平行于回归直线的两条直线,在这两条平行直线中,包括的观察值的数目大约为全部观察值的( )。
   A. 68.27%　　　　B. 90.11%　　　　C. 95.45%　　　　D. 99.73%

4. 在线性相关中,两个变量的变动方向相反,则两个变量( )。
   A. 不相关　　　　B. 完全相关　　　　C. 正相关　　　　D. 负相关

5. 如果变量 x 和变量 y 之间的相关系数为 -1,说明两个变量之间是( )。
   A. 低度相关关系　　　　　　　　B. 完全相关关系
   C. 高度相关关系　　　　　　　　D. 完全不相关

6. 当两个相关变量之间只有拟合一条回归直线的可能,那么这两个变量之间的关系是( )。
   A. 明显因果关系
   B. 自身相关关系
   C. 完全相关关系
   D. 不存在明显因果关系而存在相互联系

7. 说明回归方程拟合优度的统计量主要是( )。
   A. 相关系数　　　　　　　　　　B. 估计的标准误差

C. 回归参数　　　　　　　　　　D. 判定系数

8. 年劳动生产率 x(千元)和员工工资 y(元)之间的回归方程为 $y=20+80x$。这意味着年劳动生产率每提高 1 千元时,员工工资平均(　　)。

A. 增加 80 元　　B. 减少 70 元　　C. 增加 70 元　　D. 减少 80 元

9. 下列直线回归方程中,(　　)是错误的。

A. $y=20+0.5x, r=0.7$　　　　　　B. $y=-100+3.5x, r=0.75$

C. $y=18-5.2x, r=0.95$　　　　　D. $y=-90-0.9x, r=-0.9$

10. 多元线性回归方程 $y_c=a+b_1x_1+b_2x_2+b_3x_3$ 中的 b_2 说明(　　)。

A. x_2 与 y_c 之间的相关程度

B. x_2 每变化一个单位,y_c 平均变化多少单位

C. 当 x_1、x_3 不变时,x_2 每变化一个单位,y_c 平均变化多少单位

D. 在影响 y_c 的所有因素不变时,x_2 每变化一个单位,y_c 平均变化多少单位

四、计算题

1. 6 个不同的公司,生产同种产品,各个企业的产量和单位产品成本的资料如表 8-7 所示。

表 8-7　不同公司的产量和单位产品成本资料

公司编号	产品产量 x(千件)	产品单位成本 y(元)
1	2	52
2	3	54
3	4	52
4	4	48
5	5	48
6	6	46

根据 6 个公司的数据资料要求计算产量与单位产品成本之间的相关系数。

2. 某物流公司要分析货运量与车辆拥有量之间的关系,选择部分地区进行调查,数据资料如表 8-8 所示。

表 8-8　货运量与车辆拥有量资料

年份	汽车货运量 x(亿吨)	汽车拥有量 y(万辆)
2013	4.1	0.27
2014	4.5	0.31
2015	5.6	0.35
2016	6.0	0.40
2017	6.4	0.52
2018	6.8	0.55
2019	7.5	0.58
2020	8.5	0.60
2021	9.8	0.65
2022	11.0	0.73

要求：

(1)根据资料作散点图。

(2)求相关系数。

(3)计算简单线性回归方程。

(4)对线性回归方程进行显著性检验(假设显著性水平 $\alpha=0.05$)。

3.某工业企业某种产品产量与单位成本资料如表8-9所示。

表8-9 某种产品产量与单位成本资料

年份	2015	2016	2017	2018	2019	2020	2021	2022
产品产量(万件)	2	3	4	3	4	5	6	7
单位成本(元/件)	73	72	71	73	69	68	66	65

要求：

(1)根据上述资料,绘制相关图判别该数列的相关性与回归的种类。

(2)计算适当的回归方程。

(3)根据回归方程,指出当产品产量每增加1万件时,单位成本的变化情况。

(4)计算相关系数和估计标准误差。

实践任务

每4位同学组建一个课程实践小组,请结合党的二十大精神文件,选择1个感兴趣的内容作为课程实践主题,去统计局收集相关数据资料,采用相关与回归分析的方法,分析因变量的影响因素,并对其进行预测,制成分析报告。

第九章 时间序列分析与预测

教学目标

- 帮助学生了解时间序列的分类和特点。
- 帮助学生掌握不同指标序时平均数的计算。
- 帮助学生掌握时间序列水平指标和速度指标的计算。
- 帮助学生理解时间序列的四种影响因素,掌握长期趋势测定的移动平均法和最小平方法的分析预测。
- 帮助学生掌握测定季节变动的同期平均法的分析和预测,了解移动平均趋势剔除法的分析和预测。

案例分析

预测中国人口的变化趋势

根据国家统计局发布的经济运行数据,2022年我国新生儿数量为956万,比2021年下降了106万,人口出生率为6.77‰。这是1950年以来,新生儿数量首次跌破1000万人。此外,我国人口出生率连续三年跌破1%,2022年跌至—0.6%,是近61年来的首次人口负增长。

从年龄构成看,16~59岁的劳动年龄人口为87556万人,占全国人口的比重为62.0%;60岁及以上人口为28004万人,占全国人口的19.8%,其中65岁及以上人口为20978万人,占全国人口的14.9%。从城乡构成看,城镇常住人口为92071万人,比上年末增加646万人;乡村常住人口为49104万人,比上年末减少731万人;城镇人口占全国人口比重(城镇化率)为65.22%,比上年末提高0.50个百分点。

人口形势的变化会影响我们的民生、经济等各个方面。

民生方面,其一,出生率的下降意味着人口老龄化程度将会越来越高。养老问题将变得更加突出。由于老年人口比例上升,养老压力也会越来越大。其二,教育压力也会增大。由于出生率下降,学校的招生规模也会相应缩小,竞争压力也会加大。

经济方面,出生率下降意味着未来人口的数量和质量都会受到限制,对经济发展带来多方面的挑战。其一,消费市场的变化将是显而易见的。人口老龄化、少子化将会对消费市场带来较大的冲击。其二,劳动力市场的变化也将对经济发展带来影响。由于出生率的下降,劳动力市场将会面临劳动人口相对减少的问题,这将影响企业的生产和经营,导致生产成本上升,影响企业的竞争力。需要政府、家庭、社会共同应对，提供更加完善的养老保障和服务。针对我国生育率下降、人口老龄化等新的人口发展形势，决策部门应不断调整、优化生育政策，使人口保持平稳增长，持续改善性别结构。

未来我国人口形势将如何变化，我们怎样从人口趋势曲线中预测人口的发展，本章内容将回答这些问题。

任何社会经济现象都有一个产生和发展的过程，要准确、全面地认识社会经济现象，仅对事物进行静态分析还不够。应随时间演变的过程去研究不断发展变化的客观事物。时间序列分析主要用于描述和探索现象随时间发展变化的数量规律，反映社会经济现象发展变化的过程和特点。研究现象变化的规律和未来趋势，为预测未来和规划发展提供依据。

第一节 时间序列分析概述

时间序列是指标数值按时间顺序排列而成的数列，又称序时数列。它是将某一指标在各个不同时间上的数值按时间先后顺序编制所形成的数列。时间序列的作用有：第一，便于动态比较；第二，有利于对未来情况的预测；第三，可揭示现象的动态演变关系。

一、时间序列的分类

按指标形式划分，时间序列可以分为绝对指标时间序列、相对指标时间序列和平均指标时间序列三种类型。其中，绝对指标时间序列是原始序列（又称基本序列），又分为时期序列和时点序列。其余两种时间序列是派生序列。

(一) 绝对指标时间序列

按时间顺序将一系列的绝对指标排列起来所形成的序列称为绝对指标时间序列，用来反映客观事物在某个时期（或时点）达到的绝对水平及其发展规律。按照指标所反映的社会经济现象所属时间的不同，绝对指标时间序列又分为时期序列和时点序列。

1. 时期序列

当绝对指标时间序列中的各指标值所反映的是客观事物在一段时期内发展过程的结果或总量时，称为时期序列。时期序列是通过连续登记数据资料并累计数据得到的，如企业的产品销售额、利润等，其主要特点如下。

(1) 时期序列指标的可加性。时期序列中的各指标值表示在一段时间内发展变化的总量，各值相加后得到的是更长一段时间内的发展变化过程的总量。例如，将企业每个月的利润总额累加得到企业全年的利润总额，因此，时期序列的指标具有可加性，将各指标值相加具有实际意义。

(2) 时期序列指标值大小与时间长短直接相关。时期序列中，每个指标所包含的时间长度称为"时期"。时期的长短主要根据研究目的而定，一般来说时期越长指标数值就越大；反之，时期越短指标值就越小。因此，时期序列中各指标值的大小与其所属时期长短有直接关系。

(3) 时期序列指标值采用连续登记方式取得。时期序列中各指标值反映客观事物在一段时期内发展的结果,因此必须把该段时间内事物所发生的数量变化逐一登记,并进行累加,才能得到所需的指标值。

2. 时点序列

当绝对指标时间序列中的各指标值反映的是客观事物在某一时点上(瞬间)的水平时,这种序列称为时点序列,如地区的人口数、土地面积及企业的产品库存等,其主要特点如下。

(1)时点序列指标值不具有可加性。时点序列中的各指标值,只表示现象在一定时点上的状态,各值相加后得到的数值不能综合反映现象在几个点上的状态。因此,时点序列的指标不具有可加性,各指标值相加没有实际意义。

(2)时点序列中的指标值大小与时点间隔长短不直接相关。时点序列中,两个相邻指标所属的时点差距称为时点间隔。时点序列不具有可加性,时点间隔长短对指标值没有直接的影响。例如,企业产品的库存在年初未必比年末少(或多)。因此,时点序列中,各指标值的大小与所属时点间隔长短没有直接关系。

(3)时点序列指标采用间隔登记方式取得。时点序列中,各指标值反映客观事物在时点上(瞬间)达到的水平,因此只要在要求的时点上进行登记,以不同时点上的资料反映现象的发展过程,无须对两个时点之间的现象所发生的数量变化进行逐一登记。

(二)相对指标时间序列

按时间顺序把不同时期(时点)的相对指标排列起来所形成的序列称为相对指标时间序列,其反映了客观经济现象之间相互关系(对比关系)的发展变化过程,说明社会经济现象的比例关系、结构、速度等变化情况。在相对指标时间序列中,由于各指标值的基数不同,因此不具可加性。

(三)平均指标时间序列

按时间顺序将各个时期(时点)的平均指标排列起来所形成的序列称为平均指标时间序列,以反映客观经济现象一般水平的变化过程和发展趋势。平均指标时间序列中的各项指标值也不具有可加性。

二、时间序列的编制原则

编制时间序列的目的是通过对同一指标在不同时间的数值进行对比分析,来研究社会经济现象的发展变化规律。因此,在编制时间序列时必须遵循两个基本原则:一是时间单位的选择必须根据具体的研究任务来确定;二是保证序列中各指标之间的可比性。

(一)依据研究任务确定时间单位

一般情况下,在对社会经济现象进行中长期分析时,通常采用年作为时间序列的时间单位,即以年度资料作为研究对象。如果要分析季节性波动或因年度资料缺失以致不能反映现象变化过程时,可选择季度、月份作为时间单位。当对微观过程进行分析时,除采用年、季、月等作为时间单位外,还可以根据研究的需求采用日、时、分等作为时间单位。

(二)指标数据的可比性

时间序列分析的基本任务就是对序列中的数据进行对比分析。因此,保证序列中各指标间的可比性,就成为编制时间序列的最基本原则。

1. 保证时间跨度或时间间隔相等

在时期序列中,指标值的大小与时期的长短密切相关,如果时期长短不一就无法进行直接的比较。因此,要求时期序列中的各指标间的时间跨度相等,以便对比分析。

在时点序列中,虽然指标值反映的是现象在某一时点上达到的水平,其值的大小与时点间隔长短没有直接的关系,似乎不涉及时点间隔长短的问题,但是只有保持相同的时点间隔才能准确地反映现象变化的规律。

2. 保证总体范围一致

保证总体范围一致,例如,要研究某一地区的经济发展情况,首先要注意的是在研究时间内,该地区的行政区域划分是否有变化,如果有变化,前后期的时间就不具有可比性,须进行适当的调整保证总体范围的一致性后,进行比较分析才具有实际意义。

3. 保证指标的含义和经济内容一致

指标的经济内容和含义不同,就不能混合编制在一个时间序列中。因为经济内容和含义不同的指标没有可比性,将其对比分析无法得到可信的结论,所以,在统计年鉴中,经济指标的含义和内容随着时间的变化有时也会发生变化,在编制时间序列时应进行调整,使前后指标所包含的内容一致。

4. 保证指标的计算方法一致

在指标的总体范围、经济内容一致的前提下,指标的计算方法也应一致,这样的计算结果才具有可比性。例如,在分析劳动生产率的变动时,产量指标是实物量指标还是价值量指标,劳动力指标针对的是全部职工还是生产工人,没有统一规定计算出来的劳动生产率指标显然不具有可比性,这种时间序列无法正确反映劳动生产率的变化情况。

5. 保证指标的计算价格和计量单位一致

统计指标的计算价格有现行价格和不变价格之分,如果指标的计算价格不一致将导致指标含义缺乏可比性。在编制时间序列时,指标的计算价格和计量单位要统一。

第二节 时间序列的水平指标

在静态指标分析时,常用均值、方差等指标来概括反映数列的特征和分布规律。对于时间序列,我们将采用动态指标来概括说明事物发展变化的总体特征,常用的动态指标分为水平指标和速度指标两大类。

时间序列的水平指标有发展水平、平均发展水平、增长量和平均增长量四种。其中,发展水平和平均发展水平是一组,平均发展水平是对发展水平一般趋势的描述;增长量和平均增长量是一组,平均增长量是对增长量一般水平的描述。

一、发展水平

发展水平是时间序列中每一个具体的指标数值,它反映的是社会经济现象在各个时期内实际达到的规模或水平。发展水平可以是绝对数、相对数或平均数。

一般情况下,常用字母"a"来表示发展水平,时间序列中各期的发展水平为 $a_0, a_1, a_2, \cdots,$ a_n,其中,第一期的指标值为期初水平(用 a_0 表示),最后一期的指标值为期末水平(用 a_n 表示)。在时间序列分析中需要研究时期的发展水平称为报告期水平(或计算期发展水平,用 a_n 表示),研究中作为比较基础的发展水平为基期水平(用 a_0 表示)。值得注意的是,期初水平与期末水平、基期水平与报告期水平的概念是相对的,不是绝对不变的。随着研究的目的、任务的变化,现在的期末水平可能变成日后的期初水平;现在的报告期水平也可能成为将来研究的基期水平。

二、平均发展水平

平均发展水平又称为序时平均数或动态平均数,用 $\bar{a}$ 表示,是将时间序列中不同时期的发展水平加以平均而得到的平均数。平均发展水平从动态上说明现象在某一时期内发展变化的一般水平,它与一般平均数有共同之处,但又有明显的区别:平均发展水平是对同一现象在不同时间上的发展水平的平均,是从动态角度说明现象在某一时间内发展变化的一般水平;而一般平均数是对同质总体中各个个体单位标志值的平均,是从静态角度说明其在一定时间上的一般水平。

微阅读 9-1

由于序时平均数是根据时间序列计算出来的,而时间序列按其指标形式可以分为绝对指标时间序列、相对指标时间序列和平均指标时间序列,因此,序时平均数的计算应根据时间序列的分类采用不同的计算方法,有的需要根据绝对指标时间序列的计算方法来计算,有的需要根据相对指标时间序列和平均指标时间序列的计算方法来计算。其中,绝对指标时间序列的序时平均数的计算方法是最基本的。

(一)绝对指标时间序列序时平均数的计算

绝对指标时间序列又分为时期序列和时点序列,两者具有明显的差异,由于两者的指标性质不同,在计算序时平均数的方法上亦有所不同。

1. 时期序列序时平均数的计算

由于时期序列中的指标具有可加性,而其序列中各指标之和等于全期总量。因此,其序时平均数的计算方法采用简单算术平均数即可,即

$$\bar{a} = \frac{a_1 + a_2 + \cdots + a_n}{n} = \frac{\sum a}{n} \tag{9.1}$$

式中 $\bar{a}$——算术平均数;

$a_1, a_2, \cdots, a_n$——各期发展水平;

n——时期项数。

【例 9-1】 某汽车制造企业 2022 年上半年的汽车产量如表 9-1 所示。

表 9-1 某企业 2022 年上半年汽车产量

月份	1	2	3	4	5	6
产量(万辆)	1.8	2.2	2.5	3.0	2.8	2.6

试计算该企业 2022 年上半年汽车的平均产量。

解 企业汽车产量为时期指标,所以该数列为时期数列,所以根据式(9.1)得汽车的平均

产量为：

$$\bar{a} = \frac{1.8+2.2+2.5+3.0+2.8+2.6}{6} = 2.48(万辆)$$

2. 时点序列序时平均数的计算

由于时点序列中的指标值都是瞬间的资料，不是连续登记的资料，两点之间都有一定的间隔。严格地说，时点序列是不连续的，但是在经济统计中一般将"日"作为最小的计算单位，因此，如果时点序列的资料是逐日登记的，就将其视为连续时点序列。根据时点序列掌握的资料不同，可将其分为连续时点序列和间断时点序列，两者均有间隔相等和间隔不等两种形式，因此时点序列序时平均数的计算有四种计算公式。

(1) 连续时点序列序时平均数的计算。

在统计学中，通常将按日登记的时点序列称为连续时点序列。具体分为两种情况：一是逐日登记的连续时点序列(间隔相等)；二是非逐日登记的连续时点序列(间隔不等)。

对于逐日登记逐日排列的时点序列可视为时期序列，其序时平均数的计算方法与时期序列序时平均数的计算方法相同，采用简单算术平均数即可。

$$\bar{a} = \frac{a_1 + a_2 + \cdots + a_n}{n} = \frac{\sum a}{n} \qquad (9.2)$$

非逐日登记的连续时点序列，其数据资料不是逐日登记的，而是在数据发生变化时才登记的。但是，在整个研究期间，各时点的数据资料均是已知的，故也称其为连续时点序列，其序时平均数应以变量持续时间为权数，采用加权算术平均数来计算，即

$$\bar{a} = \frac{a_1 f_1 + a_2 f_2 + \cdots + a_n f_n}{f_1 + f_2 + \cdots + f_n} = \frac{\sum af}{\sum f} \qquad (9.3)$$

式中　f——权数，即时间间隔。

【例 9-2】 某商场 2022 年商品库存额数据如表 9-2 所示。

表 9-2　某商场 2022 年商品库存额资料

月份	1—5	6—7	8—11	12
平均库存额(万元)	50	48	70	65

解　商品库存额为时点指标，从表 9-2 可得该数据为非逐日登记的连续时点序列，所以根据式(9.3)得：

$$\bar{a} = \frac{50 \times 5 + 48 \times 2 + 70 \times 4 + 65 \times 1}{12} = 57.58(万元)$$

(2) 间断时点序列序时平均数的计算。

间断时点序列一般是由月末、季末或年末等较大的时间单位登记的时点资料排列所形成的数列。间断时点序列也分为等间隔时点序列和间隔不等时点序列。

等间隔时点序列相邻两个时点间，时间跨度是相同的，假设每个相邻时点之间的指标数值变化是均匀的，则用两点的平均数来代表时点指标在这两点间的指标值，即将时点值转化为时期值。这样利用每两点间的平均数代替各期的时期值，然后利用时期序列序时平均数计算方法得到等间隔时点序列序时平均数的计算公式：

$$\bar{a}=\frac{\frac{a_1+a_2}{2}+\frac{a_2+a_3}{2}+\frac{a_3+a_4}{2}+\cdots+\frac{a_{n-1}+a_n}{2}}{n-1}=\frac{\frac{a_1}{2}+a_2+a_3+\cdots+a_{n-1}+\frac{a_n}{2}}{n-1} \quad (9.4)$$

式(9.4)称为首尾折半法,利用这种方法计算出来的时点序列序时平均数具有一定的假设性,即假定现象在相邻两点间的变化是均匀的。

【例9-3】 某企业2022年第三季度职工人数资料如表9-3所示。已知2021年年末职工人数为1900人。求第三季度平均职工人数。

表9-3 某企业第三季度职工人数

时间	6月30日	7月31日	8月31日	9月30日
人数(人)	1200	1260	1254	1290

解 现假定职工人数每月变化是均匀的,本月初与上月末的职工人数相等。则各月平均职工人数为:

7月份 $\bar{a}=\dfrac{1200+1260}{2}=1230$(人);

8月份 $\bar{a}=\dfrac{1260+1254}{2}=1257$(人);

9月份 $\bar{a}=\dfrac{1254+1290}{2}=1272$(人)。

则第三季度平均职工人数 $\bar{a}=\dfrac{1230+1257+1272}{3}=1253$(人)。

上述计算第三季度平均职工人数的两个步骤,可以合并简化为

$$\bar{a}=\frac{\dfrac{1200+1260}{2}+\dfrac{1260+1254}{2}+\dfrac{1254+1290}{2}}{3}=1253(人)$$

把上面的计算过程概括为一般公式

$$\bar{a}=\frac{\frac{a_1+a_2}{2}+\frac{a_2+a_3}{2}+\cdots+\frac{a_{n-1}+a_n}{2}}{n-1}=\frac{\frac{a_1}{2}+a_2+a_3+\cdots+a_{n-1}+\frac{a_n}{2}}{n-1}$$

以上就是"首尾折半法"的推算过程。

当间断时点序列的时间间隔不等时,简单使用式(9.4)就不合适了,这时可以用间隔时点的长短作为权数,结合式(9.4)得到时间间隔不等的间断时点序列序时平均数的计算公式:

$$\bar{a}=\frac{\frac{a_1+a_2}{2}f_1+\frac{a_2+a_3}{2}f_2+\cdots+\frac{a_{n-1}+a_n}{2}f_{n-1}}{\sum f} \quad (9.5)$$

【例9-4】 某企业上半年定额流动资金占有的统计数据如表9-4所示,计算该企业上半年定额流动资金平均占有额。

表 9-4 某企业上半年定额流动资金占有记录

日期	1月1日	4月1日	6月1日	7月1日
月初定额流动资金（万元）	280	320	350	300

解 月初定额流动资金为时点指标，从表 9-4 可以看出该数据为间隔不等的时点序列，根据式(9.5)得：

$$\bar{a} = \frac{\frac{280+320}{2} \times 3 + \frac{320+350}{2} \times 2 + \frac{350+300}{2}}{6} = 315.8 \text{（万元）}$$

（二）相对指标时间序列序时平均数的计算

相对指标时间序列属于派生的时间序列，是将两个具有联系的绝对指标时间序列的相应项进行对比而得的一种时间序列。相对指标分为静态相对指标（结构相对指标、比例相对指标）和动态相对指标（发展速度、增长速度等），在此仅介绍静态相对指标序时平均数的计算方法。相对指标时间序列中的指标值不具有可加性，因此，不适用于直接相加求平均值，而应通过分别计算分子和分母的序时平均数，然后再通过对比求出相应数列的序时平均数。即相对指标时间序列为 $c_0, c_1, c_2, \cdots, c_n$，而 $c = \frac{a}{b}$，则若要计算出 c 的序时平均数，应首先计算时间序列 $a_0, a_1, a_2, \cdots, a_n$ 和时间序列 $b_0, b_1, b_2, \cdots, b_n$ 的序时平均数（$\bar{a}$ 和 $\bar{b}$），即

$$\bar{c} = \frac{\bar{a}}{\bar{b}} \tag{9.6}$$

式中 $\bar{c}$——相对指标时间序列的序时平均数；

$\bar{a}$——分子数列的序时平均数；

$\bar{b}$——分母数列的序时平均数。

需要注意的是，在求分子、分母的序时平均数时，应首先判断分子序列和分母序列的序列类型，再利用相应的序时平均数的计算公式准确地计算出分子、分母的序时平均数，这样求出的相对指标时间序列序时平均数才是正确的。

【例 9-5】 某企业第一季度商品流转情况如表 9-5 所示。求第一季度的商品流转次数。（提示：商品流转次数＝商品销售额/商品库存额）

表 9-5 某企业第一季度商品流转次数

月份	12月	1月	2月	3月
商品销售额 a（万元）	—	300	420	280
商品月末库存额 b（万元）	100	140	160	120
商品流转次数 c（次）	—	2.5	2.8	2

解 商品流转次数（用 c 表示）是一个相对指标，其值为商品销售额（用 a 表示）与商品月

末库存额(用 b 表示)的比值,即 $c=\dfrac{a}{b}$。则根据式(9.6)需要分别计算出商品销售额和商品月末库存额的序时平均数。

商品销售额是时期指标,根据式(9.1)得：

$$\bar{a}=\frac{300+420+280}{3}=333.3$$

商品月末库存额为时点指标,根据式(9.4)得：

$$\bar{b}=\frac{\dfrac{100}{2}+140+160+\dfrac{120}{2}}{3}=136.7$$

最后根据式(9.6)得 $\bar{c}=\dfrac{\bar{a}}{\bar{b}}=\dfrac{333.3}{136.7}=2.44$(次)。

则第一季度的商品流转次数:$2.44\times3=7.32$(次)。

(三)平均指标时间序列序时平均数的计算

平均指标时间序列也是派生的时间序列,可以由静态平均数或动态平均数组成。静态平均数的分子多属于标志总量,分母多属于总体单位总量,因此其时间序列也是由两个绝对指标时间序列之比形成的。故计算静态平均指标时间序列序时平均数与相对指标时间序列序时平均数的计算方法一致,也是先分别计算分子和分母的序时平均数,然后再进行对比计算。而由动态平均数组成的时间序列的序时平均数的计算方法则比较简单,间隔相等时计算简单算术平均数,间隔不等时可以以时期为权数计算其加权算术平均数。

三、增长量

增长量(增减量)是时间序列中两个不同时期发展水平之差,又称为增长水平。它反映社会经济现象在一定时期内增长的绝对水平,其计算公式为

$$\text{增长量}=\text{报告期水平}-\text{基期水平} \tag{9.7}$$

由于选择的基期不同,增长量可以分为逐期增长量和累计增长量。逐期增长量是选择前一个时期为基期计算的增长量,而累计增长量则是选择某一个固定的时期为基期。

各期逐期增长量为:$a_1-a_0,a_2-a_1,\cdots,a_n-a_{n-1}$

各期累计增长量为:$a_1-a_0,a_2-a_0,\cdots,a_n-a_0$

逐期增长量和累计增长量之间存在如下数量关系。

(1)逐期增长量之和等于相应时期的累计增长量。用符号表示为

$$(a_1-a_0)+(a_2-a_1)+\cdots+(a_n-a_{n-1})=a_n-a_0$$

(2)每两个相邻的累计增长量之差等于相应时期的逐期增长量。用符号表示为

$$(a_n-a_0)-(a_{n-1}-a_0)=a_n-a_{n-1}$$

【例 9-6】 已知武汉市人均 GDP(单位:万元)数据(见表 9-6),包含逐期增长量和累计增长量数据。

表 9-6　2013—2022 年武汉市人均 GDP(万元/人)

年份	2013	2014	2015	2016	2017	2018	2019	2020	2021	2022
人均 GDP	8.6	9.75	10.07	10.79	12.09	13.59	14.55	13.06	13.53	13.78
逐期增长量	—	1.15	0.32	0.72	1.3	1.5	0.96	−1.49	0.47	0.25
累计增长量	—	1.15	1.47	2.19	3.49	4.99	5.95	4.46	4.93	5.18

解　(1)逐期增长量。

2014 年逐期增长量＝9.75−8.6＝1.15(万元/人)

2015 年逐期增长量＝10.07−9.75＝0.32(万元/人)

2016 年逐期增长量＝10.79−10.07＝0.72(万元/人)

其余各年份逐期增长量以此类推。

(2)累计增长量。

2014 年累计增长量＝9.75−8.6＝1.15(万元/人)

2015 年累计增长量＝10.07−8.6＝1.47(万元/人)

2016 年累计增长量＝10.79−8.6＝2.19(万元/人)

其余各年份累计增长量以此类推。

四、平均增长量

平均增长量是时间序列中各逐期增长量的序时平均数,又称平均增长水平。它表明客观现象在一定时期内平均每期的增长量。平均增长量也是一种序时平均数,是逐期增长量动态序列的序时平均数,反映现象的平均增长水平,其计算公式为

$$\text{平均增长量} = \frac{\text{逐期增长量之和}}{\text{逐期增长量个数}} = \frac{\text{累计增长量}}{\text{动态数列项数}-1} \tag{9.8}$$

【例 9-7】　根据表 9-6 的人均 GDP,试计算武汉市 2013—2022 年人均 GDP 的平均增长量。

解　根据式(9.8)得武汉市人均 GDP 平均增长量为：

$$\text{平均增长量} = \frac{5.18}{10-1} = 0.576(\text{万元}/\text{人})$$

第三节　时间序列的速度指标

时间序列的速度指标又称为时间序列的相对数指标,常用的速度指标有发展速度、平均发展速度、增长速度和平均增长速度四种,它们之间具有密切的关系,其中发展速度是最基本的

速度指标。

一、发展速度

发展速度是以相对数的形式来反映时间序列的分析指标,是时间序列中报告期水平与基期水平之比。发展速度是表明现象发展变化的程度的动态相对指标,计算公式为

$$发展速度=\frac{报告期水平}{基期水平} \tag{9.9}$$

根据选择的基期不同,发展速度可以分为环比发展速度和定基发展速度。环比发展速度是选择报告期前一个时期为基期计算的发展速度,通常用来说明现象的逐期发展变化程度。其计算公式为

$$环比发展速度=\frac{报告期水平}{前一期水平} \tag{9.10}$$

定基发展速度是选择某一个固定时期的发展水平作为基期计算的发展速度,它表示现象在较长时间内总的发展变化程度,有时也被称为总速度。其计算公式为

$$定基发展速度=\frac{报告期水平}{固定时期水平} \tag{9.11}$$

以上公式用符号表示为

$$环比发展速度:\frac{a_1}{a_0},\frac{a_2}{a_1},\frac{a_3}{a_2},\cdots,\frac{a_n}{a_{n-1}}$$

$$定基发展速度:\frac{a_1}{a_0},\frac{a_2}{a_0},\frac{a_3}{a_0},\cdots,\frac{a_n}{a_0}$$

定基发展速度与环比发展速度的关系如下。

(1)定基发展速度等于相应时期的各个环比发展速度的连乘积,即

$$\frac{a_1}{a_0}\times\frac{a_2}{a_1}\times\frac{a_3}{a_2}\times\cdots\cdots\times\frac{a_n}{a_{n-1}}=\frac{a_n}{a_0}$$

(2)每两个相邻的定基发展速度之比等于相应时期的环比发展速度,即

$$\frac{a_n}{a_0}:\frac{a_{n-1}}{a_0}=\frac{a_n}{a_{n-1}}$$

由此可见,各期环比发展速度的连乘积等于对应时期的定基发展速度。在实际应用中,经常运用上述关系进行速度指标的换算。

二、增长速度

增长速度又称增长率,是增长量与基期水平之比。增长速度是反映社会经济现象增长程度的动态指标,其计算公式为

$$增长速度=\frac{增长量}{基期水平}=\frac{报告期水平-基期水平}{基期水平}=\frac{报告期水平}{基期水平}-1=发展速度-1 \tag{9.12}$$

根据增长速度的概念和计算公式,增长速度不仅是增长量的函数,同时它与发展速度也存在密切关系——增长速度等于发展速度减1。

同样由于选择的基期不同,增长速度也可以分为环比增长速度和定基增长速度。环比增

长速度选择的基期是报告期的上一个时期,表明的是现象逐期的增长程度。定基增长速度选择的基期是某一个固定的时期,表明的是现象在较长时间内总的增长程度。

$$环比增长速度=\frac{逐期增长量}{前一期水平}=环比发展速度-1=\frac{a_n-a_{n-1}}{a_{n-1}}=\frac{a_n}{a_{n-1}}-1$$

$$定基增长速度=\frac{累计增长量}{固定时期水平}=定基发展速度-1=\frac{a_n-a_0}{a_0}=\frac{a_n}{a_0}-1$$

值得注意的是,环比增长速度与定基增长速度之间并不像逐期增长量与累计增长量那样存在直接累加的关系,而环比发展速度与定基发展速度具有直接的累乘的关系。

【例 9-8】 某地区 2018—2022 年粮食产量如表 9-7 所示,计算在此期间该地区粮食产量的定基发展速度、环比发展速度、定基增长速度、环比增长速度。

表 9-7 某地区 2018—2022 年粮食产量

年份		2018	2019	2020	2021	2022
粮食产量(万吨)		42625	43529	44266	45649	46657
发展速度(%)	定基	100	102.1	103.8	107.1	109.5
	环比	—	102.1	101.7	103.1	102.2
增长速度(%)	定基	—	2.1	3.8	7.1	9.5
	环比	—	2.1	1.7	3.1	2.2

解 以 2020 年为例计算时间序列的各指标如下。

$$定基发展速度=44266/42625=103.8\%$$
$$环比发展速度=44266/43529=101.7\%$$
$$定基增长速度=(44266-42625)/42625=3.8\%$$
$$环比增长速度=(44266-43529)/43529=1.7\%$$

其余年份同理,读者可以自行计算。

三、平均发展速度和平均增长速度

平均发展速度与平均增长速度统称为平均速度。平均速度是指各期环比速度的平均数,表明现象在一定时期内平均发展变化的程度。

平均发展速度是各期环比发展速度的动态平均数。平均发展速度虽然是一种动态平均数,但它不能用普通的序时平均数的计算方法求得。由于发展速度具有序列前后衔接(前期的报告期为后期的基期)及连乘积关系(环比发展速度连乘积等于定基发展速度),因此平均发展速度的计算适合采用几何平均数。

$$\overline{X}=\sqrt[n]{X_1 \cdot X_2 \cdot X_3 \cdot \cdots \cdot X_n}=\sqrt[n]{\frac{a_1}{a_0} \cdot \frac{a_2}{a_1} \cdot \frac{a_3}{a_2} \cdot \cdots \cdot \frac{a_n}{a_{n-1}}}=\sqrt[n]{\frac{a_n}{a_0}}=\sqrt[n]{R} \quad (9.13)$$

式中 $\overline{X}$——平均发展速度;

X_i——各期的环比发展速度;

n——经历的时期数(环比发展速度的个数)。

平均增长速度是各期环比增长速度的平均数,它表明现象在一定时期内的平均化(增减)

程度。同样,平均增长速度也不适合采用普通的序时平均数的计算方法求得。根据增长速度与发展速度的关系:增长速度＝发展速度－1,可以得出

$$\text{平均增长速度} = \text{平均发展速度} - 1 \qquad (9.14)$$

平均发展速度大于 1 时,平均增长速度为正值,表明现象在这段时间内总体上是增长的,则这个指标可称为"平均递增速度"或"平均递增速率";反之,当平均发展速度小于 1 时,平均增长速度为负值,表明现象在此期间内呈下降趋势,该指标可称为"平均递减速度"或"平均递减速率"。

仍然以例 9-8 的数据为例,若根据最初水平和最末水平计算平均发展速度:

$$\overline{X} = \sqrt[4]{\frac{a_{2022}}{a_{2018}}} = \sqrt[4]{\frac{46657}{42625}} = 102.3\%$$

若根据各期环比发展速度计算平均发展速度:

$$\overline{X} = \sqrt[4]{102.1\% \times 101.7\% \times 103.1\% \times 102.2\%} = 102.3\%$$

若根据总增长速度计算平均发展速度,则

$$\overline{X} = \sqrt[4]{109.5\%} = 102.3\%$$

四、增长率(增长速度)分析注意事项

增长率是常用的动态序列分析指标,是以百分数表示的抽象化指标。在运用增长率进行分析时应注意以下问题。

(1)注意年度增长率。

前述增长率通常是指年度增长率,是根据年度数据计算而得的。在实际工作中,经常遇到用月度数据或季度数据等计算增长率的情况。为了便于比较,通常需要根据这些月度数据或季度数据计算年度增长率,年度增长率又称为年化增长率,其计算公式为

$$\text{年度增长率} = \left(\frac{y_n}{y_0}\right)^{\frac{m}{n}} - 1 \qquad (9.15)$$

其中 m 为一个年度中的时期数;n 为总的时间间隔时期数。例如,用月度数据计算年度增长率时,$m=12$;用季度数据计算年度增长率时,$m=4$。

【例 9-9】 已知 2003 年 SCI 收录中国科技论文数量达到 49788 篇,在 2007 年再创新高,达到了 89147 篇,实现了飞速增长。试求 2003—2007 年间 SCI 收录中国科技论文数量的年度增长率。

解 SCI 收录中国科技论文的数据是按年份记录的,则 $m=1$,2003—2007 年的时间间隔为 4 年,则 $n=4$。所以

$$\text{年化增长率} = \left(\frac{y_n}{y_0}\right)^{\frac{m}{n}} - 1 = \left(\frac{89147}{49788}\right)^{\frac{1}{4}} - 1 = 15.7\%$$

因此,2003—2007 年间 SCI 收录中国科技论文数量的年度增长率为 15.7%。

(2)适当选择基期并结合基期水平进行分析。

保证基期指标在整个研究时期的同质性。从数量关系上看,基期水平低会导致增长率的快速提高,就此掩盖了低水平的事实。因此,通常用增长 1% 的绝对值来考察增长率与发展水平的关系。

$$\text{增长 1\% 的绝对值} = \frac{\text{前期水平}}{100} = \frac{a_{i-1}}{100} \tag{9.16}$$

(3) 联系各期增长率补充说明平均增长率。

从式(9.13)和式(9.15)可知增长率只计算期初水平和期末水平两个数据，忽略了中间各个时期的具体变化，只靠该结果进行分析可能会产生误解或得出错误的结论。因此，有必要补充各期的增长率并进行同步分析。

(4) 平均增长率应与各基本指标结合分析。

平均增长率是根据各个基本指标计算得出的，在用其进行分析时，应结合发展水平、增长量、环比发展速度、定基发展速度等基本指标进行综合分析。这样才能深入了解现象发展的具体过程和特点，从而对客观事物有准确、完整的认识。

第四节 长期趋势的测定与预测

时间序列分析是研究随时间推移的指标变化规律。时间序列是由多种复杂因素共同作用的结果。为深入分析事物变化的规律性，须对时间序列的各个因素进行进一步分析与测定。

一、时间序列的构成与分解

(一) 时间序列的构成因素

时间序列中，不同因素对指标变化的作用不同，导致指标变化的结果也不尽相同，从而形成不同的数列。按性质和作用划分，时间序列的影响因素大致可归为长期趋势、季节变动、循环变动和不规则变动四种。

1. 长期趋势

长期趋势(T)是指随时间的推移，时间序列中的指标值朝一个方向持续上升或下降的变化趋势，它反映了客观事物的主要变化趋势。例如，受科技进步和人才素质提高的影响，我国国内生产总值总体呈上升趋势。

2. 季节变动

季节变动(S)是指由于受到自然条件或其他因素的影响，时间序列中的指标随时间的推移而发生的有规律的周期性的波动。它反映了客观事物的变化受到自然条件或其他客观因素的影响。例如，农作物的产量受生产季节的影响导致农产品供应量的季节变动。

季节变动的周期性比较强，而且周期比较稳定。这种"季节"可以是自然条件也可以是客观条件或人为因素。因此，季节的周期可以是以年为周期的，也可以是以其他时间单位为周期的。例如，一般农作物的产量可以以年为周期，也可以以其他时间单位为周期；公园、商场的客流量可以以周为周期。

3. 循环变动

循环变动(C)是指在较长的时间内，时间序列中指标值随时间的推移而表现出来的有规律的变化趋势。不同于长期趋势，其变化不是单一方向的持续变动；也不同于季节变动，其变化没有固定的周期规律。循环变动的规律性不甚明显,一般很难掌握,例如,股票价格变动情况等。

4. 不规则变动

不规则变动(I)是指由于偶然因素的影响,时间序列中各指标值呈现的无规律变动,也可称为随机变动或剩余变动。不规则变动又可分为突然变动和随机变动。突然变动是指如战争、地震等突发事件所引起的变化;随机变动是指由于多种随机因素所产生的影响。通常所说的不规则变动是指随机变动。

(二)时间序列的模型分析

通过上述分析,时间序列是由长期趋势、季节变动、循环变动和不规则变动四类因素构成。若将形成时间序列的因素与时间序列的关系按一定的假设,用一定的数学关系式表达,就形成了时间序列的分解模型。时间序列的分解模型主要有加法模型和乘法模型两种。

1. 加法模型

假设构成时间序列的四个因素是相互独立的,则时间序列各期水平的数值可视为四个因素的加总,即

$$Y = T + S + C + I \tag{9.17}$$

2. 乘法模型

如果构成时间序列的四个因素之间存在着某些相互影响的关系,四个因素对现象发展的影响是相互的,则时间序列各期水平的数值就是四个因素的乘积,即

$$Y = T \cdot S \cdot C \cdot I \tag{9.18}$$

时间序列分析一般采用乘法模型,把受各个因素影响的变动情况测定出来,为决策提供依据。事实上,有些现象的时间序列并非四个影响因素都有,从长期来看,长期趋势和季节变动为主要影响。分析不同影响因素对于每一个具体的时间序列而言都是十分重要的问题。

二、长期趋势测定与预测的方法

长期趋势是研究社会经济现象在一段时期内持续向上或向下发展的变动趋势。测定长期趋势的目的是:首先,把握现象变化的趋势;其次,探索现象变化的规律性,为统计预测储备资料;最后,测定长期趋势,为更好地测定季节变动提供依据。

长期趋势有两种基本的表现形式,即直线趋势和曲线趋势,直线趋势是指现象在研究期内的变动轨迹大致呈一条直线或近似呈一条直线。直线趋势表明现象在研究期内是逐期增加(或减少)的,而且每期的增加量是基本相同的。曲线趋势是指现象在研究期内的变动轨迹不在一条直线上,而是呈某种数学曲线形式前进。如抛物线、指数曲线等。曲线变动趋势的各期增长量和增长率是变动的。但是,在曲线趋势发展过程中,若仅取其中一小段时间加以研究,曲线形式往往表现为直线形式。因此,曲线可以认为是若干条直线的组合,直线是曲线的特殊表现形式,故直线趋势是最简单的,也是最基本的趋势。

微阅读 9-2

长期趋势的测定就是要排除一些偶然因素的影响,研究现象发展变化的规律,并对其发展变化的总趋势作出判断。对原来的时间序列进行统计处理,称为时间序列的修匀,即进行长期趋势的测定。长期趋势的测定方法很多,常用的方法有移动平均法、分段平均法、指数平滑法、

最小平方法等,本章只介绍移动平均法和最小平方法。

(一)移动平均法

移动平均法的原理是对原序列按一定的期数逐项移动计算平均数,计算一系列的序时平均数,形成一个新的、派生的时间序列来替代原有序列,从而对原数列进行修匀,消除原序列中的不规则变动等,显示长期趋势的特征。这种方法通过对原序列的观察值逐项递移计算得到平均数,求得下一期的预测值。

【例 9-10】 某商场 2011—2022 年的销售额如表 9-8 所示,分别采取 3 项和 5 项移动平均法进行修匀,计算其各个移动平均数(见表 9-9)。

表 9-8 某商场销售额数据(万元)

年份	2011	2012	2013	2014	2015	2016	2017	2018	2019	2020	2021	2022
销售额	64	67	71	76	73	80	85	87	92	88	96	102

表 9-9 某商场销售额的移动平均数

年份	销售额(万元)	移动平均预测 $k=3$	移动平均预测 $k=5$
2011	64	—	—
2012	67	—	—
2013	71	—	—
2014	76	67.3	—
2015	73	71.3	—
2016	80	73.3	70.2
2017	85	76.3	73.4
2018	87	79.3	77
2019	92	84	80.2
2020	88	88	83.4
2021	96	89	86.4
2022	102	92	89.6
2023	—	95.3	93

应用移动平均法分析长期趋势时,应注意下列四点。

(1)用移动平均法对原时间序列修匀,修匀程度的大小,与原数列移动平均的项数多少有关。例如,用 5 项移动平均比 3 项移动平均修匀程度更大些。也就是说,修匀的项数越多,效果越好,即趋势线越平滑。

(2)移动平均法所取项数的多少,应视资料所反映的特定社会经济现象而定。若现象有周期变动,则以周期为长度。例如,季度资料可采用 4 项移动平均;各年月资料,可用 12 项移动平均;五年一周期,可采用 5 项移动平均。移动平均法可消除周期变动。

(3)移动平均法只使用最近 k 期的数据,每次计算移动平均值时,移动的间隔均为 k。移动平均法适合预测较为平稳的时间序列。它将最近的 k 期数据加以平均,以作为下一期的预测值。如表 9-9 所示,3 项移动平均中第一个移动平均数 $(64+67+71)/3=67.3$(万元),可作为 2014 年的预测值,此时修匀后的新数列的第一项对应原序列的第 4 项。第二个移动平均数 $(67+71+76)/3=71.3$(万元),可作为 2015 的预测值。以此类推,最后一个移动平均数 $(88+96+102)/3=95.3$(万元)则可作为 2023 年的预测值。

(4) 修匀后的数列,较原数列项数少。移动时采用的项数越多,虽能更好进行修匀,但所得趋势值的项数就越少。当原序列项数为 N,移动间隔 k 为奇数时,修匀后的数列项数为 $N-(k-1)$ 项;当 N 为偶数,修匀后的数列项数为 $N-k$ 项。

(二)最小平方法

最小平方法又称最小二乘法,是用一定的数学模型对原有的时间序列进行拟合,得到一条适当的趋势线来进行修匀,是测定长期趋势常用的方法。根据最小平方法的原理,建立模型必须符合以下条件。

(1) 原有时间序列中各期指标值(y)与根据拟合模型求得的趋势值(y_c)的离差平方和为最小值,即 $\sum(y-y_c)^2=$ 最小值。

(2) 原有时间序列中各期指标值(y)与根据拟合模型求得的趋势值(y_c)的离差之和为零,即 $\sum(y-y_c)=0$。

长期趋势的类型很多,有直线型,也有曲线型,而最小平方法既可用于直线模型,也可以用于曲线模型,所以它是分析长期趋势十分普遍和理想的方法。下面主要介绍用最小平方法配合直线模型、抛物线模型及指数模型进行分析。

1. 直线模型

当时间序列中现象发展变化的逐期增长量基本不变时,可以考虑拟合直线模型来测定现象变动的长期趋势。直线模型的数学表达式为

$$y_c=a+bt \tag{9.19}$$

其中 a 代表截距;b 代表直线的斜率;t 代表时间变量。

上述直线模型中,a、b 为两个未定参数,根据最小平方法的要求,可用求偏导数的方法,得到以下联立方程组

$$\begin{cases} \sum y = na + b\sum t \\ \sum ty = a\sum t + b\sum t^2 \end{cases}$$

其中 y 代表时间序列中各期水平;n 代表时间序列的项数。

为了计算简便,我们可以假设时间 t:当时间项数为奇数时,可假设 t 的中间项为 0,这时时间项依次排列为:$\cdots,-3,-2,-1,0,1,2,3,\cdots$;当时间项数为偶数时,时间项依次排列为:$\cdots,-5,-3,-1,1,3,5,\cdots$。这时,$\sum t=0$,则以上联立方程组可简化为

$$\begin{cases} \sum y = na \\ \sum ty = b\sum t^2 \end{cases}$$

则参数 a、b 即可简化为

$$\begin{cases} a = \dfrac{\sum y}{n} \\ b = \dfrac{\sum ty}{\sum t^2} \end{cases}$$

【例 9-11】 某地 2014—2022 年财政支出数据见表 9-10 所示，采用最小平方法建立财政支出随时间变化的拟合模型。

表 9-10　某地财政支出数据

年 份	财政支出（亿元）	逐期增长量	年 份	财政支出（亿元）	逐期增长量
2014	34	—	2019	58	3
2015	41	7	2020	62	4
2016	46	5	2021	68	6
2017	51	5	2022	72	4
2018	55	4			

解　根据表 9-10 所示资料初步计算结果，发现逐期增长量大体相等（也可以画一个散点图进行观察，可以发现长期趋势比较接近直线），所以可以配合一个直线模型进行分析。列表说明其计算方法，如表 9-11 所示。

表 9-11　某地财政支出数据直线模型计算表（亿元）

年份	t	y	ty	t^2	y_c
2014	−4	34	−136	16	35.99
2015	−3	41	−123	9	40.52
2016	−2	46	−92	4	45.05
2017	−1	51	−51	1	49.58
2018	0	55	0	0	54.11
2019	1	58	58	1	58.64
2020	2	62	124	4	63.17
2021	3	68	204	9	67.7
2022	4	72	288	16	72.23
合计	—	487	272	60	486.99

将表 9-11 的数据资料代入联立方程式得

$$\begin{cases} 487=9a \\ 272=60b \end{cases}$$

可得 $a=54.11$；$b=4.53$，则该地财政支出随时间变化的直线模型为 $y_c=54.11+4.53t$。据此可以预测该地区 2023 年的粮食产量，也即当 $t=5$ 时，$y_c=54.11+4.53\times 5=76.76$（亿元）。

应该指出的是，时间变量的取值不同，得出的线性模型也是不同的，但是根据这些模型预测的未来年度的变量值的时候，相同年份的预测值应该是相近的。

2. 抛物线模型

当时间序列中各期现象的逐期增长量的增长量（二级增长量）基本不变时，可以考虑采用抛物线模型来测定现象的长期趋势。抛物线模型的数学表达式为

$$y_c=a+bt+ct^2 \tag{9.20}$$

上述抛物线模型中，a、b、c 为三个未定参数，根据最小平方法的要求，可用求偏导数的方法，得到以下联立方程组

$$\begin{cases} \sum y=na+b\sum t+c\sum t^2 \\ \sum ty=a\sum t+b\sum t^2+c\sum t^3 \\ \sum t^2 y=a\sum t^2+b\sum t^3+c\sum t^4 \end{cases}$$

同理，为了计算方便，可以通过假设 t，使 $\sum t=0$，$\sum t^3=0$，则以上联立方程组简化为

$$\begin{cases} \sum y=na+c\sum t^2 \\ \sum ty=b\sum t^2 \\ \sum t^2 y=a\sum t^2+c\sum t^4 \end{cases}$$

【**例 9-12**】 某部门各年基本建设投资资料如表 9-12 所示，请采用最小平方方法建立基本建设投资额随时间变化的拟合模型。

表 9-12 某部门各年基本建设投资资料

年份	投资额度（万元）	逐期增长量	二级增长量
2014	1240	—	—
2015	1291	51	—
2016	1362	71	20
2017	1450	88	17
2018	1562	112	24
2019	1695	133	21
2020	1845	150	17
2021	2018	173	23
2022	2210	192	19

解 根据表 9-12 资料初步计算结果，可视二级增长量大体相等（也可以画一个散点图进行观察，发现长期趋势比较接近抛物线），所以可以配合一个抛物线模型进行分析。列表说明其计算方法，见表 9-13。

表 9-13　某部门基本建设投资抛物线模型计算表

年份	t	y	ty	t^2	t^2y	t^4
2014	−4	1240	−4960	16	19840	256
2015	−3	1291	−3873	9	11619	81
2016	−2	1362	−2724	4	5448	16
2017	−1	1450	−1450	1	1450	1
2018	0	1562	0	0	0	0
2019	1	1695	1695	1	1695	1
2020	2	1845	3690	4	7380	16
2021	3	2018	6054	9	18162	81
2022	4	2210	8840	16	35360	256
合计	—	14673	7272	60	100954	708

将表 9-13 数据资料代入联立方程式得：

$$\begin{cases} 14673 = 9a + 60c \\ 7272 = 60b \\ 100954 = 60a + 708c \end{cases}$$

用消元法，可得：$a = 1562.5$；$b = 121.2$；$c = 10.175$。

则该部门基本建设投资随时间变化的抛物线模型为 $y_c = 1562.5 + 121.2t + 10.175t^2$，据此可以预测该部门 2023 年基本建设投资额。

也即当 $t = 5$ 时，$y_c = 1562.5 + 121.2 \times 5 + 10.175 \times 5^2 = 2422.875$（万元）

3. 指数模型

当时间序列中各期现象的环比发展速度或环比增长速度基本不变时，可以考虑拟合指数模型来测定现象的长期趋势。指数模型的数学表达式为

$$y_c = ab^t \tag{9.21}$$

用指数模型分析长期趋势时，通常的做法是将指数模型转化为直线模型，然后再按直线模型的拟合方法进行参数估计，最后再将直线模型还原为指数模型。具体方法为将式(9.21)等号两边同时取对数得：

$$\lg y_c = \lg a + t \lg b \tag{9.22}$$

设 $Y = \lg y_c$，$A = \lg a$，$B = \lg b$，则指数模型式(9.22)就转化为线性模型 $Y = A + Bt$。应用直线模型的测定方法可以求得 A 和 B。再通过反对数计算就可以求得 $a = 10^A$，$b = 10^B$，即将直线模型还原为指数模型。

【例 9-13】 某地区工业增加值资料如表 9-14 所示，采用最小平方方法建立工业增加值（单位：万亿元）随时间变化的拟合模型。

表 9-14　某地区工业增加值指数曲线方程计算表

年份	增加值 y	t	$Y = \lg y$	$t \lg y$	t^2
2017	5.3	−5	0.7243	−3.6215	25
2018	7.2	−3	0.8573	−2.5719	9
2019	9.6	−1	0.9823	−0.9823	1

续表

年 份	增加值 y	t	$Y=\lg y$	$t\lg y$	t^2
2020	12.9	1	1.1106	1.1106	1
2021	17.1	3	1.2330	3.6990	9
2022	23.2	5	1.3655	6.8275	25
合 计	75.3	0	6.2730	4.4614	70

将表 9-14 数据资料代入直线模型联立方程式得：

$$\begin{cases} 6.2730 = 6A \\ 4.4614 = 70B \end{cases}$$

可得：$A=1.0455$；$B=0.06373$。则 $a=10^A=10^{1.0455}=11.1045$，$b=10^B=10^{0.06373}=1.1581$。

指数模型为：$y_c = ab^t = 11.1045 \times (1.1581)^t$，据此可以预测该地区 2023 年工业增加值。也即当 $t=7$ 时，$y_c = 11.1045 \times (1.1581)^7 = 31.03$。

上面介绍了时间序列模型拟合的一般方法。在实际应用中，研究者应在对现象变动规律有了基本认识后，在绘制序列指标随时间变动的散点图的基础上，通过感性的观察和理性的分析正确地拟合趋势线。只有如此才能正确地测度时间序列的长期趋势。

第五节　季节变动的测定

季节变动是现象受自然或社会因素影响，而形成的有规律的周期性变动。它和长期趋势都是影响时间序列的重要因素。测定季节变动，认识时间序列的季节变化规律，对于适时组织生产，克服季节变动带来的不良影响具有十分重要的作用。我们研究季节变动的目的在于了解研究期内现象各期变动情况及变动大小，据此组织生产。同时，可以在时间序列中消除季节变动因素的影响，从而了解在没有季节变动的情况下客观现象的变动情况。

测定季节变动的方法有很多，从是否考虑受长期趋势的影响来看，有两种方法：一是不考虑长期趋势的影响，直接根据原始的时间序列计算，常用的方法是同期平均法；二是根据剔除影响后的序列资料来计算，常用的方法是移动平均趋势剔除法。不管使用哪种方法计算季节变动，都必须用 3 年或更多年份的资料作为基本数据进行计算分析，这样才能较好地消除偶然因素的影响，使季节变动的规律更切合实际。

微阅读 9-3

一、同期平均法

同期平均法也称简单平均法。若是月资料就是按月平均；若是季节资料则按季平均。计算的一般步骤如下：

(1) 列表，将各年同月（季）数据列在同一栏内（行或列）；

(2) 将各年同月（季）数值加总，求出月（季）平均数；

(3) 计算全期各月（季）平均数；
(4) 计算季节比率，其公式为：

$$季节比率 = \frac{各月（季）平均数}{全期各月（季）平均数} \times 100\% \quad (9.23)$$

需要注意的是，季节比率是衡量现象的各月（季）平均水平与全期各月（季）平均水平的比值。在研究时，周期内各季的季节比率之和应等于一个周期内的季节长度。即按季度资料计算的四季季节比率之和等于 4（或 400%），按月份资料计算的各月季节比率之和等于 12（或 1200%）。在计算过程中会多次四舍五入，会导致实际计算的季节比率与理论值有一定的误差，这时就需要对季节比率进行调整校正。季节比率的校正系数公式为

$$校正系数 = \frac{季节比率的理论值}{实际计算出的季节比率之和} \quad (9.24)$$

$$调整后的季节比率 = 调整前的季节比率 \times 校正系数 \quad (9.25)$$

(5) 对未来进行预测，预测值为

$$未来月（季）预测值 = \frac{某月（季）的实际值}{该月（季）的季节指数} \times 未来月（季）的季节指数 \quad (9.26)$$

【例 9-14】 某商场 2019—2021 年 A 商品的销售量资料如表 9-15 所示，假设 2022 年第二季度该商品销售量为 2073，试用同期平均法预测 2022 年第四季度 A 商品的销售量。

表 9-15　　2019—2021 年 A 商品销售量

年份	第一季度	第二季度	第三季度	第四季度	合计
2019	182	1728	1144	118	3172
2020	231	1705	1208	134	3278
2021	330	1923	1427	132	3812
合计	743	5356	3779	384	10262
季平均数	247.7	1785.3	1259.7	128	—
季节比率(%)	28.96	208.76	147.30	14.97	399.99
调整后季节比率(%)	28.96	208.77	147.30	14.97	400

解 根据同期平均法按季平均计算季节比率过程如表 9-15 所示。2022 年第二季度商品销量为 2073，则 2022 年第四季度 A 商品销量的预测值为：

$$第四季度销量预测值 = \frac{2073}{208.77\%} \times 14.97\% = 148.6$$

二、移动平均趋势剔除法

当时间序列具有鲜明的长期趋势和季节变动时，可用移动平均趋势剔除法剔除长期趋势影响后，再来测定其季节变动。首先要用移动平均法计算时间序列长期趋势的趋势值，然后从原时间序列中剔除长期趋势值，再测定季节比率。一般来说，对于各影响因素属于乘积形式的现象，应用原序列除以长期趋势值剔除长期趋势；对于各影响因素属于和的形式的现象，应用原序列减去长期趋势值剔除长期趋势。

(一) 除法剔除趋势值求季节比率

仍以表 9-15 的数据为例,计算季节比率。

第一,用移动平均法求出长期趋势。因为表 9-16 是季度资料,所以先用四项移动平均后,再做两项移动平均,便得到趋势值 y_c。

表 9-16 2019—2021 年 A 商品销售量剔除长期趋势计算表

季度		销售量 y	四项移动平均	两项移动平均 y_c	趋势值剔除 除法 $y/y_c \times 100$	趋势值剔除 减法 $y - y_c$
2019 年	Ⅰ	182	—	—	—	—
	Ⅱ	1728	793	—	—	—
	Ⅲ	1144	805.25	799.125	143.16	344.875
	Ⅳ	118	799.5	802.375	14.71	−684.375
2020 年	Ⅰ	231	815.5	807.5	28.61	−576.5
	Ⅱ	1705	819.5	817.5	208.56	887.5
	Ⅲ	1208	844.25	831.875	145.21	376.125
	Ⅳ	134	898.75	871.5	15.38	−737.5
2021 年	Ⅰ	330	953.5	926.125	35.63	−596.125
	Ⅱ	1923	953	953.25	201.73	969.75
	Ⅲ	1427	—	—	—	—
	Ⅳ	132	—	—	—	—

第二,剔除长期趋势。用原序列除以同一时期的趋势值。

第三,求季节比率。用表 9-16 中 y/y_c 得到的数据重新编排成表 9-17 的基本数据,再按季求其平均的季节比率。

第四,调整季节比率。

$$\text{校正系数} = \frac{\text{季节比率的理论值}}{\text{实际计算出季节比率之和}} = \frac{400\%}{396.495\%} = 1.0088$$

然后用 1.0088 乘以各季的平均季节比率,表中第一季的季节比率 $= 1.0088 \times 32.12\% = 32.40\%$,以此类推。

表 9-17 除法剔除长期趋势后季节比率计算表

年份	第一季度	第二季度	第三季度	第四季度	合计
2019	—	—	143.16	14.71	
2020	28.61	208.56	145.21	15.38	—
2021	35.63	201.73	—	—	
合计	64.24	410.29	288.37	30.09	—
平均季节比率(%)	32.12	205.145	144.185	15.045	396.495
校正系数	1.00883996	1.00883996	1.00883996	1.00883996	—
调整后的季节比率(%)	32.40	206.96	145.46	15.18	400

(二)减法剔除趋势值求季节比率

为叙述方便,仍以上例说明计算方法。

第一,用移动平均法求出长期趋势。

第二,剔除长期趋势。用原序列减去同一时期的趋势值。

第三,计算同季平均数。将表 9-16 中 $y-y_c$ 得到的数据重新编排成表 9-18 的基本数据,再计算同季平均数。

第四,分摊余数,得季节变差。把同期平均数合计数分摊到各时期的同期平均数中去,即

$$季节变差 = 同期平均数 - \frac{同期平均数合计数}{时期数} \qquad (9.27)$$

其中同期平均数合计数除以时期数就是校正数。

如表 9-18 所示,第二季度季节变差 $= 928.625 - (-8.125)/4 = 930.656$,表中 2.03125 即为校正数。

表 9-18 减法剔除长期趋势后季节变差计算表

年份	第一季度	第二季度	第三季度	第四季度	合计
2019	—	—	344.875	−684.375	
2020	−576.5	887.5	376.125	−737.5	
2021	−596.125	969.75	—	—	
合计	−1172.625	1875.25	721	−1421.875	—
平均数	−586.3125	928.625	360.5	−710.9375	−8.125
校正数	2.03125	2.03125	2.03125	2.03125	—
季节变差	−584.281	930.656	362.531	−708.906	0

季节变差的意义是,以移动平均的长期趋势为基础,各季度上下波动的标准幅度。

第六节 用 Excel 2016 进行时间序列预测

本节以例题的形式介绍用 Excel 2016 软件进行长期趋势与季节变动的测算的应用。

一、直线模型拟合与预测

【例 9-15】 根据表 9-10 的数据资料,利用最小平方方法确定直线模型,并利用 Excel 预测该地区 2023 年财政支出额。

解 用 Excel 2016 拟合直线模型并预测的操作步骤如下。

第一步:将原始数据输入 Excel 中,利用【数据】选项卡中【数据分析】功能,选择【回归】选项,如图 9-1 所示。

图 9-1 数据分析对话框

第二步：完成回归对话框内容，在【Y 值输入区域】框选第二列数据，在【X 值输入区域】框选第一列数据，选择输出位置，如图 9-2 所示，点【确定】，即可输出图 9-3。

图 9-2 回归对话框

	A	B	C	D	E	F	G	H	I
1	SUMMARY OUTPUT								
2									
3	回归统计								
4	Multiple	0.996041							
5	R Square	0.992097							
6	Adjusted	0.990968							
7	标准误差	1.184557							
8	观测值	9							
9									
10	方差分析								
11		df	SS	MS	F	nificance F			
12	回归分析	1	1233.067	1233.067	878.7692	1.28E-08			
13	残差	7	9.822222	1.403175					
14	总计	8	1242.889						
15									
16		Coefficien	标准误差	t Stat	P-value	Lower 95%	Upper 95%	下限 95.0%	上限 95.0%
17	Intercept	-9094.16	308.6041	-29.4687	1.33E-08	-9823.89	-8364.42	-9823.89	-8364.4227
18	X Variabl	4.533333	0.152926	29.64404	1.28E-08	4.171722	4.894945	4.171722	4.89494495

图 9-3 Excel 输出的回归分析表(1)

输出的结果由以下三个部分组成：第一部分是回归统计，第二部分是方差分析，第三部分为参数估计相关内容。

根据回归分析结果中的参数估计，求得的直线模型为：

$$y_c = -9094.16 + 4.533t$$

将 $t=2023$ 代入以上直线模式,可预测 2023 年该地财政支出额为 76.099 亿元。

下面将时间变量进行重新定义,使 $\sum t=0$,验证一下用新的时间变量预测 2023 年的财政支出额是否与原时间变量预测的结果相同。对时间变量进行重新定义,如图 9-4 所示。

年份	财政支出	t
2014	34	-4
2015	41	-3
2016	46	-2
2017	51	-1
2018	55	0
2019	58	1
2020	62	2
2021	68	3
2022	72	4

图 9-4　对时间进行重新定义

采用相同的方法得出回归分析结果如图 9-5 所示。

```
SUMMARY OUTPUT

      回归统计
Multiple    0.996041
R Square    0.992097
Adjusted    0.990968
标准误差    1.184557
观测值       9

方差分析
         df      SS        MS        F         gnificance F
回归分析   1     1233.067  1233.067  878.7692  1.28E-08
残差       7     9.822222  1.403175
总计       8     1242.889

          Coefficien 标准误差  t Stat   P-value   Lower 95% Upper 95% 下限 95.0% 上限 95.0%
Intercept  54.11111  0.394852 137.0414 2.91E-13  53.17743  55.04479  53.17743   55.04479
X Variabl  4.533333  0.152926 29.64404 1.28E-08  4.171722  4.894945  4.171722   4.894945
```

图 9-5　Excel 输出的回归分析表(2)

根据回归分析结果中的参数估计,求得的直线模型为:
$$y_c=54.111+4.533t$$

将 $t=5$ 代入以上直线模型,可预测 2023 年该地财政支出额为 76.776 亿元。

以上两种不同的时间变量预测的结果可以证明,时间变量的取值不同,得出的线性模型是不同的,但是根据这些模型预测的相同年份的预测值应该是相近的。

另外,预测 2023 年该地区财政支出额,也可以用【FORECAST】函数,步骤如下。

第一步:打开【公式】菜单,选择【插入函数】,在【或选择类别】中选择【全部】,在下列函数目录中选择【FORECAST】,按确定键,如下图 9-6 所示。

第二步:在弹出的【函数参数】对话框中的【X】中输入预测期的时间代码"2023";

在"Known_y's"中输入财政支出的样本数据;在"Known_x's"中输入时间变量,点击【确定】按钮,如图 9-7 所示。

第三步:最后返回的数值"76.778"即为对该地 2023 年财政支出额的预测值。

第九章 时间序列分析与预测 197

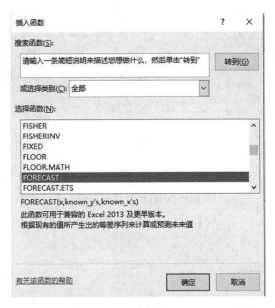

图 9-6 插入函数对话框

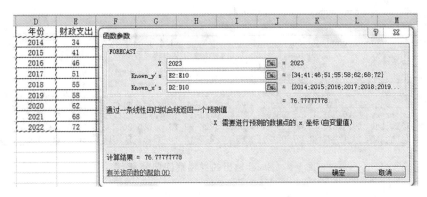

图 9-7 FORECAST 函数参数

二、抛物线模型拟合与预测

【例 9-16】 根据表 9-12 的数据资料,利用最小平方法确定抛物线模型,并利用 Excel 2016 预测该部门 2023 年基本建设投资额。

解 用 Excel 2016 拟合抛物线模型并预测的操作步骤如下。

第一步:将年份序号依次设置为 1,2,3,4,…,9,并计算 t 值的平方,然后依次点击【数据】—【数据分析】—【回归】。

第二步:在【回归】对话框中【X 值输入区域】中,输入 t 值及 t 的平方,在【Y 值输入区域】中输入投资额度,单击【确定】即可。如图 9-8 所示,输出回归分析结果如图 9-9 所示。

根据 Excel 输出的回归分析表参数估计部分的结果,拟合的抛物线模型为:
$$y_c = 1210.881 + 19.447t + 10.175t^2$$

将 $t=10$ 代入以上抛物线模型,可预测该部门 2023 年基本建设投资额为 2422.851 万元。

图 9-8 抛物线回归分析

图 9-9 Excel 输出的抛物线回归分析表

三、指数模型拟合与预测

【例 9-17】 已知某地区 2018 年年末人口总数为 25 万人,2019 年为 30 万人,2020 年为 36 万人,2021 年为 44 万人,2022 年为 53 万人。利用最小平方法确定指数模型,并利用 Excel 2016 预测该地区 2023 年年末人口总数。

解 用 Excel 2016 拟合指数模型并预测的操作步骤如下。

第一步:将指数模型线性化,求出因变量的对数值,并将年份序号依次设置为 1,2,3,4,5。

第二步:在【回归】对话框中【X 值输入区域】中,输入 t 值,在【Y 值输入区域】中输入因变量的对数值,单击【确定】,如图 9-10 所示。

第三步:通过 Excel 输出的回归分析表中的参数估计值可知,$A=1.3141$,$B=0.0819$,再通过反对数计算就可以求得 $a=10^A=20.611$,$b=10^B=1.2075$。输出回归分析结果如图 9-11 所示。

可得指数模型为:$y_c=ab^t=20.611\times(1.2075)^t$,据此可以预测该地区 2023 年年末人口数。也即当 $t=6$ 时,$y_c=ab^t=20.611\times(1.2075)^6=63.8884$(万人)。

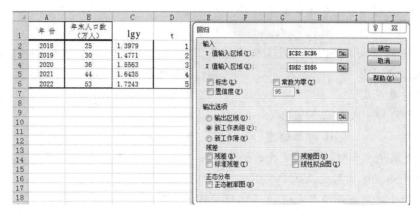

图 9-10 指数模型回归分析

	A	B	C	D	E	F	G	H	I
1	SUMMARY OUTPUT								
2									
3	回归统计								
4	Multiple	0.999849							
5	R Square	0.999699							
6	Adjusted	0.999598							
7	标准误差	0.002596							
8	观测值	5							
9									
10	方差分析								
11		df	SS	MS	F	gnificance F			
12	回归分析	1	0.067109	0.067109	9954.835	2.22E-06			
13	残差	3	2.02E-05	6.74E-06					
14	总计	4	0.067129						
15									
16		Coefficien	标准误差	t Stat	P-value	Lower 95%	Upper 95%	下限 95.0%	上限 95.0%
17	Intercept	1.31406	0.002723	482.554	1.96E-08	1.305394	1.322726	1.305394	1.322726
18	X Variabl	0.08192	0.000821	99.77392	2.22E-06	0.079307	0.084533	0.079307	0.084533

图 9-11 Excel 输出的指数模型回归分析表

练习题

一、单项选择题

1. 时间序列在较长时期内呈现出来的某种持续向上或向下的变动称为（　　）。

A. 趋势　　B. 季节性　　C. 周期性　　D. 随机性

2. 时间序列中，每个指标数值可以相加的是（　　）。

A. 时间序列　　B. 时期序列

C. 间断时点序列　　D. 平均数时间序列

3. 某企业 2022 年 7 月员工人数变动登记信息如下：

日期	7 月 1 日	7 月 11 日	7 月 16 日	7 月 31 日
人数（人）	1210	1240	1300	1270

试计算该企业7月份平均员工人数为（　　）。
A. 1260人　　　　B. 1255人　　　　C. 1268人　　　　D. 1270人

4. 2021年我国城镇居民人均可支配收入是2020年的109%，这个指标是（　　）。
A. 增长速度
B. 发展速度
C. 年均发展速度
D. 平均发展速度

5. 下列指标中一般不取负值的是（　　）。
A. 增长量　　　　B. 增长速度　　　　C. 发展速度　　　　D. 平均增长速度

6. 定基发展速度和环比发展速度的关系是（　　）。
A. 相邻两个定基发展速度之积＝其相应的环比发展速度
B. 相邻两个定基发展速度之差＝其相应的环比发展速度
C. 相邻两个定基发展速度之和＝其相应的环比发展速度
D. 相邻两个定基发展速度之商＝其相应的环比发展速度

7. 某种股票的价格周二上涨了10%，周三上涨了5%，两天累计涨幅达（　　）。
A. 15%　　　　B. 5%　　　　C. 15.5%　　　　D. 4.8%

8. 某商场2022年7月份的销售额为100万元，该月的季节指数为125%，在消除季节因素后该月的销售额为（　　）。
A. 100万元　　　　B. 125万元　　　　C. 80万元　　　　D. 以上都不是

9. 已知2016—2022年某银行的月存款，要计算各年平均月存款，那么该平均数是（　　）。
A. 几何序时平均数
B. "首尾折半法"序时平均数
C. 时期数列的平均数
D. 时点序列的平均数

10. 当某一个月份季节指数为0时，说明该月份（　　）。
A. 没有季节变动的影响
B. 有强烈的季节变动的影响
C. 没有趋势的影响
D. 有强烈的趋势的影响

11. 采用移动平均法修匀时间数列时，所得的移动平均数组成的新时间数列的项数比原时间数列的项数少。如果原时间数列有20项，选用5项进行移动平均，则所得到的移动平均数时间数列的项数有（　　）。
A. 15项　　　　B. 16项　　　　C. 17项　　　　D. 18项

12. 已知某地2013年1月实现的销售利润为50亿元，2017年2月实现销售利润90亿元，则年度增长率为（　　）。
A. 80%　　　　B. 15.4824%　　　　C. 55.5556%　　　　D. 21.334%

二、多选题

1. 下列指标构成的数列中，属于时期数列的有（　　）。
A. 国民生产总值　　B. 国内生产总值　　C. 年出生人口数　　D. 年末人口总数

2. 增长速度和发展速度的关系表现为（　　）。
A. 增长速度＝发展速度－1
B. 发展速度＝增长速度＋1
C. 各环比发展速度的连乘积＝相应的定基增长速度
D. 两定基发展速度之比－1＝定基增长速度

3. 测定季节变动，可以依据的数据有（　　）。

A.年度数据　　　　　B.月度数据　　　　　C.季度数据　　　　　D.截面数据

4.某企业四月份总成本为35000元,平均单位成本为14元;五月份总成本为40000元,平均单位成本降到10元;六月份总成本为45000元,平均单位成本仅8元。则该企业第二季度平均单位成本和平均总成本分别为(　　)。

A.9.90元　　　　　B.40000元　　　　　C.10.67元　　　　　D.12元

5.简单算术平均法适用于计算(　　)。

A.间隔相等时点序列的序时平均数

B.连续型时点序列的序时平均数

C.时期数列的序时平均数

D.间隔不等时点序列的序时平均数

三、计算题

1.已知我国2016—2021年有关资料如下:

年份	2016	2017	2018	2019	2020	2021
年末人口数(亿人)	13.9232	14.0011	14.0541	14.1008	14.1212	14.1260
国内生产总值(亿元)	746395.1	832035.9	919281.1	986515.2	1015986.2	1143670

要求根据上述资料计算:(1)2016—2021年年平均国内生产总值;(2) 2016—2021年年平均人口数;(3)2016—2021年国内生产总值的平均增长速度。

2.某商场2021年下半年的零售额、月初库存额及流通费用额(单位:万元)资料如下:

月份	7	8	9	10	11	12
零售额	1107	1160	1150	1170	1200	1370
月初库存额	680	675	670	650	670	690
流通费用额	108	102	98	96	100	104

已知2021年年末的商品库存额为710万元。试计算该企业2021年下半年商品的平均流转次数和平均流通费用率。

3.某企业2022年上半年总产值及平均工人人数资料如下:

月份	1	2	3	4	5	6
总产值(万元)	80	92	96	98	120	115
平均工人人数(人)	198	201	210	208	220	215

试计算:(1) 第一、第二季度的每个工人的月平均产值;(2) 第一、第二季度每个工人的平均产值;(3) 上半年每个工人的平均产值。

4.某地区2018年粮食产量为500万吨,若2022年要求达到600万吨,则每年必须以怎样的速度递增?如该地区一直以这一速度增长,到2023年时粮食产量将达到多少?

5.已知某厂的销售额受长期趋势和季节变动的影响,且两因素相互作用,已知依2014—2021年分季度数据计算的该厂销售额的直线趋势方程为(单位:万元)$\hat{y}=160+0.5t$。($t=1$表示2014年第一季度)

季度	第一季度	第二季度	第三季度	第四季度
季节指数(%)	50	76	120	154

试据此预测2022年各季度的销售量。

6. 某企业某种商品的销售资料如下：

年份	第一季度	第二季度	第三季度	第四季度	合计
2018	—	—	13	18	31
2019	5	8	14	18	45
2020	6	10	16	22	54
2021	8	12	19	25	64
2022	15	17	—	—	32

试用同期平均法测定该商品的季节变动情况。

实践任务

以课程实践小组为单位，收集我国各省近十年的工业增加值数据，运用本章所学到的预测方法预测未来3年各省的工业增加值，每个小组选择一个省进行预测。

第十章 统计指数

▪ 教学目标 ▪

- 帮助学生了解统计指数的概念与种类。
- 帮助学生了解综合指数的概念,掌握综合指数的计算。
- 帮助学生了解平均指数的类型,掌握平均指数的计算。
- 帮助学生了解指数体系,掌握因素分析的方法。
- 帮助学生了解几种常用的价格指数的概念及内容。

 / 案例分析 /

居民消费价格变动情况

党的二十大报告指出:"健全宏观经济治理体系,发挥国家发展规划的战略导向作用,加强财政政策和货币政策协调配合,着力扩大内需,增强消费对经济发展的基础性作用和投资对优化供给结构的关键作用。"居民消费价格变动和居民消费、扩大内需有密切关联。国家统计局数据显示,2023年8月份,全国居民消费价格同比上涨0.1%,其中,城市上涨0.2%,农村下降0.2%;食品价格下降1.7%,非食品价格上涨0.5%;消费品价格下降0.7%,服务价格上涨1.3%。1—8月平均全国居民消费价格比上年同期上涨0.5%。

8月份,食品烟酒类价格同比下降0.5%,影响CPI(居民消费价格指数)下降约0.14个百分点。食品中,畜肉类价格下降10.5%,影响CPI下降约0.36个百分点,其中猪肉价格下降17.9%,影响CPI下降约0.28个百分点;鲜菜价格下降3.3%,影响CPI下降约0.07个百分点;蛋类价格上涨3.2%,影响CPI上涨约0.02个百分点;鲜果价格上涨1.3%,影响CPI上涨约0.03个百分点;粮食价格上涨0.6%,影响CPI上涨约0.01个百分点。

其他用品及服务、教育文化娱乐、医疗保健价格分别上涨3.8%、2.5%和1.2%,衣着、居住价格分别上涨1.1%和0.1%;交通通信、生活用品及服务价格分别下降2.1%和0.5%。

这些数据都代表什么呢?都是根据什么进行的比较呢?对这些数据的分析有何意义?这些问题将在本章得到解答。

第一节　统计指数概述

一、统计指数的概念

统计指数(index mumber)是指数的简称，是分析社会经济现象数量变动的一种特殊手段。早在1650年，英国赖斯·沃汉(Rice Vaughan)就率先提出用物价指数来衡量物价变动。随着指数应用范围扩大，其意义发生改变。

就指数的含义而言，有广义和狭义之分。所谓广义指数，就是将任意两个数值进行比较而形成的相对数。无法直接相加和比较的整体是指数理论关注的重点，即复杂现象整体，而反映复杂现象整体综合变化情况的指数则叫作总指数。本章论述的指数类型为狭义指数。例如，我们需要求出2022年与2021年商品(运动鞋、服装、玩具)比较的动态相对数，它能够反映3种不能直接加总的商品(运动鞋、服装、玩具)的综合变动，这个特殊的动态相对数就是我们所说的狭义指数。

统计指数具有相对性、综合性、平均性三个特点：相对性意味着指数是一个相对数，它可以度量总体各变量在不同时间的相对变化；综合性是指统计指数能够反映复杂现象的综合变动，这是就狭义指数而言的，也是指数理论和方法的核心问题，没有综合性，指数就不可能发展成为一种独立的理论和方法论体系；平均性是指统计指数所反映的复杂现象的平均变动，实际上也是各简单现象变动的代表性数值反映变动的一般水平，因而具有平均的含义。

统计指数所具有的特点，使它在社会经济生活中起到了重要的作用。

首先，统计指数能够反映复杂现象整体在"量"上变化的方向与程度。统计指数通常是相对指标，以百分比来表示，用百分比大于或小于100%来表示变化的方向；具体大于或小于100%的值，表明变动的相对大小。

其次，统计指数可以分析现象整体变化的因素。包括现象总体的总量指标、相对指标、平均指标在各要素变化中的作用大小。用指数分析法既能从相对数上分析各种构成因素的变化对现象总体变化的作用大小，又能从绝对数上分析它们作用的绝对大小。

最后，用指数数列也能分析复杂现象整体在较长时间内的发展变化趋势。此法特别适合于比较分析性质各异但又相互关联的时间序列变动关系。由此，对指数数列进行比较可以克服各种性质现象之间无法比较的困难。比如编制每日股价指数以反映股票价格涨跌情况，编制零售物价指数以反映物价在某一特定时期的变化。

二、统计指数的种类

(一)个体指数和总指数

按指数所反映的对象范围的不同，统计指数可分为个体指数、组(或类)指数和总指数。个体指数是反映单个经济现象变动情况的相对数，属于广义指数。例如，个别产品的数量指数、个别商品的价格指数，等等。显然，个体指数是在简单现象总体的条件下存在的。常用的个体指数如下

$$商品销售量个体指数\ k_q = \frac{q_1}{q_0} \tag{10.1}$$

$$价格个体指数\ k_p = \frac{p_1}{p_0} \tag{10.2}$$

$$成本个体指数\ k_z = \frac{z_1}{z_0} \tag{10.3}$$

式中　q_1——报告期销售量；

　　　q_0——基期销售量；

　　　p_1——报告期价格；

　　　p_0——基期价格；

　　　z_1——报告期成本；

　　　z_0——基期成本；

　　　k——个体指数。

总指数指反映复杂现象整体在"量"方面平均变化幅度的相对数，以 k 表示。比如，产品产量总指数 k 是多种产品产量平均变动程度的综合反映，成本总指数 k 是多种产品成本平均变动程度的综合反映等。又例如零售商品物价总指数、工业产品总产值指数，以及其他总指数都是以复杂现象为整体情况编制而成。其计算形式分为综合指数与平均指数两种。运用指数时，应科学分组，所以编制总指数时，也常常编制组指数或类指数以反映个体内各部位现象的变化程度。组（类）指数相对于个体指数而言，其实质仍是总指数。

（二）数量指标指数和质量指标指数

统计指数根据指标性质的不同，可分为数量指标指数（index number of quantity）和质量指标指数（index number of quality）。数量指标指数体现了研究对象整体规模变动的幅度，例如产品产量指数和商品销售量指数；质量指标指数是反映工作质量的优劣或业绩的优劣以及管理水平的高低变化的指数，例如产品价格指数，劳动生产率指数和产品成本指数等。使用指数时，一定要注意数量指标指数和质量指标指数之间的区别，要用不同的编制方法，对不同情况作动态分析。

（三）定基指数和环比指数

统计指数根据指数所使用的基期，又可以分为定基指数与环比指数。所谓定基指数，就是各期指数均以相同的固定时期为基期计算出来的；环比指数按顺序，以前一时期为基期进行计算。定基指数之基期不依分析期间的改变而改变，可用于反映较长期间内现象之变化；环比指数之基期因报告期不同而异，可用于反映所研究现象的逐期变化。

（四）综合指数和平均指数

统计指数根据指数编制方法可以分为综合指数与平均指数两种，综合指数通过对两种总量指标进行比较来构成指数；平均指数是根据个体指数，用加权平均方法计算而形成的指数。两种指数既各自独立，又相互联系。

（五）动态指数和静态指数

统计指数根据指数反映的现象的时间不同可以分为动态指数与静态指数两种。所谓动态指数，就是对两种不同时间、相同现象的指标值进行比较所得到的一种指标；静态指数是指将同时期、不同空间、同类现象指标值进行对比而形成的指数,以及同一空间范围内,将计划指标与实际指标进行对比而形成的指数。

第二节 综合指数

总指数通常以综合指数和平均指标两种形式来编制。两种计算方式是按照不同逻辑展开的,它们之间既存在联系又存在差别。其中,综合指数作为总指数的一种基本表现形式,它以客观现象间的内在联系为基础,首先确定研究现象的相关性,将无法直接累加的现象的数值变为可累加的价值形态总量,然后通过对两种不同时段总量指标的综合比较,得出相应的相对指标来确定被研究现象的"量"的变化幅度。

一、综合指数的概念

综合指数(aggregative index)就是采用综合法比较总体各个部分的值,以反映总体动态变化情况的指数。它的主要特征是,通过比较两个不同时期的总量指标,以反映现象的动态变化。从指数发展的历史进程来看,一开始就出现了简单综合指数。现在简单综合指数已经为加权综合指数所取代,所以本章中提到的综合指数指的都是加权综合指数。

这类反映整体动态变化情况的指标也可以分为两类:一是由整体的单位标志值组成的,例如价格、成本和劳动生产率,这种反映总体内涵变化的指标叫质量指标,而反映这种指标动态变化情况的指标又叫质量指标指数;另一类是以整体单位数目或者结构为单位而构成的指标,这种反映整体规模变化的指标,叫数量指标,而反映这种指标动态变化情况的指标,则叫数量指标指数。

编制综合指数具有以下特点。

(1)先综合再对比。首先要解决总体内各个个体因其使用价值、经济用途、计量单位、规格等方面的差异而无法直接进行简单累加和比较的难题。为此,需要引入一种媒介因素(权数),使不能直接相加、不能直接对比的现象变为能直接相加、能直接对比的现象,这种因素称为同度量因素。

(2)总量指标同度量因素是固定不变的,以便确定需要研究的要素,也就是指数化指标对总量指标的影响。例如,为了观察两个时期内多种商品销售总额对销售量的影响,就必须将这两个时期内各种商品的价格固定为同一时期内的权数,以便确定这两个时期内各种商品销售总额对销售量的影响。

(3)分子与分母所研究对象的范围,原则上必须一致。

(4)计算综合指数对数据资料要求很高。

同度量因素是固定在基期还是报告期呢?用不同时期的同度量因素计算,会得到不同的综合指数编制方法,要从实际出发,根据指数编制和统计研究的目的来确定同度量因素所属的时期。

综上所述,综合指数的编制步骤如下:首先,根据所研究现象的特点和现象之间的联系引入同度量因素,使其可以计算出复杂总体的总量指标;其次,将同度量因素固定,以消除同度量因素变动的影响。最后,将两个时期的总量指标进行对比,即可得到综合指数。

二、综合指数的计算及分析

对加权综合指数而言,如果所测的是一组商品的数量变动情况,就称数量指数(数量指标指数),例如商品销售量指数和产品产量指数;如果测得的是一组项目的质量变动状况就叫质量指数(质量指标指数),例如产品价格指数、产品成本指数。但是由于权数可固定于不同时段,加权综合指数的计算公式也各不相同。较常见的有拉氏指数、帕氏指数等多种形式。

(一)拉氏指数:同度量因素固定在基期的综合指数

若要反映多种商品价格的综合变动情况,虽然不能简单地直接加总,但可以找到与之对应的商品销售量,因为

$$商品价格 \times 商品销售量 = 商品销售额$$
$$p \times q = pq \tag{10.4}$$

商品销售额具有可加性,如果直接将报告期和基期的商品销售总额对比,得到如下公式

$$I = \frac{\sum p_1 q_1}{\sum p_0 q_0} \tag{10.5}$$

式中 p、q——分别代表商品的价格和销售量;

0、1——分别代表基期和报告期;

I——总指数。

总指数是商品价格和销售量两种因素共同作用的结果,反映的是商品销售总额的变动程度。如果只想反映商品价格的变动程度,可将商品销售量作为同度量因素固定起来,若固定在基期的 q_0 水平上,就得到拉氏质量(价格)指数公式

$$I_p = \frac{\sum p_1 q_0}{\sum p_0 q_0} \tag{10.6}$$

同理,如果只想反映商品销售量的变动程度,可将商品价格作为同度量因素固定起来,若固定在基期的 p_0 水平上,就得到拉氏数量指数公式

$$I_q = \frac{\sum p_0 q_1}{\sum p_0 q_0} \tag{10.7}$$

上列两式是由德国统计学家拉斯贝尔(Laspeyres)于1864年提出的,故被称为拉氏公式。

【例10-1】 某文具超市三种商品销售情况如表10-1所示。

表10-1 文具超市商品销售量和商品价格资料

商品名称	计量单位	销售量		价格(元)		销售额			
		基期 q_0	报告期 q_1	基期 p_0	报告期 p_1	$p_0 q_0$	$p_1 q_1$	$p_0 q_1$	$p_1 q_0$
笔	支	400	600	0.25	0.2	100	120	150	80
尺子	件	500	600	0.4	0.36	200	216	240	180
本子	个	200	180	0.5	0.6	100	108	90	120
合计	—	—	—	—	—	400	444	480	380

解 根据表 10-1 可得拉氏价格指数

$$I_p = \frac{\sum p_1 q_0}{\sum p_0 q_0} = \frac{380}{400} = 95\%$$

$$\sum p_1 q_0 - \sum p_0 q_0 = 380 - 400 = -20(元)$$

计算结果表明,三种商品的价格水平平均下降 5%,由于价格下跌,使商品销售额减少 20 元,从消费者一方看,使客户少支出 20 元。

计算拉氏数量指数

$$I_q = \frac{\sum p_0 q_1}{\sum p_0 q_0} = \frac{480}{400} = 120\%$$

$$\sum p_0 q_1 - \sum p_0 q_0 = 480 - 400 = 80(元)$$

计算结果表明,三种商品的销售量平均增长 20%,由于销售量增长使商店增加销售额 80 元,或客户由于多购买商品而增加支出 80 元。

(二)帕氏指数:同度量因素固定在报告期的综合指数

该方法是由另外一位德国统计学家帕煦(Paashe)于 1874 年提出的,故又称为帕氏指数,公式如下。

帕氏质量(价格)指数 $$I_p = \frac{\sum p_1 q_1}{\sum p_0 q_1} \quad (10.8)$$

帕氏数量指数 $$I_q = \frac{\sum p_1 q_1}{\sum p_1 q_0} \quad (10.9)$$

利用例 10-1 的数据,根据式(10.8)计算帕氏指数。

帕氏价格指数

$$I_p = \frac{\sum p_1 q_1}{\sum p_0 q_1} = \frac{444}{480} = 92.5\%$$

$$\sum p_1 q_1 - \sum p_0 q_1 = 444 - 480 = -36(元)$$

计算结果表明,三种商品的价格水平平均下降了 7.5%,由于价格下跌,使商店减少销售额 36 元,或居民少支出 36 元。

帕氏数量指数

$$I_q = \frac{\sum p_1 q_1}{\sum p_1 q_0} = \frac{444}{380} = 116.8\%$$

$$\sum p_1 q_1 - \sum p_1 q_0 = 444 - 380 = 64(元)$$

计算结果表明,三种商品的销售量平均增长 16.8%,由于销售量增长使商店增加销售额 64 元。

从以上计算和分析中看到,同一个资料,帕氏指数与拉氏指数的结果是不同的。为什么会出现这种现象?现以价格指数为例进行讨论。从包含的因素看,帕氏价格指数用报告期的销售量 q_1 作为同度量因素,以基期作为比较标准,销售量从 q_0 变到了 q_1,所以帕氏价格指数在反映零售商品价格变动的同时,也包含销售量变动的因素在内,这意味着帕氏价格指数并没有完全排除同度量因素的干扰。用公式表示为

$$\sum p_1 q_1 = \sum p_1 (q_1 - q_0 + q_0) \tag{10.10}$$

$$\sum p_0 q_1 = \sum p_0 (q_1 - q_0 + q_0) = \sum p_0 (q_1 - q_0) + \sum p_0 q_0 \tag{10.11}$$

因此,公式 $I_p = \dfrac{\sum p_1 q_1}{\sum p_0 q_1}$ 中包含了 $q_1 - q_0$ 的影响。从绝对数看

$$\sum p_1 q_1 - \sum p_0 q_1 = \sum p_1 q_0 - \sum p_0 q_0 + \sum (p_1 - p_0)(q_1 - q_0) \tag{10.12}$$

其中,$\sum (p_1 - p_0)(q_1 - q_0)$ 被称为价格与销售量的共变影响额。

如果考虑存在共变影响因素,是否全盘否定了帕氏指数,应选用拉氏指数?但事实上,我们仍应从指数运用的实际经济意义角度来分析。计算价格指数旨在通过衡量商品价格波动来表明市场物价变动在多大程度上影响了人民生活。若采用拉氏指数公式,即把同一度量因素定在基期内,则它的分子和分母之间的差值就表明居民因物价变动而按照以往购买量和结构来购买物品所花的数额发生了多大变化,这显然无实际意义。从现实角度来看,人们更加关注报告期销售量确定的情况下因价格变动而给现实带来的变化。若采用帕氏指数公式,即是将同度量因素定位于报告期,既能反映价格变动情况,又能反映消费结构变动情况,经济意义更为明确,公式中分子和分母之间的差表明了居民因物价变化而根据既有的购买量和结构来购买物品所花费数额的变化。显然,利用帕氏指数公式来测算价格指数更符合价格指数测算的宗旨。而数量指数是为了反映销售量变化情况而计算出来的,将价格定位于基期水平就意味着以原价格水平为基础确定销售量的综合变化。所以编制数量指数时通常要以基期内商品价格为同度量因素。这一选择也正是指数体系所需要的。

综上所述,在计算质量指标指数时,应采用报告期的数量指标作为同度量因素。在计算数量指标指数时,应采用基期质量指标作为同度量因素。这是编制综合指数的一般原则。

(三)同度量因素固定在某一特定时期的综合指数

将同度量因素固定在某一特定时期的水平上,其公式为

杨格物价指数 $$I_p = \dfrac{\sum p_1 q}{\sum p_0 q} \tag{10.13}$$

杨格物量指数 $$I_q = \dfrac{\sum q_1 p}{\sum q_0 p} \tag{10.14}$$

这种方法是英国学者杨格(Young)于1818年首先采用的,故又称为杨格公式。该指数的同度量因素是某一典型水平或若干期的平均水平,既不是基期水平,也不是报告期水平,所以此处的指标期间与同度量因素期间不一样。选择固定的同度量因素,不仅简化了指数计算,而且可以避免某些非正常情况所造成的不可比性,便于观察现象长期发展趋势。因此,杨格公式在实践中经常采用。当然,同度量因素在间隔时期确定后,要随形势的发展而适时进行修改与调整。

三、综合指数的其他形式

拉氏指数和帕氏指数因同度量因素在固定时期不同而导致计算结果出现偏差。以价格指数为例,拉氏指数从保持基期生活水平开始,具有常量权数、各种期权数相等、可互相比较等优

点,缺点在于经济意义不够显著,未考虑到价格变动对实际销量产生的影响。帕氏指数从保持报告期生活水平的角度考虑,其优点在于有现实经济意义,缺点在于变化权数、各种期权数不一致、不易相互比较。在现实的经济生活中要根据具体的情况来权衡。但是不论选用何种指数,两者均与实际价格变动有不同程度的偏差。当价格与数量变动方向一致时,帕氏指数偏大,而拉氏指数偏小;当价格与数量变动方向相反时,帕氏指数偏小,而拉氏指数偏大。鉴于此,许多经济学家将两种公式进行修正,提出了以下综合指数的调整公式,下面介绍其中具有代表性的两种指数。

(一)马歇尔-埃奇沃斯指数

简称马-埃公式,由英国经济学家马歇尔和埃奇沃斯先后提出并推广,该公式中和拉氏指数与帕氏指数以基期和报告期同度量因素的平均值作为权数。计算公式如下

质量指数公式

$$\overline{K_p} = \frac{\sum p_1(q_0+q_1)/2}{\sum p_0(q_0+q_1)/2} = \frac{\sum p_1 q_0 + \sum p_1 q_1}{\sum p_0 q_0 + \sum p_0 q_1} \tag{10.15}$$

数量指数公式

$$\overline{K_q} = \frac{\sum q_1(p_0+p_1)/2}{\sum q_0(p_0+p_1)/2} = \frac{\sum q_1 p_0 + \sum q_1 p_1}{\sum q_0 p_0 + \sum q_0 p_1} \tag{10.16}$$

仅从数值看,其计算结果介于拉氏指数和帕氏指数之间,部分消除了指数偏误问题,但同时,该公式也失去了拉氏指数和帕氏指数的经济含义。

(二)费雪理想指数

为了克服拉氏指数和帕氏指数存在偏误的问题,美国著名统计学家费雪(Fisher)提出了改良公式,用交叉法将两种指数相乘,并用几何法将其乘积开平方,以调和两者的偏误,得出了优良的指数数值。其计算公式如下

质量指数公式

$$\overline{K_p} = \sqrt{\frac{\sum p_1 q_0}{\sum p_0 q_0} \times \frac{\sum p_1 q_1}{\sum p_0 q_1}} \tag{10.17}$$

数量指数公式

$$\overline{K_q} = \sqrt{\frac{\sum p_0 q_1}{\sum p_0 q_0} \times \frac{\sum p_1 q_1}{\sum p_1 q_0}} \tag{10.18}$$

该公式之所以被称为理想公式,是因为费雪提出了对指数优劣程度进行评价的三种检验方法,他搜集了134个指数计算公式,最后只有他提出的公式通过了检验,故而称之为理想指数。但由于费雪理想指数计算复杂,在实际应用中缺乏具体经济含义,其在结果上得到的准确性的改进意义并不大,因此后来有很多学者对该指数提出了批评和质疑。

第三节 平均指数

采用综合指数法进行总指数的编制,不论选取何种同度量因素,均将不可度量变量(如产量、价格)变换成可相加变量(如产值、销售额)。若研究范围较大、产品品种较多,则难以获得基期与报告期对应的全面资料。因此可以从所掌握的数据入手,用总指数的另外一种编制方式——平均指数来编制。平均指数从个体指数开始,首先计算质量指标、数量指标等个体指

标,再通过加权平均编制总指数。通常采用加权算术平均指数与加权调和平均指数。

一、加权算术平均指数

加权算术平均指数是对个体指数按加权算术平均法加以计算,即以个体指数为变量值,以一定时期的总值资料为权数计算总指数。

【例 10-2】 某新开的早餐门店于 3 月开业,主要销售热干面、面饼两种传统食品。销售资料见表 10-2。比较该早餐门店 5 月与 4 月销售量的变动情况。

解 步骤如下。

表 10-2 早餐门店销售资料

商品名称	计量单位	实际销售额(元)		5 月销售量与 4 月销售量增长的百分比
		5 月	4 月	
热干面	碗	1500	1680	-6.67%
面饼	个	9000	10450	5.56%
合计	—	10500	12130	—

(1)根据已知资料,标出相应字母符号。

(2)先写出销售量的综合指数公式 $\overline{K_q} = \dfrac{\sum q_1 p_0}{\sum q_0 p_0} \times 100\%$。

(3)已知分母项资料 $\sum q_0 p_0$,缺分子项资料。但根据个体指数 $k_q = \dfrac{q_1}{q_0}$,可推导出 $q_1 = k_q q_0$,则公式变换为

$$\overline{K_q} = \frac{\sum k_q q_0 p_0}{\sum q_0 p_0} \times 100\%$$

这里 $q_0 p_0$ 为权数,因表现形式与加权算术平均数相同,因而取名为加权算术平均指数。

(4)根据公式中需要的内容,列出相应计算栏目,见表 10-3。

表 10-3 早餐门店销售资料计算

商品名称	计量单位	实际销售额(元)		5 月销售量与 4 月销售量增长的百分比	k_q	$k_q q_0 p_0$
		4 月($q_0 p_0$)	5 月($q_1 p_1$)			
热干面	碗	1500	1680	-6.67%	0.9333	1400
面饼	个	9000	10450	5.56%	1.0556	9500
合计	—	10500	12130	—	—	10900

(5)将数值代入公式,计算得:

$$\overline{K_q} = \frac{\sum k_q q_0 p_0}{\sum q_0 p_0} \times 100\% \approx 103.81\%$$

$$\sum k_q q_0 p_0 - \sum q_0 p_0 = 10900 - 10500 = 400$$

结果表明:该早餐摊点 5 月与 4 月比较,总销量上升了 3.81%;由于销量的增加,使销售收

入增加了 400 元。

加权算术平均数指一般适用于数量指数。在实践中，$q_0 p_0 / \sum q_0 p_0$ 常用 W 表示，W 代表权数，这样，即使没有各产品基期资料 $q_0 p_0$，但具有产品价值总量结构资料 W，也可以求出相应的指数。

二、加权调和平均指数

根据加权调和平均法计算个体指数，即将个体指数作为变量值，将一定时期内总值资料作为权数进行加权调和平均指数的计算。

【例 10-3】 某大学生自主创业，经营绿色早餐摊点，主要销售馅饼、油条两种传统食品。销售资料见表 10-4。

表 10-4 早餐门店销售情况

商品名称	计量单位	实际销售额（元）		5 月销售量与 4 月销售价格增长的百分比
		4 月	5 月	
热干面	碗	1500	1680	20%
面饼	个	9000	10450	10%
合计	—	10500	12130	—

解 求该摊点 5 月与 4 月销售价格的变动情况。步骤如下。

(1) 根据已知资料，标出相应字母符号。

(2) 先写出销售价格的综合指数公式 $\overline{K_p} = \dfrac{\sum p_1 q_1}{\sum p_0 q_1} \times 100\%$。

(3) 已知分子项资料 $\sum p_1 q_1$，缺分母项资料。但根据个体指数 $k_p = \dfrac{p_1}{p_0}$，可推导出 $p_0 = \dfrac{1}{k_p} p_1$，则公式变换为

$$\overline{K_p} = \frac{\sum p_1 q_1}{\sum \dfrac{1}{k_p} p_1 q_1} \times 100\%$$

这里 $p_1 q_1$ 为权数，该公式因表现形式与加权调和平均数相同，故取名加权调和平均指数。

(4) 根据公式中需要的内容，列出相应计算栏目，见表 10-5。

表 10-5 某早餐门店销售情况计算

商品名称	计量单位	实际销售额（元）		5 月销售价格与 4 月销售价格增长的百分比	k_p	$\dfrac{1}{k_p} p_1 q_1$
		4 月($q_0 p_0$)	5 月($q_1 p_1$)			
热干面	碗	1500	1680	20%	1.2	1400
面饼	个	9000	10450	10%	1.1	9500
合计	—	10500	12130	—	—	10900

将数值代入公式,计算得

$$\overline{K_p} = \frac{\sum p_1 q_1}{\sum \frac{1}{k_p} p_1 q_1} \times 100\% \approx 111.28\%$$

$$\sum p_1 q_1 - \sum \frac{1}{k_p} p_1 q_1 = 12130 - 10900 = 1230(元)$$

结果表明:该早餐摊点5月与4月比较,销售价格上升了11.28%;由于价格的增加,使销售收入增加了1230元。

加权调和平均指数一般适用于质量指数。

平均指数和综合指数之间既相互区别又相互关联。它们之间的关系是:平均指数为在一定权数时综合指数的变形。然而,平均指数作为一个单独的指数形式,在实践中并不只是被当作综合指数的变形,其自身有其特殊的用途。

第四节 指数体系和因素分析

一、指数体系

1. 指数体系的概念

社会经济现象之间的相互联系、相互影响的关系是客观存在的。有些社会经济现象之间的联系可以用经济方程式表现出来,如

$$商品销售额 = 商品销售量 \times 商品销售价格$$
$$生产总成本 = 产品产量 \times 单位产品成本$$

上述的这种关系,按指数形式表现时,同样也存在这种对等关系。即

$$商品销售额指数 = 商品销售量指数 \times 商品销售价格指数$$
$$生产总成本指数 = 产品产量指数 \times 单位产品成本指数$$

在统计分析中,将一系列相互联系、彼此间在数量上存在推算关系的统计指数所构成的整体称为指数体系。

上述指数体系,按编制综合指数的一般原理,以符号为代表的公式可写为

$$\frac{\sum q_1 p_1}{\sum q_0 p_0} = \frac{\sum q_1 p_0}{\sum q_0 p_0} \times \frac{\sum q_1 p_1}{\sum q_1 p_0} \tag{10.19}$$

2. 指数体系的作用

指数体系主要有以下三方面的作用。

(1)指数体系是进行因素分析的根据,即利用指数体系可以分析复杂经济现象总体变动中各因素变动影响的方向和程度。

(2)利用各指数之间的联系进行指数间的相互推算。例如,我国商品销售量指数往往是根据商品销售额指数和价格指数进行推算的。

商品的销售量指数＝销售额指数/价格指数

(3)用综合指数法编制总指数时,指数体系也是确定同度量因素时期的依据之一。因为指数体系是进行因素分析的根据,要求各个指数之间在数量上要保持一定的联系。因此,编制产品产量指数时,如用基期价格作为同度量因素,那么编制产品价格指数时就必须用报告期的产品产量作为同度量因素;如果编制产品产量指数用报告期价格作为同度量因素,那么编制产品价格指数时就必须用基期的产品产量作为同度量因素。

二、因素分析法

因素分析法是根据指数体系理论从数量方面研究现象总体变动中各因素变动的影响方向、程度和绝对效果的一种分析方法。

1. 因素分析法的种类

(1)两因素分析与多因素分析是按分析时所包含的因素多少而划分的。

两因素分析仅对两个因素的变动情况进行分析,它是因素分析的基本方法,如销售价格和销售量对销售额的影响分析。

多因素分析则是对研究对象中包含两个以上因素的变动情况进行分析,如原材料支出额受产品产量、原材料单耗、原材料单价影响的分析。

(2)总量指标因素分析和平均指标因素分析是按分析指标的种类来划分的。

总量指标因素分析是指分析的对象是总量指标,如销售额受销售量和销售价格影响的分析;产值受产量和出厂价格影响的分析;原材料支出额受产品产量、原材料单耗、原材料单价影响的分析。

平均指标因素分析是指分析的对象是平均指标,如同一单位不同时期职工平均工资受各类职工工资水平和职工人数构成影响的分析。

2. 因素分析法的程序

运用因素分析法首先应建立指数体系,并依据指数体系从相对数及绝对数两个方面进行分析计算。其程序如下:①根据现象之间的经济关系,建立指数体系;②计算被分析指标的总变动程度和增减变动的绝对数;③计算各因素的变动程度和对分析指标影响的绝对数;④对指数体系间的等量关系进行综合分析。

3. 总量指标的因素分析

(1)总量指标两因素分析。

对于复杂总体,由于存在不可同度量问题,因而在进行复杂总体的因素分析时,必须严格遵循综合指数计算的一般原则和方法。

复杂总体总量指标的变动(即总指数),可用如下公式表达

$$\frac{\sum q_1 p_1}{\sum q_0 p_0} \tag{10.20}$$

总指数可分解为数量指标综合指数和质量指标综合指数的乘积。指数体系为

$$\frac{\sum q_1 p_1}{\sum q_0 p_0} = \frac{\sum q_1 p_0}{\sum q_0 p_0} \times \frac{\sum p_1 q_1}{\sum p_0 q_1} \tag{10.21}$$

绝对额关系为

$$\sum q_1p_1 - \sum q_0p_0 = \left(\sum q_1p_0 - \sum q_0p_0\right) + \left(\sum q_1p_1 - \sum q_1p_0\right) \quad (10.22)$$

【例 10-4】 某工业企业生产几种使用价值和计量单位都不同的产品,报告期和基期产值及有关资料如表 10-6 所示。

表 10-6　某工业企业基期、报告期产值情况表

产品名称	计量单位	产品产量		出厂价格(元)		基期产值(万元)	报告期产值(万元)	假设产值(万元)
		基期	报告期	基期	报告期			
		q_0	q_1	p_0	p_1	q_0p_0	q_1p_1	q_1p_0
甲	件	6000	5000	110	100	66	50	55
乙	箱	10000	12000	50	60	50	72	60
丙	台	40000	41000	20	20	80	82	82
合计	—	—	—	—	—	196	204	197

解　从表 10-6 可以看出,该企业产值的动态指数为:

$$\frac{\sum q_1p_1}{\sum q_0p_0} = \frac{204}{196} = 104.08\%$$

报告期产值比基期增加:

$$\sum q_1p_1 - \sum q_0p_0 = 204 - 196 = 8(万元)$$

这个结果是由于产品产量和出厂价格两个因素变动共同引起的。

其中,产品产量变动影响为:

$$\frac{\sum q_1p_0}{\sum q_0p_0} = \frac{197}{196} = 100.51\%$$

产品产量增加使产值增加的绝对额为:

$$\sum q_1p_0 - \sum q_0p_0 = 197 - 196 = 1(万元)$$

产品出厂价格变动影响为:

$$\frac{\sum p_1q_1}{\sum p_0q_1} = \frac{204}{197} = 103.55\%$$

出厂价格提高使产值增加的绝对额为:

$$\sum p_1q_1 - \sum p_0q_1 = 204 - 197 = 7(万元)$$

用相对数表示:$104.08\% = 100.51\% \times 103.55\%$。

用绝对额表示:8 万元 = 1 万元 + 7 万元。

综上所述,该工业企业报告期的产值比基期增长了 4.08%,增加额为 8 万元,是由于产品产量和出厂价格两种因素发生变动共同引起的,其中产品产量增长 0.51%,使产值增加 1 万元,出厂价格增长 3.55%,使产值增加 7 万元。

(2) 总量指标多因素分析。

上述某工业企业三种产品产值的变动，既受产量变动影响，又受出厂价格影响。假如把产量变动影响因素再分解为职工平均人数和全员劳动生产率，那么该企业三种产品产值变动影响因素就可以分解为职工平均人数、全员劳动生产率和出厂价格三种。

开展复杂总体总量指标多因素分析时，要按如下两个原则进行。

其一，把影响复杂总体变动的各个因素，按照数量指标在前、质量指标在后的顺序进行排列。

其二，当分析某一因素对复杂总体变动的影响时，未被分析的其他因素要固定在基期水平，而已被分析过的因素，则要固定在报告期水平。

【例 10-5】 以表 10-7 资料为例，说明复杂总体总量指标多因素分析方法。

表 10-7　某生产制造企业职工平均人数、全员劳动生产率及出厂价格情况表

产品名称	计量单位	职工平均人数(人)		全员劳动生产率		出厂价格(元)	
		基期	报告期	基期	报告期	基期	报告期
		q_0	q_1	m_0	m_1	p_0	p_1
A	吨	1200	1000	5	5	110	100
B	台	1000	1000	10	12	50	60
C	件	800	1000	50	41	20	20

解 从表 10-7 可以看出，该企业产值受到职工人数(q)、全员劳动生产率(m)和出厂价格(p)三个因素共同影响。指数体系为

$$\frac{\sum q_1 m_1 p_1}{\sum q_0 m_0 p_0} = \frac{\sum q_1 m_0 p_0}{\sum q_0 m_0 p_0} \times \frac{\sum q_1 m_1 p_0}{\sum q_1 m_0 p_0} \times \frac{\sum q_1 m_1 p_1}{\sum q_1 m_1 p_0}$$

绝对额关系为：

$$\sum q_1 m_1 p_1 - \sum q_0 m_0 p_0 = (\sum q_1 m_0 p_0 - \sum q_0 m_0 p_0) + (\sum q_1 m_1 p_0 - \sum q_1 m_0 p_0) + (\sum q_1 m_1 p_1 - \sum q_1 m_1 p_0)$$

根据表 10-7 整理计算的产值资料如表 10-8 所示。

表 10-8　某生产制造企业基期、报告期产值计算表

产品名称	产值(万元)			
	基期	报告期	按报告期平均人数计算的基期产值	按基期价格计算的报告期产值
	$q_0 m_0 p_0$	$q_1 m_1 p_1$	$q_1 m_0 p_0$	$q_1 m_1 p_0$
A	66	50	55	55
B	50	72	50	60
C	80	82	100	82
合计	196	204	205	197

该企业产值的动态指数为

$$\frac{\sum q_1 m_1 p_1}{\sum q_0 m_0 p_0} = \frac{204}{196} = 104.08\%$$

报告期产值比基期增加额为

$$\sum q_1 m_1 p_1 - \sum q_0 m_0 p_0 = 204 - 196 = 8(万元)$$

其中,职工平均人数变动影响为

$$\frac{\sum q_1 m_0 p_0}{\sum q_0 m_0 p_0} = \frac{205}{196} = 104.59\%$$

影响绝对额为

$$\sum q_1 m_0 p_0 - \sum q_0 m_0 p_0 = 205 - 196 = 9(万元)$$

全员劳动生产率变动影响为

$$\frac{\sum q_1 m_1 p_0}{\sum q_1 m_0 p_0} = \frac{197}{205} = 96.10\%$$

影响绝对额为

$$\sum q_1 m_1 p_0 - \sum q_1 m_0 p_0 = 197 - 205 = -8(万元)$$

出厂价格变动影响为

$$\frac{\sum q_1 m_1 p_1}{\sum q_1 m_1 p_0} = \frac{204}{197} = 103.55\%$$

影响绝对额为

$$\sum q_1 m_1 p_1 - \sum q_1 m_1 p_0 = 204 - 197 = 7(万元)$$

用相对数表示:$104.08\% = 104.59\% \times 96.10\% \times 103.55\%$。

用绝对额表示:8 万元 = 9 万元 - 8 万元 + 7 万元。

综上所述,该企业产值由基期 196 万元增加到报告期的 204 万元,增加了 8 万元,增长率为 4.08%,这一结果是由于职工平均人数、全员劳动生产率和产品出厂价格三个因素共同引起的。其中,平均人数增长 4.59%,使产值增加 9 万元;全员劳动生产率下降 3.9%,使产值减少 8 万元;出厂价格增长 3.55%,使产值增加 7 万元。

三因素分析弥补了两因素分析的不足,对该企业产值变动情况作产量和单位成本两因素分析时,可以发现企业增加的 8 万元产值中,有 1 万元是由于产量增长所致,另外 7 万元是出厂价格增长引起的,这给人的印象是两个因素都是增长的,这就把产量上升的真相掩盖了,容易给决策者造成假象,使其放松对生产的管理和成本核算。通过多因素分析,再把产量进一步分解为职工平均人数和全员劳动生产率,就可看到,企业职工平均人数报告期相对基期是增加的,但劳动生产率却有所下降,产量影响的 1 万元产值是由职工平均人数增加使产值增加 9 万元和劳动生产率下降使产值减少 8 万元引起的。问题揭示清楚,才便于企业加强管理,提高经济效益。

4. 平均指标的因素分析

(1)平均指标变动的因素分解。

在实际问题的研究中,常常需要就平均指标的变动进行对比分析。两个平均数的比值本身就是一个相对数,属于广义的指数范畴,通常称之为平均指标指数,也称总平均指数。在分组情况下,平均指标也能够分解成两个影响因素。

$$\bar{x} = \frac{\sum xf}{\sum f} \tag{10.23}$$

式中　　x——每组的变量水平;
　　　　f——各组单位数。

式(10.23)还可以写成如下形式

$$\bar{x} = \sum x \frac{f}{\sum f} \tag{10.24}$$

例如,平均工资实际上受两个因素的影响,一个是各组职工的工资水平,另一个是每组职工所占的比重,因此,类似于综合指数的定义,可按照如下方式定义有关平均指标指数。

$$平均指标指数 = \frac{\bar{x_1}}{\bar{x_0}} \tag{10.25}$$

式中　　1——代表报告期;
　　　　0——代表基期。

平均指标指数通常称为可变构成指数(简称可变指数),它反映了平均指标的实际变动情况。

固定结构指数也称固定构成指数,它反映了各组标志值的变动对总平均的影响。

$$固定结构指数 = \frac{\sum x_1 \frac{f_1}{\sum f_1}}{\sum x_0 \frac{f_1}{\sum f_1}} \tag{10.26}$$

结构变动指数反映了总体内各组结构的变动对总平均的影响。

$$结构变动指数 = \frac{\sum x_0 \frac{f_1}{\sum f_1}}{\sum x_0 \frac{f_0}{\sum f_0}} \tag{10.27}$$

(2) 平均指标变动的因素分析方法。

由上述方法定义的有关平均指标指数,构成如下指数体系。

从相对量角度,公式为

$$\frac{\bar{x_1}}{\bar{x_0}} = \frac{\sum x_1 \frac{f_1}{\sum f_1}}{\sum x_0 \frac{f_1}{\sum f_1}} \times \frac{\sum x_0 \frac{f_1}{\sum f_1}}{\sum x_0 \frac{f_0}{\sum f_0}} \tag{10.28}$$

即

$$可变指数 = 固定结构指数 \times 结构变动指数$$

从绝对量角度,公式为:

$$\overline{x}_1 - \overline{x}_0 = \left(\sum x_1 \frac{f_1}{\sum f_1} - \sum x_0 \frac{f_1}{\sum f_1}\right) + \left(\sum x_0 \frac{f_1}{\sum f_1} - \sum x_0 \frac{f_0}{\sum f_0}\right)$$

(10.29)

即

平均指标的增加额＝由于变量水平的变动引起的平均指标的增加额＋由于结构的变动引起的平均指标的增加额

上述公式是对平均指标的变动进行因素分析的基础。

下面通过一个例子来说明平均指标变动的因素分析方法。

【例 10-6】 已知某企业基期和报告期职工的月工资情况如表 10-9 所示。

表 10-9 某企业职工月工资情况

工人类别	月工资额(元)		职工人数(人)		工资总额(元)		
	基期 (x_0)	报告期 (x_1)	基期 (f_0)	报告期 (f_1)	$(x_0 f_0)$	$(x_1 f_1)$	$(x_0 f_1)$
工种 A	700	780	48	40	33600	31200	28000
工种 B	750	810	50	60	37500	48600	45000
工种 C	800	890	80	80	64000	71200	64000
合计			178	180	135100	151000	137000

解 首先，计算平均工资，说明平均工资的变动情况：

报告期的职工平均工资 $\overline{x}_1 = \dfrac{\sum x_1 f_1}{\sum f_1} = \dfrac{151000}{180} = 838.9(元)$

基期的职工平均工资 $\overline{x}_0 = \dfrac{\sum x_0 f_0}{\sum f_0} = \dfrac{135100}{178} = 759.0(元)$

$$可变指数 = \frac{\overline{x}_1}{\overline{x}_0} = \frac{838.9}{759.0} = 110.5\%$$

$$\overline{x}_1 - \overline{x}_0 = 838.9 - 759.0 = 79.9(元)$$

其次，计算固定结构指数，说明工资水平的变动情况：

$$固定结构指数 = \frac{\sum x_1 f_1 / \sum f_1}{\sum x_0 f_1 / \sum f_1} = \frac{151000/180}{137000/180} = \frac{838.9}{761.1} = 110.2\%$$

$$\frac{\sum x_1 f_1}{\sum f_1} - \frac{\sum x_0 f_1}{\sum f_1} = 838.9 - 761.1 = 77.8(元)$$

最后计算结构变动指数：

$$结构变动指数 = \frac{\sum x_0 f_1 / \sum f_1}{\sum x_0 f_0 / \sum f_0} = \frac{137000/180}{135100/178} = \frac{761.1}{759.0} = 100.3\%$$

$$\sum x_0 \frac{f_1}{\sum f_1} - \sum x_0 \frac{f_0}{\sum f_0} = 761.1 - 759.0 = 2.1(元)$$

上述指数之间的关系如下

从相对量角度看,计算式为

$$110.5\% = 110.2\% \times 100.3\%$$

从绝对量角度看,计算式为

$$79.9 = 77.8 + 2.1$$

上述计算结果表明,从相对量角度来看,报告期职工,平均工资比基期上升了10.5%,这是由于每组平均工资提高使总的平均工资水平提高了10.2%和结构变动使总的平均工资上升0.3%两个因素共同作用的结果;从绝对量角度来看,每组平均工资提高使总的平均工资上升了77.8元,每组结构变动使总的平均工资上升了2.1元,两个因素共同作用的结果,导致总的平均工资共增加79.9元。

第五节 常用价格指数简介

一、消费者价格指数

消费者价格指数(consumer price index,CPI),我国称之为居民消费价格指数,是指反映城乡居民家庭在日常生活中所购买和消费的一篮子商品及服务项目价格水平随着时间变化的相对数量,通常用百分比来表示。CPI根据居民消费价格统计资料编制。国际公认CPI有两个主要目的,一是作为通货膨胀的指标,二是为国民经济核算和支付方面的调整提供依据。

自2001年以来,我国沿用国际通用做法逐月编制并发布了以2000年价格水平为基期的居民消费价格指数,作为衡量我国通货膨胀(或紧缩)水平的一个主要标志。国家统计局城调总队经国务院批准,负责编制全国居民消费价格指数及有关工作,组织、指导、管理各省、区、市进行消费价格统计调查工作。

我国编制居民消费价格指数的商品和服务项目,是根据全国城乡居民家庭消费支出构成资料及有关规定确定的。目前,居民消费价格统计调查涵盖全国城乡居民生活消费的食品烟酒、衣着、居住、生活用品及服务、交通通信、教育文化娱乐、医疗保健、其他用品及服务等8大类、268个基本分类的商品与服务价格。表10-10是国家统计局发布的2024年7月份居民消费价格主要数据。

居民消费价格指数是以参与全国数据汇总工作的近500个样本市县为依据,对超市、菜市场、百货商场、医院、旅行社等近6.3万个采价点进行价格调查,按照国际规范程序及公式计算得出的指标。在美国,构成这一指标的商品包括服装、酒类和饮品、住宅、食品、运输、医药健康和娱乐等商品和服务。美国的消费者价格指数是劳动工统计局按月发布的,它分为两类。一种是职工和职员的消费者价格指数,简称CPI-W;第二种是城市消费者的消费者价格指数,简称CPI-U。

编制居民消费价格指数所需的信息主要有两种:一是各种消费商品、劳务等价格变化数据;二是各种消费商品与劳务在居民生活支出中所占权重。该比例一般每5年更换一次,5年期内各年度适当调整。

编制 CPI 简言之可归纳为三个主要环节。

第一步:确定基本分类内各类商品的代表性规格品。当前测算 CPI 的代表性规格品包括商品消费和服务消费。多数基本分类都选用 2~3 个代表性规格品,而我国指数编制按区域大小选用 550~750 个规格品作为代表。这些代表性规格品的选用,以城市居民家庭和农村居民家庭的消费支出组成的数据及相关条款为依据。一般来说,大城市代表性规格品较多,小城镇较少。

规格品的选取并不是随意确定的,选取 CPI 调查的代表性规格品要遵循一定的原则。要选择在当地消费、零售量大的商品;要选取价格变动趋势和变动程度有较强的代表性的商品,即选中规格品与未选中规格品的价格变动特征越相关越好;同一个基本分类的规格品之间,性质差异越大越好,价格变动特征的相关性越低越好;选中的规格品应具有较好的销售前景,工业消费品必须是合格产品,产品包装上应有注册商标、产地、规格等级等标识,不合格品不能选为代表性规格品;每个基本分类的代表性规格品的选择数量,原则上不能少于规定的最低标准,可根据当地的实际情况适当增减;代表性规格品经确定,原则上一年内不能更改。为保证代表性规格品的唯一性,选择代表性规格品时要详细描述代表性规格品的名称、品牌、产地、规格等级、货号等特征。需要说明的是,对于失去代表性的商品和服务项目,每年要进行一次调整、补充。

第二步:收集代表性规格品的价格。在价格调查中,采取了定人、定点、定时的"三定"方针。即要求国内现场调查人员在一个固定时段里,直接就调查采价点所制定的被调查货物或服务项目价格开展调查工作,调查人员在一定时期内不可以任意替换。对于价格变动不频繁的货物及服务项目,例如汽车、邮资、物管、报刊、医疗等,按月采价一次;对烟、酒、电、衣服等一般调查物品及服务项目,一个月到商场、超市等地点采价 2~3 次;与居民生活息息相关且价格变化较为频繁的蔬菜、肉类、禽类、水果等主副食品的价格每隔五天就要收集起来。而收集到的价格一定要为成交价,对于鲜活商品,不可以在上午取高价,在夜间取低价,一定要选择在固定的时间内进行收集,这样才能准确反映各类商品价格的变化。调查人员采集的基础数据经县级调查队上报,向省级调查总队报送,省级调查总队复核后报国家统计局。目前,全国近 50 个地级市实现了调查人员利用手持数据采集器直接向国家统计局上报基础数据的操作。已在我国各市、县推广应用。

第三步:进行价格指数的计算。价格指数的计算包括以下 3 个步骤。一是代表性规格品平均价格的计算;二是基本分类指数的计算,包括月环比指数的计算;三是类指数和总指数逐级加权平均的计算。

世界各国的消费者价格指数多用加权算术平均法计算,我国也采用加权算术平均法。其公式为

$$\bar{k}_p = \sum k_p W \tag{10.30}$$

式中　$\bar{k}_p$——总(类)指数;

　　　k_p——个体(或类)指数;

　　　W——权数。

权数是按总指数、大类、中类、小类和代表性规格品(个体)分层计算的,每层的权数总和为 100。各省的权数按中选的市县的资料计算,全国的权数则根据各省的资料计算。

计算时,先计算商品或服务项目(代表性规格品)的个体指数,然后计算小类、中类、大类指

数,最后计算总指数。由小到大,逐步升级,层层平均。

表 10-10　2024 年 7 月份居民消费价格主要数据

	环比涨跌幅(%)	同比涨跌幅(%)	1～7 月同比涨跌幅(%)
居民消费价格	0.5	0.5	0.2
其中:城市	0.6	0.5	0.2
农村	0.4	0.7	0.2
其中:食品	1.2	0.0	−2.3
非食品	0.4	0.7	0.8
其中:消费品	0.4	0.5	−0.3
服务	0.6	0.6	0.9
其中:不包括食品和能源	0.3	0.4	0.6
按类别分			
一、食品烟酒	0.7	0.2	−1.2
粮　　食	−0.3	0.1	0.4
食　用　油	−0.6	−4.1	−4.9
鲜　　菜	9.3	3.3	−1.9
畜　肉　类	0.8	4.9	−2.5
其中:猪　肉	2.0	20.4	2.7
牛　肉	−0.9	−12.9	−10.3
羊　肉	−0.5	−6.3	−6.2
水　产　品	0.4	1.2	0.7
蛋　　类	3.7	0.4	−6.0
奶　　类	−0.1	−1.9	−1.5
鲜　　果	−0.3	−4.2	−7.3
卷　　烟	0.1	1.0	1.2
酒　　类	0.2	−1.6	−1.2
二、衣着	−0.4	1.5	1.6
服　　装	−0.3	1.7	1.7
鞋　　类	−0.5	0.3	0.8
三、居住	0.0	0.1	0.2
租赁房房租	0.1	−0.3	−0.1
水电燃料	0.0	0.9	0.6
四、生活用品及服务	0.4	0.7	0.9
家用器具	0.4	−1.8	−0.8

续表

	环比涨跌幅(%)	同比涨跌幅(%)	1～7月同比涨跌幅(%)
家庭服务	0.1	1.7	1.8
五、交通通信	0.9	−0.6	−0.7
交通工具	−0.6	−5.6	−5.1
交通工具用燃料	1.5	5.1	3.8
交通工具使用和维修	0.1	0.5	0.5
通信工具	−0.1	−2.1	−2.2
通信服务	0.0	0.0	−0.3
邮递服务	−0.1	−0.5	−0.4
六、教育文化娱乐	1.3	1.7	2.0
教育服务	0.0	1.8	1.7
旅　　游	9.4	3.1	6.4
七、医疗保健	0.0	1.4	1.4
中　　药	0.0	2.9	4.9
西　　药	−0.2	−1.0	−0.7
医疗服务	0.0	1.9	1.7
八、其他用品及服务	0.9	4.0	3.4

CPI在宏观经济分析与决策和国民经济核算中都是一个重要的指标。一般而言，CPI水平的高低，直接关系到国家宏观经济调控措施的出台和政策执行力度的大小，比如央行调息、存款准备金率的调整等。同时，CPI水平对资本市场（如股票市场）也有间接影响。

CPI月度数据是国家统计局以新闻发布等方式向社会统一公布的月度数据。发布形式包括国务院统一安排的新闻发布会和在国家统计局官方网站发布。国家统计局会公布CPI发布时间日程表。

居民消费价格指数公布的内容包括：①全国及各省（区、市）CPI；②城市CPI；③农村CPI；④8大类商品与服务的各指数的环比、同比数据。

二、股票价格指数

股票价格指数就是股票指数，它是证券交易所或者金融服务机构为显示股票行市变化情况而编制的参考指标，是用某种方法计算出来的反映股票市场整体股票价格水平与市场交易状况的指数，是一个有助于投资者把握股市现状，分析、判断股市变动趋势的十分重要的标尺与信号，也是反映国家或地区社会经济与政治形势变化最为灵敏的标志。

股票价格指数由于上涨或下跌的速度很快，通常需要按日编制。它以某年某月某日的股价为基期股价（基准日股价），基准日指数一般定为100，之后将各日的股价与基日的股价进行计算得出的百分比，作为各日的股票指数。

股票价格指数通常运用综合指数形式，一般以股票发行量为权数，也有以成交量为权数的。此处举个简单例子说明股票价格指数编制原理,见表10-11。

表10-11 股票资料

股票名称	发行量(股)	基准日价格(元)(p_0)	计算日股票价格(元/股)		
			p_1	p_2	p_3
甲	20000	15	22	19	18
乙	30000	11	18	19	17
丙	40000	9	7	10	9

第一日股票价格指数为

$$\frac{\sum qp_1}{\sum qp_0} = \frac{22 \times 20000 + 18 \times 30000 + 7 \times 40000}{15 \times 20000 + 11 \times 30000 + 9 \times 40000} \times 100\%$$

$$= \frac{1260000}{990000} \times 100\% \approx 127.27\%$$

第二日股票价格指数为

$$\frac{\sum qp_2}{\sum qp_0} = \frac{19 \times 20000 + 19 \times 30000 + 10 \times 40000}{15 \times 20000 + 11 \times 30000 + 9 \times 40000} \times 100\%$$

$$= \frac{1350000}{990000} \times 100\% \approx 136.36\%$$

第三日股票价格指数为

$$\frac{\sum qp_3}{\sum qp_0} = \frac{18 \times 20000 + 17 \times 30000 + 9 \times 40000}{15 \times 20000 + 11 \times 30000 + 9 \times 40000} \times 100\%$$

$$= \frac{1230000}{990000} \times 100\% \approx 124.24\%$$

这说明,第一日股价上涨27.27%,第二日比第一日上涨了9.09个百分点,第三日又比第二日下跌了12.12个百分点。

三、几种常见的股票价格指数

1. 道·琼斯股票价格平均指数

道·琼斯股票价格平均指数或股票指数是全球最具影响力和应用范围最广泛的股票价格指数之一。其编制目标是纽约证券交易所上市的部分具有代表性的公司股票,包括四种股票价格平均指数:①道·琼斯工业股票价格平均指数,编制目标是30家知名工业公司股票;②选取20家著名交通运输业企业股票作为编制目标,建立道·琼斯运输业股票价格平均指数;③道·琼斯公用事业股票价格平均指数,用15家著名公用事业公司股票编制;④将以上三种股票价格平均指数参与计算的65只公司股票作为编制对象,得到道·琼斯股票价格综合平均指数。四种道·琼斯股票价格平均指数中,道·琼斯工业股票价格平均指数是最著名的,为大众传媒大量报道,也是道·琼斯股票价格平均指数中最有代表性的指标。

道·琼斯股票价格平均指数,是全球最古老的股票指数。起初以1家有代表性铁路公司股票为基础,用算术平均法计算得到。道·琼斯股票价格平均指数从1897年开始分为工业和运输业两种类型,工业股票价格平均指数由12种股组成,运输业股票价格平均指数由20种股票组成,发表于道·琼斯公司《华尔街日报》。1929年道·琼斯股票价格平均指数新增公用事业类股票,将其中所含股票增加到65种,并持续至今。现在道·琼斯股票价格平均指数的基期是1928年10月1日,由于这一天收盘时道·琼斯股票价格平均指数正好在100美元左右,因此把它确定为基准日。

道·琼斯股票价格平均指数为全球最具影响力和权威性的股票价格指数之一,纽约证券交易所营业时间内每半小时发布1次该指数。该股票价格平均指数从编制开始就没有中断过,可用于同期股票行情与经济发展情况的对比分析,已成为反映美国股市行情走势最为灵敏的股票价格平均指数,也可作为观察市场动态、从事股票投资等工作的主要依据。当然,因为道·琼斯股票价格平均指数属于成分股指数,其所包含的企业在全球上市公司中只占很小的比例,且未将近年来发展迅速的服务性行业和金融业的公司包括在内,所以它的代表性也一直受到人们的质疑和批评。

2. 标准·普尔股票价格指数

除道·琼斯股票价格平均指数以外,标准·普尔股票价格指数也对美国产生了重大影响,这就是美国第一大证券研究机构——标准·普尔公司自1923年以来编制和发表的股票价格指数。该股票价格指数起初采选230种股票编制了两个股票价格指数。到1957年,这种股票价格指数已扩展到500种股,并划分为95种"股组合"。其中,最重要的4种分别是工业股票组、铁路股票组、公用事业股票组和500种股票混杂组。1976年7月1日起改为400种工业股票、20种运输业股票、40种公用事业股票、40种金融业股票。此后尽管股票更迭不断,却一直保持在500种。

3. 日经道·琼斯股票平均价格指数

日经道·琼斯股票平均价格指数(日经指数)是日本经济新闻社编制的反映日本股票市场价格变化的股票价格指数。最初是以东京证券交易所第一市场上225家上市公司的股价为基础计算的平均股价,当时称"东证修正平均股价"。1975年5月1日,日本经济新闻社从道·琼斯公司购买商标,用美国道·琼斯公司修正法测算,该股票价格指数又更名为"日经道·琼斯平均股价"。1985年5月1日,合同到期10年后,经过两家协商,改名为"日经指数"。

根据计算对象采样数目,将该指数划分为2类。一是日经225种平均股价指数。其所有样本都是东京证券交易所第一市场挂牌交易的个股,样本量选好以后原则上不再改动。由于日经225种平均股价指数自1950年以来持续存在,所以它具有良好的连续性和可比性,已成为检验与分析日本股票市场中长期演变最为普遍、最为可靠的指标之一;另一类是日经500种平均股价指数。这是1982年1月4日开始制定的。由于其采样包括500种股票,其代表性相对更为广泛,但它的样本是不固定的,每年四月要根据上市公司的经营状况、成交量与成交额,以及市场总值的影响因素替换样本。

4. 恒生指数

恒生指数(Hang Seng Index, HSI),由香港恒生银行所属的恒生指数有限公司编制。它是香港股票市场上历史最久、影响最大的股票价格指数,由香港恒生银行于1969年11月24日首次公开发表。指数是根据若干只成分股(蓝筹股)的市值计算出来的,代表了香港交易所上市公司的12个月平均市值涵盖率的70%。恒生指数由恒生指数有限公司负责计算、按季检核,公布成分股调整。恒生指数最初从香港500多家上市公司中挑选出来的33家有代表性且经济实力雄厚的大公司股票作为成分股,将其分为四大类——4种金融业股票、6种公用事业股票和9种地产业股票和14种其他商业(包括航空和酒店)股票。2006年6月30日宣布将成分股数目由33只加至38只,后来经过多次增减变动。

恒生股票价格指数按1964年7月31日为基期编制,基点定为100点。计算方式为:成分股股票以每日收盘价乘上各自发行股数作为当日市值,然后与基期市值进行对比,乘100即得当日股票价格指数。起初恒生指数仅计算出一个总指数,为了便于投资者获取更多的信息,开始增算金融业、地产业、工商业、公用事业四个分类指数。由于恒生股票价格指数选取的基期是合适的,所以无论股票市场是疯狂上涨还是急剧下跌,或者是在正常成交水平上,恒生指数都基本能够反映出股市整体活跃状况。

5. 上证指数

上证指数是上海证券交易所编制发行的一系列指数,主要有上证综合指数、上证180指数、上证50指数、上证A股指数、上证B股指数、上证分类指数、上证债券指数及上证基金指数。在这些指数中,编制最早的是上证综合指数。所以狭义上证指数就是指"上证综合指数"。

上证综合指数(Shanghai Composite Index),全称为"上海证券交易所综合股价指数",是国内外普遍采用的反映上海股市整体走势的统计指标。它将在上海证券交易所上市的所有股票作为一个计算范围,将发行量作为一个权数进行合成,并在1991年7月15日公开发行。上证指数按点计算,基日是1990年12月19日,基日指数=100点。

随着上市股票品种的逐步增多,上海证券交易所除制定上证综合指数外,还制定了其他指数。1992年2月21日新增上证A股指数和上证B股指数以体现不同个股(A股、B股)各自的走势。1993年6月1日新增上证分类指数,包括工业类指数、商业类指数、地产业类指数、公用事业类指数、综合业类指数,以体现不同产业个股各自的走势。

上证指数是一个以帕氏公式计算的,以报告期发行股数为权数的加权综合股票价格指数。计算公式为

$$报告期指数 = (报告期采样股的市价总值 / 基日采样股的市价总值) \times 100$$

$$市价总值 = \sum (市价 \times 发行股数)$$

其中,基日采样股的市价总值亦称为除数。

上证180指数(又称上证成分指数)是上海证券交易所对原上证30指数进行了调整并更名而成的,其样本股是在所有A股股票中抽取最具市场代表性的180种样本股票,自2002年7月1日起正式发布。上证180指数是上证指数的核心,其编制方案旨在建立体现上海证券市场概貌与运行状况的可操作性与投资性的指数体系,是投资评价和金融衍生产品参考的基准指数。

上证180指数和一般计算出来的上证综合指数最重要的差别就是它是一个成分指数而非综合指数。成分指数是从样本股中按照科学、客观选样方法筛选出来的,因而能够对市场有一个比较精确的了解与评估。而综合指数囊括了市场中的全部个股,对市场状况的反映有许多不足。例如,目前上证综合指数采用全市场平均市盈率标准,将不少业绩差、规模小、股价过高的股票包含进来,导致了较高的市盈率。

上海证券交易所推出的股票指数与股市行情变化几乎同步进行,投资者可根据这些指数测试其投资效果并预测股票市场走势。上证指数是中国股民及证券从业人员判断股票价格走势不可缺少的参考依据,是观察和预测社会政治与经济发展状况的参考指标。

6. 深证指数

深证指数指深圳证券交易所汇编而成的一种股价指数,该种股价指数计算方法与上证指数基本相同,它以在深圳证券交易所上市的全部个股为研究对象,以个股总股本为权数。由于以所有挂牌的上市公司为样本,其代表性非常广泛,且能反映深圳股市的行情,是股民和证券从业人员研判深圳股市股票价格变化趋势必不可少的参考依据。

目前深圳证券交易所并存两种股票指数,一为深圳综合指数;二为深圳成分股指数。但是在运行势态上,这两种指数之间的差异不是特别显著。深证综合指数以 1991 年 4 月 3 日为基日,从 1991 年 4 月 4 日起开始公布,基日指数是 100 指数。深圳成分股指数是以 1994 年 7 月 20 日为基日,从 1995 年 1 月 23 日起开始公布,基日指数为 1000。

深证综合指数将在深圳证券交易所上市的全部股票纳入指数计算范围。新股在上市后的第二天就会被纳入成分股;当某一股票暂停买卖时,会将其从计算中剔除。若采样的股本结构有所变动,则改用变动之日为新基期,并以新基数计算。同时将计算得到的指数追溯至原有基期日,以维持指数的连续性。深证综合指数采用帕氏加权价格指数计算,计算公式为

$$即日指数 = (即日指数股总市值/基日指数股总市值) \times 基日指数$$

深圳成分股指数根据从上市公司中挑选出来的 40 家成分股进行计算。计算方法和计算公式与深证综合指数一致,只是其股份数等于成分股的可流通股本数。

第六节 用 Excel 2016 进行综合指数计算

本节以例题的形式介绍用 Excel 2016 软件进行综合指数计算。

【例 10-7】 根据表 10-12 所给的 5 种商品资料,计算销售量总指数和价格总指数,从相对数和绝对数两方面对销售额的变动及其影响因素进行分析。

表 10-12 商品销售量和商品价格资料

商品名称	计量单位	价格(元)		销售量	
		基期 p_0	报告期 p_1	基期 q_0	报告期 q_1
大米	百公斤	300	360	2400	2600
猪肉	公斤	18	20	84000	95000
食盐	包	1	0.8	10000	15000
服装	件	100	130	24000	23000
电视机	台	4500	4300	510	612

解 用 Excel 2016 操作步骤如下。

第一步:将原始数据输入 Excel 中,如图 10-1 所示。

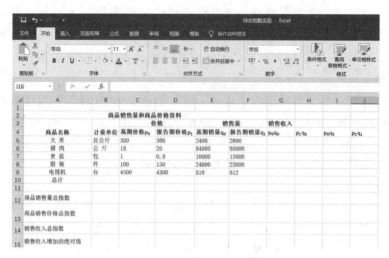

图 10-1　商品销量和商品价格

第二步：计算 p_0q_0、p_1q_0、p_0q_1、p_1q_1，并求总计，计算结果如图 10-2 所示。

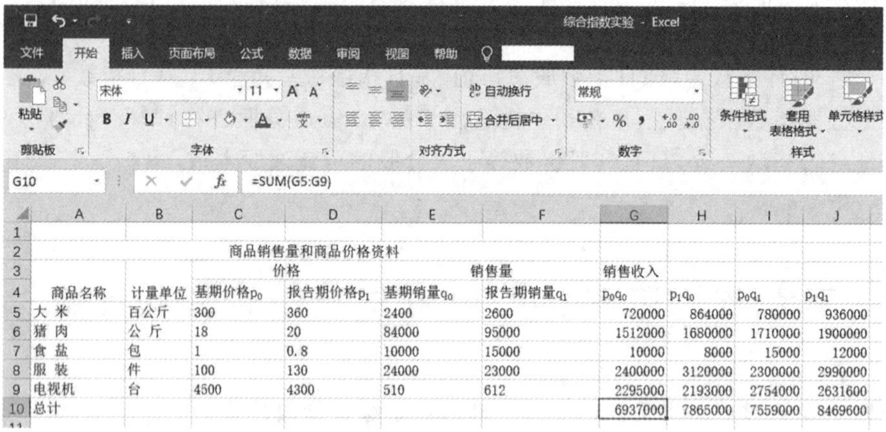

图 10-2　商品销量和商品价格计算演示

在 G5 单元格输入公式"＝C5＊E5"并按回车，得到大米的基期销售额（p_0q_0）720000，复制 G5 的公式到 G6、G7、G8、G9 单元格中，分别得到猪肉、食盐、服装、电视机的基期销售额为 1512000、10000、2400000、2295000，计算 $\sum p_0q_0$，在单元格 G10 中输入公式"＝SUM(G5：G9)"按回车键，计算出合计为 6937000。

在 H5 单元格输入公式"＝D5＊E5"并按回车，得到大米的 p_1q_0 为 864000，复制 H5 的公式到 H6、H7、H8、H9 单元格，分别得到猪肉、食盐、服装、电视机的 p_1q_0 为 1680000、8000、3120000、2193000，在单元格 H10 输入公式"＝SUM(H5：H9)"按回车键计算出合计为 7865000。

在 I5 单元格输入公式"＝C5＊F5"并按回车，得到大米的 p_0q_1 为 780000，复制 I5 的公式到 I6、I7、I8、I9 单元格，分别得到猪肉、食盐、服装、电视机的 p_0q_1 为 1710000、15000、2300000、2754000，在单元格 I10 输入公式"＝SUM(I5：I9)"按回车计算出合计为 7559000。

在 J5 单元格输入公式"＝D5＊F5"并按回车，得到大米的报告期销售额（p_1q_1）为 936000，复制 J5 的公式到 J6、J7、J8、J9 单元格分别得到猪肉、食盐、服装、电视机的报告期销售额为 1900000、12000、2990000、2631600，在单元格 J10 输入公式"＝SUM(J5:J9)"按回车计算出合计为 8469600。

第三步：如图 10-3 所示，计算商品销售量总指数。在任意单元格输入"＝I10/G10"按回车键，得到商品销售量总指数为 1.0897。

计算商品销售价格总指数。在任意单元格输入"＝J10/I10"按回车键，得到商品销售价格总指数为 1.1205。

计算商品销售收入总指数。在任意单元格输入"＝J10/G10"按回车键，得到商品销售收入总指数为 1.2209。

计算商品销售收入增加的绝对值。在任意单元格输入"＝J10－G10"按回车键，得到商品销售收入增加的绝对值为 1532600 元。

图 10-3　商品销量和商品价格的综合指数计算

商品销售量总指数为 108.97％，总的来说，商品的销售量上涨了 8.97％；

商品销售价格总指数为 112.05％，5 种商品的销售价格平均上涨了 12.05％；

在销售量和销售价格两个因素变动的共同影响下，商品的销售收入上涨了 22.09％，销售收入增加了 1532600 元。

一、思考题

1. 什么是指数？它有哪些性质与作用？
2. 什么是同度量因素？它在综合指数的编制中有哪些作用？
3. 拉氏指数公式的出发点是什么，帕氏指数公式的出发点是什么？
4. 什么是指数体系？如何进行因素分析？

二、单项选择题

1. 统计指数是说明社会现象数量对比关系的( )。
   A. 相对数　　　　B. 绝对数　　　　C. 平均数　　　　D. 倒数

2. 指数的产生首先是从( )开始的。
   A. 成本指数　　　B. 价格指数　　　C. 工资指数　　　D. 产量指数

3. 综合指数一般是( )。
   A. 简单指数　　　B. 加权指数　　　C. 静态指数　　　D. 平均指数

4. 在由三个指数所组成的指数体系中,两个因素指数的同度量因素通常( )。
   A. 都固定在基期
   B. 都固定在报告期
   C. 一个固定在基期,一个固定在报告期
   D. 采用基期和报告期的平均水平

5. 按照指数所反映的总体的性质不同,指数可分为( )。
   A. 个体指数和总指数
   B. 简单指数和加权指数
   C. 数量指标指数和质量指标指数
   D. 动态指数和静态指数

6. 狭义指数是反映( )数量综合变动的相对数。
   A. 有限总体　　　　　　　　　B. 无限总体
   C. 复杂总体　　　　　　　　　D. 简单总体

7. 编制数量指标综合指数时,其同度量因素最好固定在( )。
   A. 报告期　　　　　　　　　　B. 基期
   C. 计划期　　　　　　　　　　D. 任意时期

8. 某企业报告期产量比基期增长了10%,生产费用增长了8%,则其产品单位成本降低了( )。
   A. 1.8%　　　　B. 2%　　　　C. 20%　　　　D. 18%

9. $\sum q_1 p_0 - \sum q_0 p_0$ 表示( )
   A. 由于价格的变动而引起的产值增减数
   B. 由于价格的变动而引起的产量增减数
   C. 由于产量变动而引起的价格增减数
   D. 由于产量变动而引起的产值增减数

10. 某商品价格发生变化,现在的100元只值原来的90元,则价格指数为( )。
    A. 10%　　　　B. 90%　　　　C. 110%　　　　D. 111%

三、判断题

1. 说明现象总的规模和水平变动情况的统计指数是质量指数。( )
2. 分析简单现象总体的数量变动,只能采用综合指数方法。( )
3. 在编制总指数时经常采用非全面统计资料仅仅是为了节约人力、物力和财力。( )
4. 价格降低后同样多的人民币可多购15%的商品,则价格指数应为85%。( )
5. 在编制综合指数时,虽然将同度量因素加以固定,但是同度量因素仍起权数

作用。(　　)

6.拉氏数量指数并不是编制数量指标综合指数的唯一公式。(　　)

7.在平均指标变动的因素分析中,可变构成指数是排除总体中各种结构变动影响的指数。(　　)

8.本年与上年相比,若物价上涨10%,则本年的1元只值上年的0.9元。(　　)

9.在由三个指数构成的指数体系中,两个因素指数的同度量因素指标是不同的。(　　)

10.如果各种商品价格平均上涨5%,销售量平均下降5%,则销售额指数不变。(　　)

四、计算题

1.试根据以下关于某企业三种产品产值和产量的资料,计算三种产品产量总指数,以及近10年来,由于产量增加使企业增加的产值。

产品	实际产值(万元)		2012年比2022年产量增长(%)
	2012年	2022年	
甲	400	4260	74
乙	848	1135	10
丙	700	1432	40

2.某企业基期和报告期工作人员工资如下:

按不同类型岗位分组	基期		报告期	
	人数(人)	平均工资(元)	人数(人)	平均工资(元)
技术人员	45	6000	50	6800
生产工人	120	5000	180	5400
行政人员	40	3000	135	3700

试分析该企业不同岗位工作人员工资水平变动情况(从相对数和绝对数两个方面分析)。

实践任务

每四位同学组建一个课程实践小组,了解目前社会经济生活中的物价变化的基本情况,选择收集一个城市某年的消费品价格的数据资料,计算该城市的CPI,分析消费品价格的发展趋势及其原因,形成文本资料。

参 考 文 献

[1] 凯勒·沃拉克.统计学:在经济和管理中的应用[M].6版.王琪延,郝志敏,廉晓红,译.北京:中国人民大学出版社,2006.
[2] 加里·T.亨利.实用抽样方法[M].沈崇麟,译.重庆:重庆大学出版社,2008.
[3] 吴桂英.抽样技术[M].北京:高等教育出版社,2002.
[4] 贾俊平.统计学[M].2版.北京:清华大学出版社,2006.
[5] 黄英,张志,雷彬,等.统计学方法与应用[M].武汉:中国地质大学出版社,2011.
[6] 卢小广,刘元欣,潘海英.统计学[M].北京:机械工业出版社,2013.
[7] 李洁明,祁新娥.统计学原理[M].7版.上海:复旦大学出版社,2017.
[8] 周尧阳,李鹏举,余涛.统计学基础[M].成都:电子科技大学出版社,2020.
[9] 徐静霞.统计学原理与实务[M].北京:中国农业大学出版社,2012.
[10] 廖颖杰.统计学[M].北京:人民邮电出版社,2014.
[11] 李付梅,魏巍.统计学[M].成都:西南财经大学出版社,2016.
[12] 赵艳霞,高文.统计学[M].南京:南京大学出版社,2015.
[13] 刘子君,魏岚,向远章.统计学[M].北京:清华大学出版社,2017.